AF433167

CÓMO HACER QUE LAS COSAS PASEN

EN LUGAR DE VIVIR HABLANDO DE LO QUE PASA

COACHING PERSONAL

CÓMO HACER QUE LAS COSAS PASEN

EN LUGAR DE VIVIR HABLANDO DE LO QUE PASA

GUILLERMO ECHEVARRÍA

GRANICA

ARGENTINA - ESPAÑA - MÉXICO - CHILE - URUGUAY

ARGENTINA

Ediciones Granica S.A.
Lavalle 1634 3º G / C1048AAN Buenos Aires, Argentina
granica.ar@granicaeditor.com
atencionaempresas@granicaeditor.com
Tel.: +54 (11) 4374-1456 - 1158549690

MÉXICO

Ediciones Granica México S.A. de C.V.
Calle Industria N° 82 - Colonia Nextengo - Delegación Azcapotzalco
Ciudad de México - C.P. 02070 México
granica.mx@granicaeditor.com
Tel.: +52 (55) 5360-1010 - 5537315932

URUGUAY

granica.uy@granicaeditor.com
Tel.: +59 (82) 413-6195 - Fax: +59 (82) 413-3042

CHILE

granica.cl@granicaeditor.com
Tel.: +56 2 8107455

ESPAÑA

granica.es@granicaeditor.com
Tel.: +34 (93) 635 4120

www.granicaeditor.com

Reservados todos los derechos, incluso el de reproducción
en todo o en parte, y en cualquier forma

GRANICA es una marca registrada

ISBN 978-987-8358-15-4

Hecho el depósito que marca la ley 11.723

Impreso en Argentina. *Printed in Argentina*

Echevarría, Guillermo
   Cómo hacer que las cosas pasen : en lugar de vivir hablando
de lo que pasa / Guillermo Echevarría ; ilustrado por Matías Kopistinski. - 1a. ed . - Ciudad Autónoma de Buenos Aires : Granica,
2020.
   340 p. : il. ; 22 x 15 cm.

   ISBN 978-987-8358-15-4

   1. Autoayuda. I. Kopistinski, Matías, ilus. II. Título.
CDD 158.1

ÍNDICE

AGRADECIMIENTOS — 11

PRÓLOGO, por Gustavo Zerbino — 15

¿QUIÉN TE INSPIRA?, por Diego Rejtman — 17

INTRODUCCIÓN — 21

1. ¿CÓMO BAILAR CON LA MÁS LINDA? — 25
Desafío n° 1. Cómo convertir los imprevistos en oportunidades — 29
¿Aguafiestas? — 30
¿Resolver o disolver? — 31
¿Cómo hago para convertir un imprevisto en una oportunidad? — 32
Tres preguntas clave para hacerse frente a un imprevisto — 34
Tips para que los imprevistos te tengan miedo — 39
Tu Minuto de Coaching — 40

2. TAXI COACHING — 41
Desafío n° 2. Cómo hacer que las cosas pasen cuando nadie quiere cambiar — 49
De dónde sacar entusiasmo para seguir apostando e invirtiendo — 51
Cómo tener perseverancia a pesar de las adversidades — 52
¿A qué velocidad estás liderando tu vida? — 54
Tu Minuto de Coaching — 55

3. LA HELADERA — 57
Desafío n° 3. Cómo convertir un grupo en un equipo — 61
¿Cómo se hace una telenovela? — 64
Tenemos dos orejas y una boca, para escuchar el doble de lo que hablamos, pero... — 66
Escuchar primero — 67
Yo, el centro del mundo — 68
Tu Minuto de Coaching — 70

4. ¿DE QUÉ LADO SE SUBE A UN CABALLO? — 71
Desafío n° 4. Cómo abrir la puerta para ser lo que quieras ser — 76
¿Cerrado a aprender? — 78
¿Cómo saber si te estás convirtiendo en un auténtico dinosaurio? — 79
Decálogo de actitudes dinosaurio para no aprender y resistirse al cambio — 80

Cómo domar tus dinosaurios   84
Tu Minuto de Coaching   85

5. EL ENCANTADOR DE SERPIENTES   87
Desafío n° 5. Cómo tratar con personas difíciles   94
¿Cómo estoy traduciendo mi realidad?   96
Traduciendo mi vida en código *víctima*   99
Convirtiéndote en el protagonista de tu vida   101
Tu Minuto de Coaching   103

6. VOLVER AL RUMBO   105
Desafío n° 6. Cómo cambiar más rápido y con menos estrés   112
¿Alguna vez te pasó que…   113
Volviendo al rumbo   115
Tu Minuto de Coaching   120

7. SER LA VARIABLE   123
Desafío n° 7. Cómo cambiar los resultados en la ecuación de tu vida   133
La mosca y la ventana   134
Si no estoy siendo parte de la solución, soy parte del problema   136
No hay mejor ciego que el que elige ver con el corazón   138
¿Estás pretendiendo cambiar tu vida sin cambiar tu vida?   139
Tu Minuto de Coaching   142

8. PLUMA BLANCA   143
Desafío n° 8. Cómo usar lo que más te inspira para llenar de sentido tu vida   150
Un mundo de significados   152
Descubriendo el significado oculto de Pluma Blanca   153
Cómo hacer tu propio video motivacional   155
Amarrando tu corazón al cometa de tus sueños   156
Tu Minuto de Coaching   157

9. CARTA A MI SOCIO   159
Desafío n° 9. Cómo construir cuando el boicot viene del interior de tu equipo   165
El culebrón interno   167
De jefe autoritario a coach inspirador   171
Poniéndote en las herraduras de tu caballo   173
Tu Minuto de Coaching   174

10. JIAO LIAN Y EL SECRETO MILENARIO DEL COACHING   177
Desafío n° 10. Cómo liberar tu potencial cuando la vida te asfixia   183
Para que tenga mérito tengo que hacerlo yo solo   184
El grupo de los cuarenta   186
¡Otra vez los cuarenta!   189

Relaciones y resultados   190
Tu Minuto de Coaching   192

11. RECICLANDO *PYNOCHOS*   195
Desafío n° 11. Cómo decir cosas incómodas de manera constructiva   205
Relaciones lotería   207
Lo que ellas piensan   208
Detectando y reciclando nuestros *pynochos*   210
Tu Minuto de Coaching   214

12. ENTREVISTA CON EL FUTURO   217
Desafío n° 12. Cómo tener una segunda oportunidad para causar
una primera buena impresión   225
Conversando conmigo en el futuro   227
Regalando ojos de futuro   228
Anteojos para ver antes   231
Al futuro en cuatro pasos   234
Tu Minuto de Coaching   235

13. EL SECRETO DE CLARK KENT   237
Desafío n° 13. Cómo hacer y rehacer tu vida   243
¿Cómo hacer que las cosas empiecen a cambiar?   246
Porque yo lo digo   248
Usando mis declaraciones para cambiar mi mundo   249
Tu Minuto de Coaching   251

14. RUIDOS EN EL ARCA DE NOÉ   253
Desafío n° 14. Cómo adueñarte de tus pensamientos en lugar de ser su esclavo   259
Cómo cambiar de vida sin mudarse   261
El *top ten* de los *pensamientos termita* más destructivos   263
Antídotos contra *pensamientos termita*   267
Tu Minuto de Coaching   268

15. UN AS NO CONOCIDO   271
Desafío n° 15. Cómo crecer profesionalmente cuando nadie reconoce tu valor   275
Pero ¿cómo hago para lograr que tengan en cuenta mis propuestas?   276
¿Cómo construir una identidad que respalde tus propuestas?   278
Proponiendo con efectividad para evitar quedarte con un *container* de quitamanchas   279
Tu Minuto de Coaching   280

16. COACHING CON BETINA   283
Desafío n° 16. Cómo detectar y desactivar las creencias que te están impidiendo triunfar   291
La casa de mi abuelo   293
Preguntas incluyentes y preguntas insolentes   295

Mejor sano y rico que pobre y enfermo   296
Limpiando al éxito de mis sucias creencias   298
Timón oxidado   300
Cómo detectar la posición de mi timón y direccionarlo hacia mis logros   300
Tu Minuto de Coaching   301

17. LA CANCIÓN DEL SEMBRADOR   303
Desafío n° 17. Cómo crear el microclima que tus sueños necesitan   310
Revisando nuestros rituales, hábitos y costumbres   312
El poder de un microclima   314
¡Cuidado con los *espantasueños*!   316
Adueñándote de tu microclima emocional   317
Tu Minuto de Coaching   319

EPÍLOGO (O UNA ÚLTIMA HISTORIA INÉDITA PARA ACORDARSE
DE CELEBRAR LA VIDA)   321
Algunos pensamientos clave para mantenerte haciendo que las cosas pasen 326

¿QUÉ DICEN LOS LECTORES?   331

Agradecimientos

A mi abuelo, Juan Andrés Cameirone, por ser mi gran fuente de inspiración y un enamorado de encontrar las palabras precisas.

A Guillermo, mi padre, por su franqueza, su lealtad y por ser un *solapado* formador de cantantes, filósofos y pensadores revolucionarios.

A Ana, mi madre, por su fe en mí, su apoyo, su paciencia; por corregir este libro en sus diferentes versiones y por ser mi maestra en el arte de asombrarse.

A Dol, mi hermana, por los libros que fue acercando a mi vida, por su camino de transformación personal y por los cuentos que siempre me leía con tanto cariño.

A Maya Marini, por su magia, sus lecturas, relecturas y su apoyo incondicional a mi artista interior.

A todos los que leyeron y releyeron el borrador, y me ayudaron a mejorar este libro.

A Patricio Donnelly, Ignacio Moretti, Daniel Recupero y a todos los amigos que me animaron a concretarlo.

A José Luis Sánchez, por su amistad, por tantos encuentros conversando las historias de este libro y por seguir eligiendo hacer que las cosas pasen en su vida.

A Fernando Castro Nevares, por enseñarme a pensar como un periodista.

A Alicia Del Carril, por trasmitirme su amor por el lenguaje y la literatura.

A Fernando Regueira, por ser mi coach de escritura, un maestro de sencillez y un amigo.

A Luz Beretervide, por haberme ayudado a recuperar mi poder y a Florencia Costa por acompañarme y animarme a encontrar *mi bien mayor.*

A Elena Espinal, por haber traído el coaching a la Argentina y a mi vida, y por su generosidad y hospitalidad.

A Jim Selman y a cada uno de los *coaches*, entrenadores y maestros que me ayudaron a desarrollar mis capacidades abriendo puertas en mi manera de ver y de verme.

A Miguel Aguado, Mónica Gallardo, Santiago Guerrero, Erick Borborohglu, Andrea Eberle, por contar conmigo para hacer que las cosas pasen en sus equipos.

A todas las personas y organizaciones que confiaron en mí para lograr mejores resultados.

A Martín Fernández, que me animó a aportar valor a través de un boletín electrónico que dio origen a Tu Minuto de Entrenamiento.

A Pedro y Ana Valdecantos, por ser tan cariñosos conmigo y por haberme ayudado a comprender que había que difundir los minutos en Internet.

A todos los fieles seguidores del boletín Tu Minuto de Entrenamiento y a los que continúan acompañándome en el camino a través de Tu Minuto de Coaching en Facebook.

A Sergio *Cachito* Vigil, por su integridad, su *grandeza sencilla* y su generosidad.

A Juan Carr, por brindarme generosamente su tiempo en más de una ocasión y por vivir haciendo que las cosas pasen.

A Gustavo Zerbino, por todos estos años dando testimonio de lo que el ser humano es capaz de superar.

A Mamerto Menapace, por su calidez y por inspirarme a escribir a través del cuento *Morir en la pavada*.

A Patricia Pichot, por animarme a publicar este libro ocho años atrás.

A Picky Juliano, por invitarme a difundir el mensaje de este libro a través de la radio y por contagiarme su entusiasmo por dejar una huella.

A Mónica Herrero, por haber apostado desde el principio a este libro *muy interesante y práctico,* y a Silvia Itkin, por desafiarme a convertir un manual de liderazgo para organizaciones en un libro para todas las personas que buscan hacer que las cosas pasen en su vida.

A Marcelo Gargiulo y a Ariel Granica por haber apostado a convertir este libro *long seller* en el *best seller* que siempre soñó ser.

A los más de 30.000 lectores de las primeras ediciones del libro por darme la oportunidad de que mis palabras llegaran a sus vidas. A todos los lectores que me escribieron para contarme sus aventuras con el libro. Gracias especiales a lectores como Diego Rejtman por haber creído en mí como estratega creativo y abrirme las puertas de su equipo en Microsoft para innovar la forma de trabajar. Lectores como Daniel Brizuela, por confiarme la creación de la formación de Formadores de River Plate. O como Pablo Braña que, además de proponerme como orador para una charla TED, se ofreció para ser mi profesor de windsurf y me abrió los ojos a disfrutar del hecho de vivir junto al río más ancho del mundo.

A los protagonistas de las historias y anécdotas de este libro.

A los autores de los libros de los que me nutrí durante todos estos años.

A Rosario, mi hija, por darle sentido a mi esfuerzo y por recordarme lo que es más importante con cada *te quiero.*

A todas las personas que fueron una influencia positiva en mi vida brindándome oportunidades, enseñándome con su ejemplo, compartiéndome sus conocimientos o permitiéndome ayudarlas. Forjaron mi vida y están en la esencia de este libro.

A todos ustedes, siempre les estaré agradecido.

GUILLERMO

Prólogo

Al principio, en la cordillera, nos preguntábamos: "¿Por qué nos pasó esto a nosotros?". Y eso nos paralizaba. Lo que había que preguntarse era cómo salir de ahí.

Escuchar en la radio que se había suspendido la búsqueda fue la mejor noticia. Desde entonces, ya solo dependía de nosotros sobrevivir y, por eso, hicimos cosas increíbles. Lo definitivo no es lo que pasa; es lo que nosotros hacemos con lo que nos pasa.

Este libro está muy en sintonía con el que estoy terminando sobre la transformación interior y que posiblemente se llamará *Querer, creer y hacer*, que es lo necesario para que las cosas ocurran.

Me emocionó mucho "Taxi coaching", el cuento del taxista que pone todo de sí. Se me cayeron varias lágrimas porque me sentí muy identificado con cada uno de los personajes y con la transformación de la historia a partir de ese encuentro, porque en la vida, para ser felices, hay que poner siempre lo que falta. Es como el eco: si ponemos amor, nos devuelve amor. Si ponemos reproches, nos devuelve reproches. Si ponemos alegría, nos devuelve alegría.

Todos tenemos una cordillera. Podemos quejarnos y adoptar la actitud caprichosa de no aceptar la realidad, o agradecerla. Aunque el dolor es inevitable, el sufrimiento es optativo. En los Andes, nosotros decidimos estar agradecidos.

Ser feliz es una actitud, una decisión.

Me alegra sentir que, a través de este libro, Guillermo está poniendo el granito de arena que hará que muchas personas puedan volver a soñar y animarse a atravesar los miedos para realizar sus sueños.

GUSTAVO ZERBINO[1]

---

1. Gustavo Zerbino es médico, presidente de Cibeles (Merck, Uruguay), jugador de rugby, padre de cuatro hijos y uno de los 16 sobrevivientes del accidente aéreo de 1972 en los Andes. Durante los últimos años, ha brindado conferencias en diferentes países del mundo sobre Liderazgo y Motivación, Gestión de la Adversidad y Felicidad.

¿Quién te inspira?

Por Diego Rejtman, Director Mundial de Reclutamiento
Universitario de Microsoft

Nunca me gustaron los prólogos que no me aportan algo, por eso decidí compartirte la herramienta que generó cambios más grandes en mi vida y que este libro me ayudó a retomar.

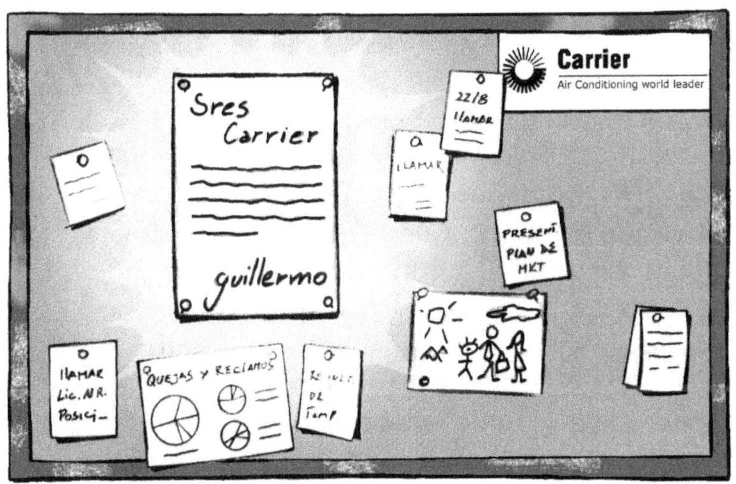

A los trece años comencé una tradición que hasta el día hoy mantengo: escribirles cartas a desconocidos que me inspiran. Cuando empecé no existía Internet, entonces escribía las cartas usando ¡la antigua máquina de escribir! Luego pasaron a ser cartas impresas, e-mails, y ahora generalmente son mensajes en las redes sociales. Pero el concepto es el mismo: cuando la obra de alguien me inspira, le escribo una carta.

Esta tradición me trajo infinitas satisfacciones y muchas veces me permitió hacer que pasaran cosas que de otra forma nunca habrían sucedido. Por ejemplo, cuando era adolescente y recién empezaba a programar, recibí respuestas de aliento de programadores profesionales de juegos informáticos que me dieron la confianza necesaria para, décadas más tarde, terminar liderando uno de los equipos de programadores en Microsoft, el que inventó la consola de juegos Xbox One. O ser invitado a la Casa de Gobierno a almorzar con un grupo de intelectuales; conocer personalmente al CEO de Microsoft, Satya Nadella; recibir una respuesta inspiradora de Barack Obama; tomar infinitos cafés con autores de hermosos libros, comenzar nuevas amistades.

Pero ninguna de mis cartas tuvo tanto impacto en mi vida como la que le mandé a Guillermo Echevarría a través de Facebook el 24 de septiembre del 2015. Voraz lector de superación, liderazgo y varios géneros más, compré la primera edición de este libro en uno de mis viajes a la Argentina, y la sensación que tuve al leer cada capítulo fue que ya había empezado a conversar con Guillermo.

Cuando terminé de leerlo, unos meses más tarde, ya en Seattle, me sentí tan identificado con su contenido que me dije: este es el libro que me habría gustado escribir.

Siempre le recrimino a Guillermo que tardó más de dos meses en contestar mi mensaje, pero reconozco que —aunque disfruto de la oportunidad que esto me da para molestarlo— es algo bastante común cuando les escribo a completos desconocidos, sin un motivo particular más que el de agradecerles e invitarlos a tomar un café.

Y lo que empezó como una visita a su oficina siguió con más de noventa sesiones de coaching individual a través de Skype (él desde Buenos Aires y yo desde Seattle).

Aplicar los capítulos de este libro me fue permitiendo desactivar mis actitudes "dinosaurio", disolver problemas, ver oportunidades en los imprevistos y gradualmente escapar de trampas mentales que me habrían llevado a postergar cosas importantes indefinidamente. El libro se convirtió en un gimnasio creativo donde pude ir convirtiendo los desafíos del día en oportunidades para entrenar los músculos de la persona y el profesional que quería llegar a ser.

Nuestra relación profesional fue tan fructífera que en menos de dos años pude hacer que pasaran muchas cosas que venía imaginando y otras que empecé a animarme a soñar; después de quince años como ingeniero de Software, decidí cambiar de profesión y aceptar la invitación de Microsoft para liderar el área mundial de reclutamiento en universidades. Ahora soy un ingeniero de Software que pasó a formar parte de Recursos Humanos, y viajo por el mundo inspirando a estudiantes (un sueño hecho realidad).

También resultó en que me compré tres guitarras criollas y mejoré muchísimo mi lado artístico. Siempre había soñado con aprender a tocar la guitarra como mi papá, pero nunca encontraba el tiempo porque priorizaba mi carrera profesional. Entonces Guillermo me planteó: "¿De qué manera incorporar la guitarra a tu trabajo te convertiría en alguien más valioso para Microsoft?".

Las antiguas estructuras de mi cabeza explotaron con esa pregunta, y seis meses más tarde me encontraba tocando la guitarra en vivo en un escenario de Microsoft ante una audiencia de 2.500 personas. ¡Algo que repetí varias veces más, con audiencias aún mayores!

Y quizá lo mejor sea que todo esto lo hice yo. Lo que Guillermo me aportó fue un gimnasio para desarrollar el músculo de amplificar mi "rayo láser", orientarlo hacia nuevas direcciones y encenderlo en situaciones en las que solía tenerlo apagado.

¿Pero qué tienen que ver mis cartas con este libro? Resulta que al encontrarme con una de las historias, aquella en la que Guillermo envía una carta que termina cambiando el rumbo de su carrera, me acordé de retomar las mías. Y tal vez el resultado más poético de aquella carta que le mandé a Guillermo es que ahora estamos escribiendo juntos un libro acerca de cómo combinar pasión y trabajo.

Como te dije al principio: mi objetivo era que este simple prólogo pudiera llegar a ser una de las cosas valiosas del libro. Así que, antes de que arranques a leer, te hago dos preguntas que ojalá te ayuden a empezar a hacer que las cosas pasen:

1. ¿Quién te inspira? Te invito a que le escribas una carta.
2. ¿Te preguntaste cuáles son tus sueños? Te propongo que se los cuentes a un coach que apueste por vos y te ayude a convertirte en la persona que puede imaginarlos y concretarlos.

Hoy quiero dedicarte esta carta a vos, que estás por animarte a leer algo nuevo, deseándote que aproveches este libro para abrirte tantas puertas para hacer que las cosas pasen como las que se me abrieron a mí.

Si este prólogo logró inspirarte algo positivo, conectá conmigo en LinkedIn para acceder a los adelantos de nuestro nuevo libro: www.linkedin.com/in/diegorejtman

Introducción

En 15 centésimas de segundo, mi cerebro puede formarse una primera impresión.

En 1 segundo, puedo dejar de protestar y empezar un día diferente.

En 2 segundos, puedo decir *Sí, quiero* y comprometerme para toda la vida.

En 3 segundos, puedo sonreír y contagiarte mi buen humor.

En 4 segundos, puedo recuperar el entusiasmo recordando mi sueño.

En 5 segundos, puedo decir algo constructivo o algo hiriente.

En 6 segundos, puedo recordar cuánto me importa nuestra relación y volver al rumbo.

En 7 segundos, puedo pedirte perdón.

En 8 segundos, nos sobra el tiempo para darnos un abrazo sin rencor.

En 9 segundos, puedo plantar una semilla que viva más años que yo.

En 10 segundos, puedo renovarme con una buena respiración.

En 15 segundos, puedo darme permiso para sentir lo que estoy sintiendo.

En 20 segundos, puedo tomar conciencia de qué estoy pensando y pensar algo superador.

En 30 segundos, puedo pedir lo que necesito para cambiar mi emoción.

En 40 segundos, puedo tararear esa canción que me encanta y recobrar mi inspiración.

En 50 segundos, puedo hablar de lo que pasa o decir algo que cambie la situación.

En 60 segundos, puedo hacer todo esto y mucho más, si los convierto en un *Minuto de Coaching*: un minuto en que hago una pausa para recuperar el rumbo y ponerme en acción.

Todo gran cambio comienza con una decisión seguida de una acción. Una sola gota de autenticidad, valor o arrojo puede teñir de éxito el color de tu día porque así como muchas pinceladas nuevas hacen un cuadro nuevo, hacer *nos hace*. Haciendo vamos creando nuestra historia y nos vamos creando a nosotros mismos.

Con los años descubrí que este es un libro de creatividad encubierto (shhhh, es como un agente secreto).

No de esa creatividad lejana que solemos reservar para unos pocos, sino una creatividad cotidiana disponible para todos: la creatividad de elegir, por ejemplo, qué palabras voy a decir ahora en lugar de vivir repitiéndome.

Cada minuto de nuestra vida es una oportunidad para decidir quiénes queremos ser frente a lo que pasa, para elegir si vamos a continuar con la inercia del minuto anterior o si vamos a hacer algo que construya un futuro mejor.

¿Por qué uso historias? Porque podemos olvidarnos de todo lo que leemos, pero nunca nos olvidaremos de lo que una historia nos hizo sentir y comprender.

Una historia poderosa puede transformarnos haciendo que empecemos a ver y contar nuestra vida de una manera nueva. Estamos a tiempo de cambiar nuestro rumbo y hacer historia.

Este libro se puede leer siguiendo el orden sucesivo de los capítulos o yendo directamente al que más te interese. Se puede empezar la lectura dejándose inspirar por las historias y luego entrar en la caja de herramientas de las "Claves para hacer que las cosas pasen". Además, al final de cada uno de los 17 capítulos, vas a encontrarte con un desafío que te ayudará a incorporar el hábito de convertir tus minutos en "Tu Minuto de Coaching".

Mi objetivo es que, minuto a minuto, te vayas adueñando de tus respuestas, de tus resultados y de la nueva identidad que irás construyendo. De ese modo, podrás coleccionar, en el cofre de tu autoestima, los *minutos de éxito* en los que te animaste a ser el protagonista de tu vida.

¿Y si me salgo del rumbo que elegí? Cada vez que te descubras fuera de pista, será una oportunidad para regresar con alegría; una señal de que hay un rumbo en tu vida y de que te estás entrenando para vivirla.

Al imaginar por primera vez este libro hice una lista de todas las herramientas de liderazgo y coaching que me habían resultado efectivas en mi vida personal y profesional. Mientras practicaba escribirlas fui compartiéndolas con mis clientes. Eso me permitió detectar las ideas, anécdotas e historias que demostraban tener mayor impacto en sus resultados.

Descarté tanto material, que —como dice mi maestro de escritura— podría publicar otro libro con lo que quedó afuera. Mi anhelo es que esta selección te permita lograr los resultados que estás buscando.

Antes de que leas la primera historia, quiero *advertirte* que estas páginas contienen *semillas de actitud* que pueden inspirarte unas ganas arrolladoras de hacer que las cosas pasen en tu vida.

Ojalá te animes al desafío. Nuestra vida y nuestro mundo nos necesitan entusiasmados y equipados con los conocimientos y las herramientas que hacen falta para poder cambiarlos.

¿El que no arriesga no gana? El que no arriesga no vive.

1

¿Cómo bailar con la más linda?

Estaba en una escuela de negocios dando un taller de Supervisión y Coaching cuando se cortó la luz. El lugar no tenía ventanas y la oscuridad se hizo total. En seguida se oyeron las expresiones de sorpresa de los presentes y voces que llegaban de salas contiguas a la nuestra, en las que se estaban dictando otros seminarios. Yo, que venía entrenándome en tomar los imprevistos como oportunidades, respiré profundo al tiempo que me pregunté: *¿Qué oportunidad es esto para el seminario?* Y mientras esperaba que me llegara una respuesta mejor que la típica reacción de quejarme o matar el tiempo hasta que pasara el problema, pregunté al grupo si seguían allí y si estaban bien. Contestaron todos a la vez, un poco alterados por la situación.

Estaba pidiéndoles que nos escucháramos cuando, de pronto, me vino una respuesta a mi pregunta. *Si el propósito de este encuentro es entrenar la habilidad de hacer que las cosas pasen, ¿por qué no convertir la oscuridad en una oportunidad para practicar esto de ser más grandes que las circunstancias?*

Entonces, invité al grupo a continuar discutiendo el tema en el que estábamos antes del apagón.

Apenas terminé de decirlo, se hizo un silencio total. Una de las participantes contestó que le parecía buena idea, pero el resto permanecía callado. Sentí que la oscuridad los desorientaba y me puse a conversar con toda naturalidad con la mujer que se había animado. En seguida se sumó la voz de un hombre que se identificó y entró en el diálogo. De a poco fueron apareciendo el resto de las voces. Luego de un rato, la conversación se había puesto súper movida y, a pesar de que éramos varios interlocutores, la comunicación fluía con toda claridad. Nos encontrábamos navegando en ese intercambio de ideas, contagiados por la emoción de sentir que habíamos superado un obstáculo, cuando nos sorprendió el regreso de la luz. Supusimos que el desperfecto habría sido arreglado, pero ninguno decía nada. La experiencia de conversar a ciegas había sido impactante.

—Siento que, en este rato de oscuridad —dijo uno rompiendo el silencio—, nos comunicamos como no lo habíamos hecho hasta ahora.

—Yo también —agregó otro—. El hecho de no poder verles las caras me llevó a estar mucho más atento a lo que cada uno decía y a cómo lo decía.

—A mí, el asunto del ejercicio en la oscuridad, tengo que reconocerlo, no me hizo demasiada gracia y, al principio, estaba bastante incómodo —le empezó a decir un gerente a la primera mujer que se había animado a hablar y que hasta ese momento casi no había participado del seminario—. Pero entonces escuché tu voz tan segura que me puse a hablar como si los estuviera viendo.

—Les confieso que escuché sus voces por primera vez —compartió otro.

—Fue un diálogo impecable. No nos superpusimos entre nosotros en ningún momento —dijo asombrada una de las participantes—. Y remató: —Voy a hacer este ejercicio con mi equipo.

Por un momento nos quedamos todos mirándonos como diciendo: "¿Y ahora qué hacemos?".

Me disponía a continuar cuando una participante me

interrumpió para proponerme algo que en otro contexto hubiera sonado un poco loco, pero que todos aceptamos de inmediato…

Fue la primera vez que terminé un encuentro a oscuras. Nos despedimos hasta la semana siguiente, junté mis cosas, dejé la sala y, cuando estaba por cruzar la puerta de salida, me detuvo el portero.

—Casi se quedan encerrados hasta mañana —dijo—. Es que con el tema del apagón se suspendieron los demás cursos y pensé que se habían ido todos… ¿Se quedaron a oscuras?

Ya estaba dejando el edificio cuando se me acercó uno de los participantes que se había quedado esperando para hacerme una pregunta en privado: si lo del apagón había sido planeado por mí como una forma de entrenarlos. Me sorprendió completamente que me lo dijera y tuve que confesarle que, de alguna manera, sí. Mi plan había sido que todo, hasta lo inesperado, sumara a los objetivos del seminario.

Sus palabras me hicieron tomar conciencia de que esa noche habíamos danzado tan armoniosamente con lo imprevisto que se había convertido en la mujer más linda: esa dama llamada oportunidad.

Desafío n° 1. Cómo convertir los imprevistos en oportunidades

Claves para hacer que las cosas pasen

Hace unos días pasé por la puerta de la escuela de negocios en la que se nos apagó la luz y me puse a recordar cómo superamos el imprevisto e, incluso, cómo logramos ir más allá hasta convertirlo en una oportunidad única de aprendizaje.

Y se ve que, a partir de ese momento, mi cabeza continuó preguntándose: *¿Qué oportunidad puede ser esto para* *mis objetivos?* porque al tiempo me sugirió: *¿Y si escribimos la anécdota del apagón?*

Publiqué la historia en Internet y la respuesta de los lectores fue muy buena. La envié a través de mi boletín electrónico y una empresa me contrató. Además, se convirtió en una de las historias clave para explicar de manera sencilla la esencia de este libro: pase lo que pase, cómo hacer que las cosas pasen. Tantas cosas surgieron a partir de ese y otros imprevistos que, a veces, me pregunto qué rumbos distintos habría tomado mi vida en estos últimos años si, en lugar de aprovechar esos imprevistos, los hubiese visto como problemas a evitar.

A través de estas claves quiero trasmitirte lo que aprendí explorando el arte de la oportunidad para que puedas descubrir posibilidades donde antes solo parecía haber problemas.

Me gustaría poder aprender de tus experiencias convirtiendo imprevistos en oportunidades, por eso te voy a agradecer mucho que las compartas conmigo enviándolas a paseloquepase@guillermoechevarria.net

¿Aguafiestas?

Me encontraba coordinando una actividad de trabajo en equipo en un hotel en mitad de las sierras de Córdoba. Habíamos planificado realizar los desafíos de la mañana dentro del hotel y seguir trabajando al aire libre por la tarde. La jefa de Recursos Humanos de la empresa que me contrataba estaba muy preocupada con unos nubarrones negros que iban creciendo a medida que se acercaba el mediodía. Al llegar la tarde empezó a llover torrencialmente y yo tuve esta conversación conmigo:

—*¿Qué quiero que pase?*

—Que la gente pueda hacer los juegos de equipo sin mojarse.

—*¿Y por qué sin mojarse?*

—Emmm… no sé. Porque es lo que me dijeron en la empresa.

—*¿Pero para qué te contrataron? ¿Para que no se mojen?*

—No, me llamaron para que coordine juegos y desafíos para que este grupo se convierta en un equipo de alto rendimiento.

—*¿Y si incluyéramos la lluvia como un desafío a superar por el equipo?*

—Bueno, pero… ¿y si algunos no quieren mojarse?

—*Y bueno, tendrán que decidirlo… ¡en equipo!*

—Claro, les voy a pedir que tomen la primera decisión de equipo de la tarde.

Tuvieron que negociar entre ellos y finalmente improvisaron varias capas de lluvia a partir de unas bolsas de residuos para los que no querían mojarse. Una hora después, apenas el equipo había logrado superar bajo la lluvia el desafío que yo les había planteado, paró de llover.

La sensación de triunfo era generalizada y escuché a varios de ellos comentando: "Se nos dio todo. Sin lluvia no hubiese sido lo mismo". Entonces pensé: *¿Cuánto nos hubiese costado generar artificialmente la lluvia que ese día nublado nos había regalado?*

Estate alerta. Mientras solo veas problemas en una situación, es posible que te encuentres ¡defendiéndote de las oportunidades!

¿Resolver o disolver?

Los problemas son tentadores porque nos invitan a resolverlos sin dejar que nos preguntemos si existe otra manera de plantear la situación. Como cuando nos ponemos a resolver un crucigrama o el Sudoku. No nos replanteamos las reglas del juego, sino que, simplemente, intentamos jugar lo mejor posible dentro de las reglas establecidas. En la situación del apagón, yo podría haberme planteado: *¿Cómo hago para que volvamos a tener luz?*

Y seguramente habríamos podido encontrar muchas maneras de resolver la falta de luz con un encendedor, prendiendo los teléfonos celulares o poniéndonos de acuerdo para continuar la actividad en el bar de la esquina. Todas soluciones que pueden servir para tener luz, pero que no cuestionan el planteo inicial que da por sentado que la falta de luz es un problema.

Frente a un problema no solo podemos resolverlo, también podemos disolverlo.

¿¡Qué!? Sí. Preguntándonos: *¿Quién dice que esto es un problema?* o *¿cómo estoy interpretando esta situación para que aparezca como un problema para mí?* y *¿cómo necesitaría plantearla para que deje de ser un problema para mí?*

Pero ¿cómo es posible disolver un problema que, hasta hace cinco minutos, nos estaba volviendo locos? Es posible porque los problemas no son cosas, son planteos. ¡Y es por eso que podemos replantearlos! De hecho, los problemas no existen independientemente de nosotros. Somos nosotros los que llamamos *problema* a una situación que no esperábamos encontrar.

***

No hay problemas sin miradas problemáticas.

***

¿Cómo hago para convertir un imprevisto en una oportunidad?

Podemos gastarnos el dinero de la indemnización mientras lloramos la *injusticia* de haber sido despedidos olvidando, por ejemplo, que siempre quisimos tener un emprendimiento propio. Hoy tenemos el dinero y el tiempo, pero no lo podemos ver porque, entre otras cosas, no queremos aceptar que ocurrió lo que ocurrió.

Anclados en el lamento y el enojo, continuamos peleando con la situación del despido y no dejamos espacio mental ni emocional para preguntarnos: *¿Qué oportunidad podría ser esto para mi crecimiento personal o profesional?*

¿Hace rato que estoy disconforme con mi trabajo? ¿Y si aprovecho para definir qué es lo que sí quiero y a dónde me gustaría estar en cinco años? ¿Y si convierto este momento en una oportunidad para hacer el cambio de rumbo que siempre le quise dar a mi vida?

Yo llamo hacer un Minuto de Coaching a la pausa que hice en el momento del apagón para revisar cómo estaba mirando la situación y preguntarme qué era lo que quería lograr. Es un momento en el que salgo del *piloto automático* para revisar cómo estoy mirando la situación, para mirar mis pensamientos a la luz de lo que es más importante para mí. Es decir, para dejar de *ser mi mente* y pasar a *ser la conciencia* que observa cómo está pensando mi mente.

Sucede que, mientras *estoy siendo la mente*, puedo tener la sensación de que mis pensamientos son la única realidad. Pero, tener un punto de vista, al fin y al cabo, es mirar la situación desde un solo punto. Decidir que no vamos a movernos de nuestro lugar porque nos encanta lo que vemos desde ese punto.

Pero, si estoy tan enamorado de mi punto de vista que no me permito ver otra cosa, ¿tengo realmente un punto de vista o debería decir que hay un punto de vista que me tiene a mí?

Tomar conciencia es tomar la distancia necesaria para ver con nitidez qué estoy pensando y así poder *elegir mis mejores pensamientos,* en lugar de *ser pensado* por cualquiera de ellos. Recién cuando tomo conciencia de cómo estoy pensando, puedo elegir descartar un pensamiento y reemplazarlo por otro que me sirva más.

¡Cuidado! Los puntos de vista pueden ser muy peligrosos. Son auténticos magos capaces de hipnotizarte y hacer que confundas sus trucos de ilusionismo con la verdad.

Tres preguntas clave para hacerse frente a un imprevisto

1. ¿Qué digo que pasa?
2. ¿Qué quiero que pase?
3. ¿Cómo podría convertir este hecho en una oportunidad para mí?

1. ¿Qué digo que pasa?
¿Cuál es el hecho y cuál es mi primera evaluación del hecho? Para descubrir oportunidades, necesito mirar la situación sin confundir el hecho de que *no hay luz* con interpretaciones del tipo: *que no haya luz es malo* o *sin luz no podemos trabajar.* La diferencia radica en que los hechos pertenecen al mundo, y las interpretaciones o evaluaciones que hago de la situación me pertenecen a mí. Y como me pertenecen, ¡puedo cambiarlas por otras que me sirvan más!

Saber diferenciar los hechos de mis opiniones me hubiese sido muy útil cuando empecé a dar seminarios de Liderazgo.

Eran mis primeras actuaciones en público y solía sentir que algunos participantes me hacían *preguntas maliciosas* buscando probar cuánto sabía yo del tema que estaba compartiendo. Con ese diagnóstico de situación en mente, me ponía nervioso, me defendía y reaccionaba a *su ataque* con alguna evasiva o, por responder rápido, podía llegar a decir algo que más tarde lamentaba.

En ese momento, yo no sabía distinguir entre:
- hicieron una pregunta (el hecho);
- es maliciosa (mi evaluación del hecho).

Ahora bien, ¿cómo podía saber que la pregunta era maliciosa si yo no estaba en el interior de esa persona? Años más tarde aprendí que, en todo caso, esa era mi suposición. Una suposición que pintaba mi mundo de nerviosismo y que, como era mía, podía cambiarla por otra que sirviera más a mis objetivos como entrenador planteándome, por ejemplo: *Si no hubiera maldad en la pregunta ¿cómo la respondería?*

Este simple planteo me tranquilizaba y me permitía concentrarme en comprender la inquietud del participante, en lugar de ponerme a la defensiva y buscar neutralizarlo.

Luego de algunas experiencias positivas, probé ir más lejos planteándome: *¿Y si mirara estas preguntas como una oportunidad para mis objetivos como entrenador?*

Y sí, descubrí que podían ser una buena oportunidad para crecer en autodominio ejercitando mi habilidad de hacer una pausa para respirar, recordar mis prioridades y elegir mi respuesta. ¡Justo lo que yo estaba buscando trasmitir en esos seminarios!

Ahora tenía la oportunidad de *ser en la práctica* ese autodominio. Así, a todos los presentes les quedaba muchísimo más claro de qué trata esto de elegir la respuesta frente a algo que, en primera instancia, se podría considerar como una agresión. Ya no importaba qué me preguntaban. Bueno, en realidad sí, porque desde que empecé a ver esas preguntas como oportunidades, ahora estaba rogando que me tiraran alguna *granadita* verbal para poder mostrar en la práctica cómo dar una respuesta constructiva desactivando mi reacción.

Además, en muchas ocasiones, explorando sin miedo lo que había detrás de las preguntas, descubrí que no habían sido formuladas con intención de agredir. Algunas personas, por ejemplo, ponían en mí las malas experiencias que habían tenido en otras capacitaciones pero, al permitirles que lo expresaran, tomaban conciencia de que esta era una situación distinta y las emociones se calmaban. Era mi turno de ayudar a los participantes a revisar las evaluaciones automáticas que habían hecho de mí y a reemplazarlas por otras que nos permitieran trabajar mejor juntos.

Es cierto que hubo casos en los que comprobé que la intención era agredirme, pero más de una vez, al escuchar los motivos, me enteré de que yo había dicho algo que había resultado ofensivo o inadecuado y, luego de pedir disculpas, pudimos continuar el seminario en paz.

Elegir mirar las preguntas imprevistas de los participantes como *una puerta para comprenderlos mejor* en lugar de *un peligro del que debía defenderme*, me convirtió de un entrenador miedoso en uno más confiado y cercano a las necesidades de las personas, lo que me permitió ser más efectivo para ayudarlas.

2. ¿Qué quiero que pase?

¿Cuál era mi objetivo? ¿Cuáles son mis propósitos más altos? La primera reacción de la mente frente a una situación inesperada suele ser: *Quiero que las cosas vuelvan a ser como antes.* Cuando se apagó la luz, mi mente dijo: *¡Quiero que vuelva la luz!* Esa manera de pensar me enfocaba en el objetivo de recuperar la luz pero, cuando tomé distancia, recordé que mi propósito para el seminario era mucho más grande que tener luz. Esos son los momentos en los que necesitamos recordar nuestras prioridades originales preguntándonos, por ejemplo: *¿Cuál era mi objetivo cuando decidí venir a esta reunión? ¿Cuáles eran mis prioridades y mis propósitos más altos cuando soñé con ser médico?*

Pero… ¿para quién está trabajando tu mente?

Aunque quizá no nos demos cuenta, todos solemos ser muy habilidosos para convertir imprevistos en oportunidades. *¿¡Qué!?* Así es.

¿Alguna vez convertiste un error de otro en una oportunidad para criticarlo y devolverle así alguna *gentileza*? o ¿acaso no conocemos a *alguien cercano* que aprovecha algo que su pareja no hace bien o cualquier cosa que no funciona en su lugar de trabajo para autoeximirse de esforzarse y de dar lo mejor de sí mismo?

Lo que sucede es que, si nos distraemos, nuestra mente trabaja para sus propios objetivos. Y el objetivo mental de tener razón siempre está esperando para meterse en nuestra vida. Porque confirmar lo que pensábamos, hace que nuestra mente se sienta inteligente y superior a la de *los que están equivocados*.

Pero por más que a tu mente le guste mucho, demostrar que tenemos razón es un juego adictivo y destructivo. Tanto que puede llevarnos a romper amistades, parejas y proyectos con tal de confirmar que estábamos en lo cierto, no dando el brazo a torcer aun cuando eso implique demostrar que *nunca vamos a funcionar como pareja porque no me escuchas* o que *no sirvo para trabajar con la tecnología* o que *no hemos nacido para ser creativos*, emprendedores, buenos amigos, o lo que sea que estemos empecinados en demostrar que no podemos.

Cada vez que las cosas no funcionan como esperábamos se nos presenta una decisión:

- *¿Quiero encontrar culpables o quiero encontrar oportunidades de mejora?*
- *¿Voy a insistir defendiendo mi único método o estoy dispuesto a cambiar para lograr más?*

Y, en definitiva:

- *¿Quiero tener razón o quiero tener resultados?*

De la respuesta que elijas va a depender el rumbo de tu día y, en definitiva, de tu vida. Sin embargo, aunque hayas elegido muchas veces el camino de tener razón —como yo mismo lo hice y lo hago cada vez que me salgo de mi rumbo—, te recuerdo que este nuevo minuto presente es una oportunidad para elegir algo nuevo. ¿Vas a dejar que tu mente lo use para sentirse y mostrarse *inteligente* o vas a aprovecharlo para vivir mejor?

Si el apagón no me hubiese encontrado entrenando el músculo de transformar los imprevistos, quizá, en lugar de aprovecharlo como una oportunidad de aprendizaje, lo hubiese aprovechado como la oportunidad de irme antes a mi casa; de quejarme de lo mal que funcionaban las instalaciones del lugar o como una buena excusa, en caso de que los participantes dijeran que el seminario no les había resultado efectivo.

Hoy, te invito a revisar los objetivos que estás alimentando en tu interior, porque vas a tender a convertir todo lo que pase en una oportunidad para lograrlos. Y si, en lugar de un sueño constructivo, tu objetivo principal fuera, por ejemplo, tomar revancha con alguien porque todavía estás resentido por lo que te hizo, que no te extrañe encontrarte aprovechando cualquier situación para dañar a esa persona o para dañarte como una manera de mostrarle al mundo lo mal que te va en la vida por culpa de lo que esa persona hizo.

Las oportunidades que no estás encontrando son una consecuencia de los sueños que no estás alimentando. Para ver grandes oportunidades, hace falta tener grandes sueños.

3. ¿Qué voy a hacer para convertir este hecho en una oportunidad para mí?

¿De qué manera necesito evaluar la situación para que sume a mis objetivos?

Ya son muchísimas las ocasiones en las que, frente a un imprevisto o un error, pude escapar al primer planteo limitante que me daba mi mente reactiva. Hoy escucho las sugerencias de mi mente, pero no las tomo como verdades, sino como lo que ella está pudiendo ver en ese momento y voy más allá de mi primer diagnóstico de situación preguntándome:

¿Esto es lo único que puedo ver o soy capaz de mirar la situación desde un nuevo ángulo?

Hoy elijo apostar a que siempre hay otras interpretaciones posibles y exploro esas posibilidades confiado en que solo necesito encontrar la mirada o el ángulo que me permita utilizar ese hecho a favor de mis objetivos.

Como el río que, entre las rocas, va encontrando
el cauce por donde sí puede pasar,
¿qué es lo que sí puedo hacer en esta situación?

Tips para que los imprevistos te tengan miedo

- Ver lo que sucede solo como un problema es olvidarnos de que las circunstancias en sí mismas no son ni buenas, ni malas, sino neutras; simplemente son.
- Enfocarnos en que las cosas deberían haber sido de otra manera nos desgasta, porque nos invita a consumir nuestra energía en enojos, protestas, culpas y autocastigos, y así echamos por tierra cualquier posible romance con la *señorita oportunidad*.
- Los planes no se hacen para seguirlos ciegamente, sino para conseguir algo. Cuidado con aferrarse al plan y perder de vista el objetivo.
- Cuando las circunstancias cambian abruptamente, la primera reacción de la mente es apurarse: hacer lo mismo, pero más rápido. En lugar de eso, te invito a detenerte y rediseñar tu plan pidiendo ayuda a más personas o cambiando tu método de trabajo.
- Y si te preguntaras: *¿Para cuál de mis objetivos podría ser perfecta esta situación?*

- Convertir imprevistos en oportunidades no consiste en *ser positivo* negándose a mirar lo que no está funcionando. Se trata de aceptar que algo no funciona como esperábamos y, sin embargo, preguntarnos con insolencia: *¿Y si este cambio fuera una ocasión de llegar aún más lejos en mi objetivo original?*

Tu Minuto de Coaching

Cuando la oportunidad toque tu puerta, en lugar de empezar a desperezarte, dale a tus sueños una calurosa bienvenida. Si en este mismo momento se te diera la posibilidad de vivir el sueño de tu vida, ¿estarías listo para aprovecharla?

Si tu sueño es viajar por el mundo, ¡te aconsejo que tengas tu pasaporte al día!

Por eso, te invito a preguntarte: *¿En qué necesitaría formarme para tener las valijas listas para mi aventura?* y *¿de qué manera podría reinterpretar los hechos de mi pasado de modo que se conviertan en una oportunidad para acercarme a mis sueños?*

—◆—

Lo que buscas está más cerca que tu propia yugular.
Proverbio chino

—◆—

2.

Taxi coaching

Acababa de dar un seminario en la Universidad de Buenos Aires y salí a la calle a tomar un taxi. No habría pasado un minuto cuando un taxista detuvo su auto justo donde yo estaba. Despidiéndose con un beso, bajó una adolescente vestida con uniforme de colegio. Subí y le indiqué la dirección de mi casa.

—La que acaba de bajar es mi hija —comentó—. Le falta un año para terminar el secundario y vino a averiguar un poco sobre las carreras de la universidad.

—Qué bien —dije, mientras todo mi cuerpo empezaba a disfrutar del asiento como si se tratara de un spa. Y estaba por pedirle si podía poner algo de música, cuando preguntó:

—¿Usted estudia acá?

—No. Estoy dando un seminario —contesté, ya medio en trance.

—¿Y de qué trata?

¡Ah, bueno! —pensé—. *No deberían permitir que los periodistas manejen taxis después de las seis de la tarde.*

Y buscando desalentarlo telegrafié:

—Liderazgo, para el postgrado de Comercio Internacional.

—¡Justamente a mi hija le interesa el comercio internacional!

—¡*Zas!* —dijeron mis músculos.

—Pero dígame, ¿qué se estudia para poder enseñar liderazgo?

—Bueno… —arranqué diciéndome que era cuestión de una o dos respuestas más—, yo hice una Licenciatura en Comercialización y luego me formé como Coach Ontológico.

—Perdón, pero ¿qué es eso?

—¿El coaching? —pregunté para ganar tiempo mientras me recriminaba por haber dicho la palabra mágica. Ahora sentía que tenía que explicar de qué se trataba. Entonces, se me ocurrió que, en lugar de dar la respuesta de siempre, podía explicarlo de una manera nueva.

—Básicamente es una filosofía que ayuda a ver las cosas de una manera más simple y efectiva.

—Ah… —dijo, pero se notaba que quería más detalles.

—Yo la aplico en las empresas para desarrollar la habilidad de hacer que las cosas pasen —agregué buscando sacarle el gusto a poco— y, en lo personal, como filosofía de vida.

—¿Pero cómo dijo que se llama eso que usted hace?

—Se llama coaching —contesté— y, en pocas palabras, es un enfoque para trabajar con personas que buscan superarse.

—Debe tener mucha sicología… —dijo, impidiendo que cayera el ritmo de la conversación.

—Bueno… —dije mientras me acomodaba en el asiento para un viaje que evidentemente iba a ser diferente—. Más filosofía que sicología —contesté pero, por respeto a su curiosidad, decidí extender mi telegrama—; permite lograr cosas fuera de lo común que de otra manera parecerían imposibles de alcanzar, porque justamente el coaching es el arte del sentido no común.

—¿Y usted puede solucionar cualquier problema? —preguntó entusiasmado, como si en su asiento trasero estuviese viajando un mago.

Me reí con la pregunta. El tipo tenía un arte para ir llevando la conversación y me había ido enganchando, al punto que ya ni me acordaba del cansancio. Estaba por contestarle algo cuando noté un cambio en la expresión de su cara que me trasmitió preocupación. Entonces sentí que esa no había sido una pregunta para matar el tiempo.

—¿Qué es lo que te está pasando? —le pregunté.

—Bueno… —arrancó fingiendo que le sorprendía mi pregunta—, resulta que hice algunas macanas, mi mujer se enteró y, desde ese momento, está furiosa —confesó mirando con una mueca de vergüenza el espejo retrovisor que nos comunicaba y agregó: —Seguimos viviendo juntos con nuestra hija, Guadalupe, la que se bajó del taxi —aclaró con una dolida media sonrisa—, pero, desde ese momento, dormimos en camas separadas porque ella todavía no me perdona que le haya mentido.

Yo lo escuchaba con atención y me parece que eso lo animó a soltarse más:

—Traté de arreglar las cosas, pero no quiere hablar —se quejó—. Y llega un punto en que uno ya no sabe qué hacer. Tampoco voy a vivir persiguiéndola, ¿no?

—¿Por qué no? —le pregunté e instantáneamente vi su cara de sorpresa en el espejo.

—Porque una relación es 50 y 50 —protestó—. Ella también tiene que poner su parte.

—Ajá —contesté mientras empezaba a sentir que ahora él se estaba queriendo convencer de que, por culpa de ella, la relación no se iba a poder recuperar.

—Pero me parece que ella no se va a acercar —continuó resignado—. Es demasiado orgullosa para eso. Y si no está dispuesta a borrar lo que pasó y seguir adelante, va a ser difícil que podamos funcionar juntos.

Se hizo un silencio, el taxista aceleró para que el semáforo no nos detuviera y yo me quedé pensando qué habitual es sentir que ningún esfuerzo tiene sentido cuando perdemos de vista los sueños que nos llevaron a embarcarnos en un proyecto. *A menos que el taxista se anime a poner un sueño sobre la mesa —pensé—, no veo demasiadas chances de que pueda salir de su manera problemática de plantear la situación.*

—¿Te puedo hacer una pregunta? —retomé. Hizo un gesto afirmativo con la cabeza.

—¿Por qué querés que ella te vuelva a hablar?

—Porque es la madre de mi hija —contestó sorprendido por mi pregunta y agregó—: porque siempre fue mi compañera...

—Pero ¿qué tan importante es para vos la relación con ella?

—Muy importante.

—¿Cuánto?

—La amo —confesó.

Miré el reflejo de su cara en el espejo y noté que se le estaban llenando de lágrimas los ojos.

—Ok..., qué bueno tener eso presente —le dije.

Detuvo el taxi en la esquina. Habíamos llegado a destino, pero ninguno de los dos quería dejar la conversación en la que estábamos.

—Y ¿para qué querés que ella te vuelva a hablar? —pregunté.

—¿Cómo para qué?

—Lo que quiero decir es para qué futuro soñado sentís que es básico tener una buena relación con ella.

—No te entiendo.

—¿Te ves con ella dentro unos años? —pregunté—. ¿Soñás construir y vivir nuevas cosas con ella?

—Ah, sí. Claro. Me gustaría que nos fuéramos a vivir juntos a Santa Clara del Mar.

—¿En serio?

—Sí, hace unos años que estamos pagando un terreno junto al mar y ahí es donde siempre soñé que íbamos a vivir un día.

—¿Y estarías dispuesto a hacer algo diferente por ese sueño de estar juntos en Santa Clara?

—Sí.

—¿Incluso algo que nunca antes hiciste?

—Lo que haga falta, flaco —le escuché decir.

Tenía tan solo un momento para poder aportarle algo. *Este va a ser mi primer taxi coaching* —pensé. Y dejando de lado cualquier explicación, le dije:

—Siendo así, te voy a dar un desafío.

El hombre giró hacia atrás en el asiento para poder prestar toda su atención.

—Si ayer ella hubiese dormido con vos —arranqué—, ¿cómo la tratarías hoy?

—Y… muy bien. Estaría contento, la cuidaría… No sé, sería distinto.

—Bien, entonces, te invito a que esta noche, cuando llegues a tu casa, la trates como si ayer hubiesen dormido juntos. Y que mañana a la noche vuelvas a hacer lo mismo. Y así todas las noches mientras sigas apostando por la relación.

—¡Uuy! Claro, eso puede funcionar —dijo, mientras la cara se le iluminaba. Se quedó asintiendo con la cabeza y, en eso, pensó en voz alta: *¡Empiezo a hacer las cosas como si la relación ya estuviera funcionando!*

—Sí, de eso se trata, de dar primero —le dije—, pero hay una manera segura de fallar en esto: hacerlo para que ella cambie. Solo funciona si lo hacés porque querés hacerlo, porque es lo que decidiste que querés ser en la relación con ella. Porque sentís que ella se lo merece y que la relación que podrías construir con ella lo vale.

El taxista estaba transportado, creo que imaginando cómo lo llevaría a cabo. Sentí que su mujer ya no estaba en el banquillo de los acusados, que la pelea se había detenido y, ahora, empezaba a mirar su vida desde el faro de lo que era más importante.

—Quizá ella cambie y quizá no —agregué—. Lo único que vos podés elegir es qué espacio le vas a regalar como pareja. Ella elegirá si quiere jugar en ese nuevo espacio.

—Bueno, ¡muchas gracias, flaco! —me dijo agarrándome el hombro.

Saqué la billetera para pagar y me interrumpió con un "¡ni se te ocurra!".

—Gracias —le dije—. Me gustaría que un día me cuentes cómo te va con tu desafío.

Le di mi tarjeta y me despedí. Busqué las llaves y entré en mi casa. Mientras el ascensor subía, yo iba pensando en la frase de Gandhi impresa en el frente de la tarjeta que acababa de entregarle: "Seamos el cambio que queremos ver en el mundo". Sentí que resumía lo que habíamos estado conversando.

Claro, el taxista quería ver unión, paz y perdón en su pareja y, en lugar de seguir quejándose de que todo eso no estaba en la relación, lo había invitado a entrar en su vida de pareja siendo unión, paz y perdón.

Pasó el tiempo y la verdad es que el taxista nunca me llamó. Sin embargo, esa conversación de coaching me marcó y empecé a contar la historia en mis seminarios con muy buena repercusión. Como muestra vale un mail que recibí casi un año más tarde, días después de haber dado un Taller de Liderazgo a un grupo de jóvenes que ingresaban a la universidad. El mensaje decía:

Sr. Guillermo Echevarría,

Quería contarle que el taller me impactó muchísimo. Sobre todo la historia del taxista, con la que me identifiqué por completo. Esa frase de Gandhi es justamente una de mis preferidas.

Cuando se la escuché decir, lo tomé como una simple coincidencia, pero luego estuve todo el día preguntándome dónde era que la había leído por primera vez. Llegó el momento de volver a casa y, como siempre, estaba mi padre esperándome a la salida de la universidad. Subí al auto, nos pusimos a hablar de cualquier cosa y me olvidé del tema.

Por la noche, en la cena, mi padre me preguntó qué había hecho en la universidad y me dieron ganas de contarle la anécdota. Yo sentí que no me estaba prestando demasiada atención hasta que dije la frase de Gandhi. Dejó los cubiertos, me hizo dos preguntas y ¡nos dimos cuenta de que yo tenía que ser la hija de su taxista!

La frase me la había dicho él una vez que empecé a quejarme de la universidad pública. Desde aquel momento, yo también busco contagiar esa actitud a todas las personas que puedo.

Quizá él nunca lo haya llamado, pero me habló emocionado de aquel viaje. Y quiero decirle que yo misma lo vi cambiar de actitud y, literalmente, volver a enamorarse y enamorar a mi mamá.

Como usted dice, gracias por dar primero.

Guadalupe

Desafío n° 2. Cómo hacer que las cosas pasen cuando nadie quiere cambiar

Claves para hacer que las cosas pasen

¿Por qué le dije al taxista que una manera segura de fallar era tratarla bien esperando que su pareja cambiara? Porque, haciendo eso, iba a estar pendiente de si su pareja cambiaba o no. Y es posible que, si ella continuaba sin hablarle luego del tercer o cuarto intento, él se desanimara y abandonara su sueño de recuperarla.

En cambio, si él se dedicaba a *ser una buena pareja*, el foco del esfuerzo iba a estar en él. En lo que él sí podía hacer por la relación. Ocupándose, por ejemplo, del orden de ese placard que ella le viene pidiendo hace meses o dedicándose a desarrollar la habilidad de hacer silencio para aprender a escuchar lo que ella siempre necesitó de una pareja.

Y, mientras él canalizaba su ansiedad esforzándose por mejorar, en lugar de seguir intentando hacerla hablar, ella podría tener un tiempo para aceptar y superar lo sucedido. Además, el cambio de actitud del taxista, sin pedir nada a cambio, probablemente, la ayudaría a ella a valorar su esfuerzo y tornaría un poco más sencilla la tarea de reconsiderar su posición y empezar a perdonarlo.

En definitiva, yo no sabía si el taxista iba a *tener éxito recuperando su pareja*, pero sí sabía que, si practicaba dar primero siendo una mejor pareja, tenía grandes posibilidades de *tener éxito convirtiéndose en una pareja mejor*.

Y ahora, como si en este momento yo estuviera sentado en el asiento de atrás del taxi de tu vida, voy a hacerte el mismo desafío:

- ¿Y si empezaras a estudiar con el profesionalismo del profesional que anhelas ser?
- ¿Y si te capacitaras como si te acabaran de llamar de un canal de televisión?
- ¿Y si te dedicaras a cuidar tu imagen personal, tus maneras o tu casa, y practicaras ser la persona que imaginas que serías si ya hubieras conocido a la pareja de tus sueños?

Dar primero tiene magia porque la vida se enciende en la vida. El secreto está en dejar de esperar que se den todas las condiciones y, como sea que puedas hacerlo, dar un primer paso hacia tu sueño. El segundo paso te resultará mucho más sencillo porque contarás con el envión del primero.

En estas claves quiero darte herramientas y algunas buenas razones para que puedas empezar a ser ahora todo eso que te gustaría ser en tu vida.

De dónde sacar entusiasmo para seguir apostando e invirtiendo

El empleado piensa: *Si me aumentaran el sueldo, yo podría hacer un trabajo excelente.* Pero, al mismo tiempo, el jefe piensa: *Si hicieras un trabajo excelente, yo podría aumentarte el sueldo e, incluso, ascenderte a supervisor.*

Y, claro, si fueras tu propio jefe, ¿ascenderías a una persona que hoy no es, pero que dice que podría ser, un buen supervisor o preferirías ascender a alguien que ya se dedica a su trabajo como lo haría un supervisor?

¿Y si trabajaras como si ya te estuvieran pagando el doble de tu sueldo? (Prometo que esta pregunta no la puse a pedido de tu jefe.)

En tu trabajo, con tu nueva *actitud de doble sueldo,* probablemente empezarías a llamar la atención de los que te rodean. Al notar tu mayor compromiso, podrían confiarte tareas más importantes y, con el tiempo, naturalmente te convertirías en alguien que aporta un gran valor al kiosco, la multinacional o donde sea que estés trabajando hoy. Y, en esas circunstancias, conseguir un aumento de sueldo probablemente resultaría algo bastante más sencillo, ¿no?

Pero ¿qué pasa si, luego de todo tu esfuerzo, no te dan el aumento de sueldo?
—*Si no me aumentan, entonces, ¿perdí el tiempo esforzándome?*
—Depende.
—*¿De qué?*
—Depende de lo que quieras lograr en tu vida y de quién necesites ser para lograrlo.

Si tu único objetivo era conseguir que te aumentaran el sueldo en el kiosco y resulta que hagas lo que hagas no te lo dan, sí, es probable que estés perdiendo tu tiempo en ese lugar. Pero si, en tu caso, soñaras, por ejemplo, con tener un día tu propio kiosco, el esfuerzo que hagas te va a dar *experiencia en kiosco* porque, con cada cosa nueva que aprendas, vas a estar convirtiéndote en un mejor kiosquero. Y si, a pesar de tu crecimiento, insisten en no valorarlo, gracias a tu mayor experiencia, seguramente, tendrás más oportunidades de conseguir trabajo en un kiosco mejor.

La excelencia te da independencia. Los mejores pueden elegir las empresas y los jefes con los que trabajan. La gran trampa de la vida es quedarse chiquitito por haberte cruzado con gente chiquitita. No estás trabajando para ellos. Estás trabajando con excelencia por tus valores y para poder vivir tus sueños. El secreto está, literalmente, en maravillar a todos los que te rodean dando lo mejor y practicando, y así tener maestría en ser tu mejor versión.

Cómo tener perseverancia a pesar de las adversidades

Cuando invertimos todo nuestro esfuerzo *en tener un resultado concreto*, podemos ganar o perder dependiendo de si las cosas resultan o no como esperábamos. En cambio, cuando invertimos el esfuerzo en *ser alguien capaz de lograr ese resultado*, más allá de que ganemos o perdamos el partido actual, siempre ganaremos algún tipo de experiencia que nos dejará mejor capacitados para el futuro que soñamos.

Personalmente, lo que me mantuvo ocho años escribiendo este libro y tomando clases de todo tipo no fue solamente poder publicarlo, sino poder convertirme un día en escritor. Hoy no invertiría ocho años en un segundo libro, pero sí estoy dispuesto a invertir el resto de mi vida para poder escribir cada vez mejor, porque me apasiona trasmitir.

Si, al sueño de tener un pescado, lo complementamos con el de convertirnos en un pescador, vamos a estar más dispuestos a aprender el oficio y tendremos más resistencia a las adversidades. Eso significa muchas más probabilidades de comer pescado.

Por eso, puede ser inteligente revisar si nos estamos proponiendo metas en campos en los que, además, nos gustaría crecer y desarrollarnos personal y profesionalmente.

Tener un millón y ser millonario

El sueño de tener un millón de dólares puede durar muy poco si, antes, no nos hemos encargado de hacer realidad el sueño de saber administrar ese millón. Hay gente que, dos años después de ganar la lotería, se encuentra nuevamente en la ruina porque el premio no incluía la manera de ser necesaria para mantener y hacer crecer el millón de dólares.

O tal vez soñaste toda tu vida con formar una linda pareja, pero quizá no pensaste por qué esa pareja iba a querer quedarse a tu lado. Es decir, ¿cómo la vas a tratar? ¿Qué espacio le vas a dar para que pueda realizarse? En definitiva, ¿qué pareja le vas a ofrecer a tu pareja?

Seguramente, tu afortunada pareja estará dispuesta a tolerar cosas que no le gustan demasiado y a esperarte hasta que logres cambiar otras, pero si, luego del primer beso, la mala noticia es que nunca hiciste nada para dominar ese malhumor constante o esa costumbre de volver a las dos de la mañana —y un poco borracho— de tus campeonatos de póker, entonces solo me queda desearte suerte.

Hoy puede ser un buen momento para a empezar a practicar ser esa pareja. ¿O vas a esperar que llegue la pareja ideal, que te den el aumento de sueldo o que te entreguen el diploma para empezar a ensayar ser la persona que te gustaría ser?

<hr>

Lo que sembramos puede tomarse un buen tiempo para brotar.
Mientras tanto, ¿te vas a quedar esperando o
vas a aprovechar ese tiempo para aprender a cosechar?

<hr>

¿A qué velocidad estás liderando tu vida?

Una mañana, y luego de mucho protestar, me desperté preguntándome: *¿Dónde dice que la vida es justa?*

¿Estás buscando que las cosas sean justas desde tu perspectiva o estás buscando lograr algo y disfrutarlo? Yo sé que quizá tus profesores no son lo que esperabas, que tu presidente no siempre reinvierte en el país el dinero del pueblo y que tu jefe…, mejor no hablar de tu jefe, pero ¿vas a dejar que la velocidad de tu crecimiento dependa de la calidad de tus profesores, del presidente de turno o del humor de tu jefe?

¿Por qué no ir a tu máxima velocidad? ¿Por qué no ser el cambio que estás deseando ver a tu alrededor y convertirte en alguien capaz de cambiar las cosas? Estudiando y trabajando como lo haría el presidente o el médico que anhelas ser, como si te acabaran de entregar una beca por tu excelencia académica o como si ya hubiera llegado a tu vida la persona que soñaste. Tratando a todas las personas como si fueran esa persona. Creando el espacio físico en tu casa, en tu agenda y en tu corazón para que pueda entrar en tu vida. Hace unos años, le compuse una canción a la mujer que iba a llegar a mi vida. Se llama *Paz*, la canción; la mujer, llegando[2].

<hr>

2   Vas a poder escuchar la canción *Paz*, que hice a esa persona que iba a llegar a mi vida, en www.guillermoechevarria.net/herramientas/canciones

¿Qué importa si, durante un tiempo, no te dan a cambio una retribución *justa* para tu esfuerzo? Quizá ese sea justo el precio que hay pagar para *comprar* un carácter maleable, la integridad de un gran profesor, la serenidad para manejar tu propio negocio o la capacidad de hacer una pausa para construir, en lugar de reaccionar con tu familia.

Quizá tus amigos, tu jefe o la organización de tus sueños estén esperando que *seas grande primero* para, recién después, ofrecerte algo más grande o considerar tus propuestas. Quizá el mundo esté esperando que des primero.

*Yo creía que tenía derecho a quejarme por las cosas
que no funcionaban en mi vida
y no me daba cuenta
de que las cosas no funcionaban porque me había dedicado
a quejarme.*

Tu Minuto de Coaching

¿Hay áreas de tu vida que están como detenidas, apagadas o desérticas y en las que estás deseando que empiece a pasar algo diferente? Te invito a que te preguntes en qué consistiría invertir y dar primero en esa área de tu vida.

Te desafío a dar un primer paso y que lleves cabo algo que mueva la energía que te rodea y que te mueva. Escribiendo, por ejemplo, una sencilla carta de agradecimiento a una persona que hizo algo valioso en ese ámbito de tu vida, invitando a un viejo colega —¿y por qué no también a un antiguo jefe?— a almorzar. Ayudando a alguien que lo esté necesitando, dando una charla gratuita o lo que sea que te saque de la cama, del televisor, de tu casa y de tu vida de siempre y haga que el mundo pueda saborear toda la riqueza de tu persona.

En lugar de quedarte esperando ver evidencias
de que tu sueño es posible,
te invito a convertirte en la primera evidencia.

El cambio no está lejos de nosotros.
Muchas veces somos nosotros los que estamos lejos de
tener una verdadera actitud de cambio.
Amigándote con el cambio, el cambio va a resultarte
mucho más amigable.

Para mejorar la comunicación no hay como mejorar
la relación.
Para mejorar la relación no hay como mejorar nosotros
mismos.

La soledad es olvidarme de que te puedo acompañar.

3.

La heladera

Sábado a la mañana en Buenos Aires. Vicente había terminado de regar su jardín y ahora, como buen aficionado a la carpintería y otras *profesiones hogareñas*, estaba rodeado de herramientas, completamente dedicado a arreglar el portón del garaje.

—Disculpa… —interrumpió una voz a sus espaldas.

Vicente volvió la mirada sobresaltado hasta que reconoció a su nuevo vecino, el centroamericano.

—Perdona. No quise asustarte.

—No fue nada. ¿En qué te puedo ayudar? —contestó Vicente que siempre estaba dispuesto a brindar una mano.

—Quería pedirte un favor. Mira, estoy necesitando mover una nevera que...

—Una ¿qué? —preguntó Vicente, divertido con la tonada extranjera.

—Este… —retomó el vecino recordando que estaba en otro país—. El refrigerador.

—¡Ah! ¿Querés decir la heladera?

—Eso mismo.

—Ahora sí. ¿Sabes qué? —dijo Vicente mientras guardaba sus herramientas y cerraba el portón—. Diste con la persona indicada.

—¿En serio? ¿Por qué lo dices? —preguntó el vecino mientras cruzaban el jardín en dirección a su casa.

—En los últimos dos años ya me mudé tres veces —explicó Vicente riéndose—. Y, eso, sin contar las mudanzas de hermanos y amigos. Siempre me agarran para esto… Hace poco, precisamente, compré una heladera y, con mi hermano, que vive bastante cerca de acá, estuvimos un rato largo hasta que pudimos dejarla en su lugar.

—¿En serio?

—Es que con esto de que traen *freezer*, fábrica de hielo y no sé qué cosas más, vienen cada vez más grandes.

—Y yo que había pensado en moverla solo… —suspiró el vecino.

—No te preocupes, que juntos la vamos a mover en dos patadas.

—¿Patadas? —dijo riéndose—. ¡Ustedes los argentinos arreglan todo con fútbol!

Atravesaron el salón comedor y se encontraron con la tremenda heladera blanca que bloqueaba el pasillo.

—Ajá… —iba diciendo Vicente mientras armaba un diagnóstico de la situación, estudiando la manera más rápida y práctica de meter la heladera en la cocina.

—¿Ves? —señaló el vecino—. El piso es de ladrillos.

—Sí, vamos a tener que levantarla —concluyó Vicente.

—Lo que te pido es si podemos moverla con cuidado…

—No te preocupes que estas son súper resistentes.

—Bueno, en realidad, me preocupa más que se rayen las paredes del pasillo que está recién pintado.

—En serio, quedate tranquilo… —insistió Vicente mientras abría la puerta de la heladera y echaba un vistazo a su interior—. La de mi hermano es muy parecida… Mirá —propuso Vicente, que ya había tenido tiempo más que suficiente para armar un plan de acción—, hagamos así: yo la agarro de acá, abajo. Vos te vas del otro lado y, a la cuenta de tres, la levantamos.

El vecino entró a la cocina por la puerta que daba al lavadero, se colocó del otro lado de la heladera y la tomó desde abajo con ambas manos. Aunque no podían verse las caras, se escuchaban perfectamente y, a la cuenta de tres, lograron levantarla unos centímetros. Pero apenas intentaron moverla, rayaron una de las paredes del pasillo.

—Vamos de vuelta —dijo Vicente—. ¿Estás listo?

—Sí…

—Uno, dos y ¡arriba!

Esta vez casi tocan el techo. El vecino se arremangó y volvieron a levantarla.

—Un poco más a la izquierda —guiaba Vicente—. Subila. Esperá. Ahora a tu derecha. Más despacio. Cuidado el techo. Así no. Cuidado. Bajala. Vamos de vuelta.

Intentaron varias veces más, pero no lograban avanzar ni dos centímetros sin que tocara en algún lado.

—Descansemos un poco. No doy más —dijo el vecino.

—Y bueno… —resopló Vicente.

En seguida el vecino entró al comedor con dos cervecitas y, mientras hacían una pausa, se pusieron a conversar.

—Te juro que… —arrancó Vicente— todavía no puedo creer que nos esté costando tanto meter esta heladera en tu cocina.

—¿Cómo meter? —dijo el vecino sorprendido—. ¡Si lo que yo quiero es sacarla!

Desafío n° 3. Cómo convertir un grupo en un equipo

Claves para hacer que las cosas pasen

Ahora, ¡párense!, dije una vez frente a un auditorio de mil personas en España y, en lugar de ponerse de pie, todos siguieron sentados mirándome como estatuas. Su inmovilidad me desconcertó, pero ya que estaba intentando mostrarles cómo, al escuchar, transformamos y coloreamos todo lo que nos dicen, aproveché el evidente malentendido para preguntarles qué habían escuchado cuando dije: *¡Párense!*

Usted nos pidió que nos detuviéramos y eso fue lo que hicimos, dijo un participante.

¿Pero cómo es que yo puedo decir algo *súper claro* y que el otro entienda algo distinto? Porque los seres humanos no funcionamos como máquinas que envían y reciben datos, sino que hacemos pasar la información que llega a nuestros oídos por una serie de filtros que lo transforman todo y que pueden llegar a cambiar el significado de una frase hasta convertirla incluso en lo opuesto de lo que nos quisieron decir.

¿Venimos fallados como especie? No, esa capacidad de interpretar es la que nos permite escuchar una ironía en un *yo también te quiero,* encontrar un doble sentido que nos hace gracia, traducir un silencio o la ausencia de respuesta del otro como falta de interés o una cara ruborizada como posible señal de que alguien se está enamorando de nosotros.

¡¿En qué idioma estoy hablando?!, solía decir una profesora del colegio cada vez que entendíamos algo distinto de lo que ella había querido decir. Y yo, que no tenía mala intención, me sentía un poco tonto por haberla interpretado de manera *incorrecta.*

Años después aprendí que no hay maneras incorrectas de interpretar. Lo que hay son personas que pretenden ser comprendidas sin chequear qué es lo que el otro interpretó.

Podemos ser muy buenos hablando y muy malos comunicando. No alcanza con hablar lindo o usar la palabra precisa. La comunicación efectiva es la que permite la acción en común. Para ser buenos comunicadores, necesitamos estar pendientes de lo que los demás interpretan cuando hablamos, chequeando cada tanto cómo nos escuchan o interpretan a fin de mantenernos sintonizando lo que sienten y averiguando lo que piensan de nosotros incluso antes de que hayamos podido pronunciar una sola palabra.

¿Estoy poniendo el foco en cómo hablo o en qué están escuchando? Los artistas que tienen una conexión mágica con la gente han aprendido que el público puede ser el gran maestro en el arte de aprender a decir las cosas de esa manera en la que al público le encanta escucharlas.

Como cuando estamos contando una anécdota a nuestros amigos y notamos que se empiezan a reír de una expresión que usamos sin intención de ser graciosos. Podemos ignorar su risa pensando que eso *no es en verdad* tan gracioso y apurarnos para llegar a *la parte divertida* de la historia (la que a nosotros nos gusta) o podemos descubrir cuál es la interpretación que les hace gracia, insistir en ella y así empezar a recorrer el camino de tener maestría entreteniendo a otros.

El problema aparece cuando no estamos conscientes de que nosotros y los demás siempre estamos agregando una interpretación a lo que nos dicen, forzándolo a calzar en nuestro mundo de significados. Así podemos ir por la vida pensando que, si hablamos claro y modulando correctamente, lo lógico y normal es que las personas entiendan lo que quisimos decirles. En lugar de eso, te propongo otra creencia o manera de mirar que a mí me ha resultado mucho más efectiva para entenderme mejor con la gente: *Por lo general las personas no interpretan lo que decimos exactamente como queremos. Y, muchas veces, no están queriendo decir lo que nosotros entendimos.*

En estas claves voy a denunciar algunas de las principales causas de la mala comunicación, para que puedas escuchar a las demás personas de una manera que te permita comprenderlas, ayudarlas efectivamente o sumarlas a tus proyectos y construir con ellas un futuro mejor.

Podemos ofendernos justo cuando el otro está queriendo hacernos un elogio. Estemos atentos a separar lo que nos dicen de nuestra manera particular de interpretarlo.

¿Cómo se hace una telenovela?

Me acuerdo de una vez en la que me encontraba dando uno de mis primeros seminarios de negociación en una empresa, cuando noté que una participante no estaba prestando atención. Era una mujer de unos cuarenta años, de actitud resuelta, que daba la impresión de tener mucha experiencia. Estaba sentada en el fondo del salón, tirada hacia atrás en su silla; apoyando la cabeza contra la pared y haciendo garabatos en el manual.

¿Qué hacemos con este personaje?, pensé mientras continuaba con la clase. *¿Será que siente que ya sabe negociar y no necesita capacitarse?*

Estaba en esos pensamientos cuando se puso de pie y me pidió permiso para salir un momento a tomar un remedio.

¿Ahora se escapa? —me dije—. *¡Qué actitud más infantil!*

Habrían pasado cinco minutos de su regreso cuando volví a mirarla y noté que empezaba a quedarse a dormida. Ahora sí que se estaba desubicando. Por más que fuera un genio de la negociación, no podía faltarnos el respeto de esa manera.

Caminé en dirección al fondo del salón decidido a pedirle que se fuera del curso, pero antes de que pudiera decir una palabra, ella se despertó dando un cabezazo.

—Le pido que me disculpe… ¡Qué vergüenza! —dijo mientras se enderezaba en la silla—. Internaron a mi padre y casi no dormí durante los dos últimos días…, pero como insistí tanto a Recursos Humanos para que nos dieran este curso, me parecía una falta de respeto no estar… Fui al baño a lavarme la cara, pero igual me ganó el sueño…

Desconcertado, le pregunté si prefería retirarse a descansar, aclarándole que para mí no iba a ser ofensivo.

—Gracias, pero preferiría quedarme —contestó—. De hecho, lo que me haría bien es participar más, así dejo de pensar por un rato en la salud de mi padre.

Yo había confundido:

- **sus acciones**: *Garabatea el manual, no me mira ni se suma a la conversación con los demás participantes, se va al baño y, encima, después se duerme;*
- **con mi interpretación acerca de sus acciones (sus supuestas intenciones)**: *No le interesa el curso porque cree que ya sabe negociar. Su actitud es infantil. Es una desubicada.*

Fui un afortunado. Antes de que pudiera echar del seminario a la persona que había hecho que me contrataran, esa mujer me dio la oportunidad de comprender cómo yo me había inventado una historia que la convertía erróneamente en alguien digno de ser echado.

Y, apenas me contó lo de la internación de su padre, en lugar de preguntarle: *¿Cómo puedo ayudarte?*, volví a dar por sentado que, si no había dormido durante los dos últimos días, lo que necesitaba, *obviamente*, era dormir. Entonces, ella volvió a sorprenderme explicando que lo que estaba necesitando era mantener su mente en otra cosa que no fuera la salud de su padre.

Cada vez que *damos algo por hecho* sin verificarlo con el otro, nos arriesgamos a confundir los hechos con nuestras suposiciones sobre los hechos y a terminar echando buenas personas de nuestra vida. Podemos terminar distanciándonos sin nunca llegar a enterarnos de las verdaderas intenciones de aquel compañero de trabajo o de ese buen amigo que quizá hoy extrañamos.

Observando sus acciones, damos por hecho que no les importamos o que nos tienen envidia o lo que sea y, entonces, en lugar de acercamos a chequear nuestros supuestos, nos defendemos de sus supuestas agresiones.

Como ellos no conocen nuestras suposiciones, interpretan nuestro contraataque como un ataque y, en lugar de acercarse a chequear qué nos pasa, generalmente, también reaccionan defendiéndose.

¡Yo sabía!, nos decimos, entonces, tomando su defensa como otro ataque que, a todas luces, parece confirmar nuestros supuestos acerca de sus celos, su desprecio o su envidia. Y así es como se construye una telenovela de baja monta: con cuatro hechos y mil supuestos… dados por hecho.

Tenemos dos orejas y una boca, para escuchar el doble de lo que hablamos, pero…

La primera vez que me dijeron esta frase, me acuerdo que me propuse firmemente escuchar más en mis relaciones. Sin embargo, luego descubrí que, aun quedándome callado, podía no estar escuchando al otro.

Pero ¿a quién escuchamos cuando no escuchamos al otro?

Nos escuchamos a nosotros. No podemos escucharnos y escuchar a los demás al mismo tiempo. Por eso, cuando estés conversando con alguien, te invito a que chequees cada tanto el lugar en el que estás enfocando tu escucha, preguntándote: *¿Estoy escuchándolo o escuchándome?* Una buena manera de testear cuánto estás escuchando es preguntarte (y poder responder): *¿Qué le preocupa y qué le interesa a esta persona?*

La escucha previa, en cambio, es el hábito de ignorar a los demás por vivir escuchando nuestras profecías y conclusiones previas. Es decir, lo que ya pensábamos y pronosticábamos de esas personas o cosas.

Quedarnos con nuestros prejuicios y viejas conclusiones es lo que nos hace volver a ver siempre a la misma persona en nuestra pareja, nuestros padres o en nosotros mismos, aun cuando hoy hayamos crecido y cambiado. Si solo escuchamos los prejuicios que tenemos sobre el otro, ya no hay otro.

Este mecanismo es el que está detrás de muchos tipos de discriminación. Al juzgar que todas las personas de tal color o nacionalidad son esto o aquello, no nos permitimos conocerlas y, sin experiencias que la contradigan, nuestra creencia discriminadora se mantiene intacta. No hay como la música, el amor, la amistad o cualquier interés compartido para hacer que las personas se den la oportunidad de conocerse y, muchas veces, terminen sorprendiéndose al encontrar en el *raro* a un ser humano excelente, *distinto*.

La escucha previa mata la posibilidad de viajar al mundo del otro para comprender su punto de vista, y así redescubrir y revalorizar nuestro mundo mirándolo a través de sus intereses. Convierte nuestros días en rutina porque nos impide asombrarnos y descubrir cada día una versión distinta de la vida.

Escuchemos al mundo el doble del tiempo que nos escuchamos a nosotros y nos mantendremos siempre jóvenes (y encima podremos cerrar grandes negocios brindando a los demás lo que escuchemos que están necesitando).

Escuchar primero

Escuchar es dar nuestro tiempo, nuestra mente y nuestro corazón para que el otro pueda tener un espacio para expresarse y ser escuchado. Vamos por la vida esperando que nos escuchen, pero como todos queremos ser escuchados primero, el resultado es que nadie escucha y la necesidad de sentirse escuchado aumenta. Esa insatisfacción suele aparecer en nuestras relaciones en forma de quejas y cínicos comentarios de reproche. Pero ¿qué tal si jugáramos un juego diferente y empezáramos a escuchar primero?

Cuando recibas un comentario o una expresión que te resulte desagradable en lo más mínimo, te invito a que hagas una pausa y, luego, preguntes qué te quisieron decir. Si la actitud del otro persiste, en lugar de contestar con la misma moneda, puede ayudarte preguntar: *¿Cómo estás?* o *¿Hay algo que te está pasando o que estás necesitando y que yo no supe escuchar?* La práctica de este hábito descomprimirá y sanará tus relaciones, porque retrasará tus reacciones, convirtiéndote en dueño de tus respuestas y al escuchar podrás enriquecerte descubriendo cómo van cambiando los que te rodean.

Yo, el centro del mundo

No le hagas al otro lo que no te gustaría que te hagan a ti, solemos decir como regla básica para tener una convivencia respetuosa. Y aunque la intención que tenemos al citar esta frase suele ser buena, esconde una mirada muy peligrosa: lo que no me gusta a mí es lo que no le gusta al otro. *Pero ¿qué pasa si el otro necesita que lo traten de una manera que a mí no me gusta?*

¿Alguna vez te sentiste incómodo en una casa en la que te ofrecían comida y más comida y ya no sabías cómo decir que no? Probablemente, se trataba de gente sumamente cariñosa que estaba dándote lo mejor para ella y que sentía que darte *tan poco* de comer era una falta de consideración hacia tu persona. El punto es que no tuvieron en cuenta que tus gustos y costumbres podían ser diferentes y, en ese sentido, te *faltaban el respeto,* por más buenas intenciones que tuvieran.

Cuando estoy en automático, ¡todo parece tan mío! Todo me suena tan natural, tan normal, que no dudaría en llamar *sentido común* a mi manera particular de mirar el mundo.

Ahora, yo pregunto: *¿Vamos a seguir utilizando la expresión* sentido común *como la bandera del* País de la Verdad Absoluta —*donde los habitantes creen* ver las cosas como son *y sienten que por eso tienen derecho a conquistar al resto del mundo para* corregirlo*?*

¿Cuántas peleas y guerras basadas en la pretensión de *ver las cosas como realmente son* podríamos evitar, si lo común fuera el respeto y la validación del otro como un legítimo otro? En lugar de pretender que todos piensen como yo, puedo negociar y acordar con los demás el sentido que le vamos a dar a determinadas cosas en nuestra relación o en nuestro equipo. Eso no nos va a convertir en dueños de un *sentido común con pretensiones de ser universal, ni verdadero,* pero sí nos va a permitir tener un *sentido común acordado* que nos ayudará a entendernos mejor en lugar de vivir quejándonos de que la gente está loca (y repitiendo sin sentido que el sentido común es el menos común de los sentidos)

Cuidado con pensar que para saber qué es bueno para los demás solo tengo que fijarme en qué es bueno para mí. *¿Acaso yo soy el patrón de referencia para tratar a los demás?*

Te propongo esta nueva frase: *No le hagas al otro lo que no le gusta que le hagan al otro.*

¡Pero no siempre sabemos qué es lo que le gusta o disgusta a cada persona! Exacto. No lo sabemos. Lo único que sabemos es que el otro es otro y que hay grandes posibilidades de que sea distinto de nosotros. Y ese es un excelente punto de partida para empezar a relacionarnos: preguntar, en lugar de suponer. Porque podremos trabajar, estudiar o dormir juntos, pero a menos que nos dediquemos a descubrirnos, viviremos en mundos distintos.

*De un manotazo, el mono solidario, iba dejando los peces
en la orilla…
salvándolos de morir ahogados.*

Tu Minuto de Coaching

Te desafío a que hables con las personas más importantes de tu vida y les preguntes con qué sueñan (a dónde están yendo en su vida) hasta que descubras algo de ellos que no sabías. Cuando hace rato que escuchamos siempre lo mismo de las personas con las que vivimos, lo más probable es que hayamos dejado de escucharlas hace rato. A menos que vivas con una momia o una estatua de bronce, tu pareja, amigos o hijos deben ser seres vivos que —te aseguro— en algo están cambiando en este mismo momento.

*Intentar ayudar sin preguntar, pretendiendo saber
lo que el otro necesita, es ignorarlo.*

*Dejarse ayudar sin averiguar si el otro comprende
a dónde estamos yendo es poner en riesgo nuestro proyecto.*

*Trabajar con otros sin acordar una imagen
de lo que queremos lograr no es trabajar en equipo y, lejos de
sumar, incluso puede llegar a restar.*

4.

¿De qué lado se sube a un caballo?

—¿De qué lado se sube a un caballo? —me preguntaron.

Sentí que la pregunta era un examen porque me la hacían en medio de un fogón, rodeado de otros paisanos que parecían querer divertirse con este *chico de ciudad* que a sus quince años quería aprender todo sobre el campo.

—Del lado izquierdo —contesté, dando la respuesta correcta para ellos— y acorde con la tradición.

Pasé su examen, pero no pude pasar el mío cuando mi cabeza me preguntó: *¿Y por qué se sube del lado izquierdo?* Entonces, decidí preguntárselo a un amigo mío, hijo de un domador del pueblo.

—Es así —me dijo. Se quedó pensativo y agregó—: Quizá se deba a que el caballo es más manso de ese lado…

—Preguntémosle a tu padre —propuse.

—Siempre se hizo así —dijo casi a la defensiva el domador—. De todos modos, ¿qué quieren inventar? Hace veinte años que amanso y el caballo sigue siendo el mismo.

Tampoco me sentí completo con esa respuesta y otras similares que recibí. A primera vista, daba la impresión de que todos sabían del tema, pero en definitiva solo repetían lo que por años habían escuchado decir a otros. Parecía como si no pudieran decir simplemente no sé. Me llenaban de rápidas respuestas y evasivas, pero ninguno se animaba a hacerse mi incómoda pregunta —quizá por no arriesgarse a caminar en la incertidumbre que puede generar no tener una respuesta inmediata, esa incertidumbre que nos acompaña cuando nos atrevemos a dejar el camino conocido y que suele preceder los nuevos descubrimientos—.

Me negué a matar mi pregunta —y mi curiosidad— con alguna de esas respuestas históricas y continué investigando.

Una tarde de verano, algunos años después, don Jorge Cúneo, mi maestro de doma en ese momento, me explicó que un caballo no se subía del lado izquierdo porque así debía ser, sino que tenía que ver con los usos y costumbres de los militares que colgaban el sable en la cintura —del lado izquierdo del cuerpo— para poder desenvainarlo más fácilmente con la mano derecha. Así, resultaba mucho más cómodo montar el caballo por la izquierda ya que esto les permitía revolear la pierna derecha sobre el lomo sin que el sable les molestara. Por fin comprendí por qué los humanos subíamos de ese bendito lado, pero ahora me faltaba entender por qué los caballos eran reacios a dejarse montar por el costado derecho.

Preguntando, llegué a saber que los hemisferios derecho e izquierdo del cerebro del caballo no están conectados entre sí y que a esta particularidad se debe que, cuando un caballo ha sido entrenado para ser subido por el lado izquierdo, dé patadas, se muestre receloso o no se deje montar por el derecho. Porque lo que el caballo aprende de un lado no lo aprende simultáneamente del otro. Increíble, ¿no?

Estos aprendizajes cambiaron mi manera de mirar los caballos que entrenaba. Ahora veía dos animales en cada caballo: el izquierdo y el derecho. Entonces, si le enseñaba a levantar la pata izquierda durante media hora, luego tenía que dedicar otra media a enseñarle lo mismo del lado derecho.

Comencé a entender que los caballos no tenían un lado izquierdo bueno y otro derecho, oscuro y malvado, y que no eran arbitrariamente mansos y simpáticos con el que se acercara por la izquierda y recelosos o de pésimo carácter por la derecha. Dejé de pretender que supieran hacer algo de un lado si solo se los había enseñado del otro y se me ocurrió amansar a los nuevos potrillos de manera que pudieran ser montados por ambos lados.

Básicamente, al comprender mejor su mundo y el porqué de muchísimas de sus reacciones fui encontrando nuevas formas de amansar que me permitían lograr un animal mucho más dócil y manso.

Y pensar que durante años yo había tomado la creencia *se monta por la izquierda* como una verdad irrefutable.

Con el entusiasmo de haber encontrado algo revelador y que funcionaba en la práctica, decidí compartir estos secretos con otros domadores.

Grande fue mi asombro al comprobar que ninguno de ellos era capaz de considerarlos, ni tan solo, para probar si funcionaban. Daba la sensación de que preferían quedarse en la comodidad de lo que conocían, perdiendo la oportunidad de descubrir *otro caballo* y una manera más completa de amansar.

—¿Qué sabe ese don Jorge? —decían unos—. ¿A mí me va a decir lo que es un caballo?

Y menos todavía iban a permitir que un aprendiz como yo les enseñara algo.

—No puede ser —decían otros—. ¿De dónde sacaste esas ideas?

Uno remató diciendo: —Conozco a muchos domadores y nunca mencionaron algo parecido.

Sin embargo, no todos fueron oídos sordos.

Solía pasar por el campo un hombre que vendía cuchillos de plata, ollas y otras piezas de cobre. En la zona le decían *El Gitano*. A veces entraba a pedir un poco de agua para él y su caballo, descansaban un rato y luego seguían viaje. Como siempre pasa en el campo, empezábamos hablando del clima y terminábamos conversando de cualquier cosa.

Salvo que con *El Gitano* no solíamos hablar de caballos porque era un tema del que él mismo decía no saber demasiado. Y, quizá, fue por eso que me animé a contarle el secreto.

Me acuerdo que me escuchó con atención, pero no dijo nada. Luego pasamos a otro tema y no volví a saber de él hasta que, tiempo después, en el pueblo, oí de casualidad que su caballo había pateado a alguien.

—¿Qué pasó? ¿Tu caballo anda pateando gente? —le dije a modo de saludo cuando volvió por el campo.

—Es mi alarma antirrobo —dijo riéndose.

Entonces me contó su secreto. Para que no se lo quitaran cuando lo dejaba atado frente al almacén del pueblo, lo había reentrenado acariciándolo y amansándolo para que se dejara montar por el lado derecho, mientras que por el lado izquierdo solía asustarlo y hacerle todo tipo de ruidos molestos con las cacerolas. Así, cuando alguien intentaba llevarse el animal acercándose por el lado supuestamente correcto, el caballo se defendía pateando y mordiendo.

Desafío n° 4. Cómo abrir la puerta para ser lo que quieras ser

Claves para hacer que las cosas pasen

¿En qué área de tu vida te gustaría tener resultados realmente diferentes?

Con esos resultados en mente, te invito a que te preguntes si es posible que estés *subiendo a tu caballo* únicamente del *lado correcto* por no haber revisado lo que diste por cierto.

En tiempos de cambio rápidos como los que estamos viviendo, dejar de aprender y renovarnos es como clavar los frenos en la mitad de una autopista. Automáticamente nos quedamos atrás, la gente se pone nerviosa con nosotros, todos empiezan a esquivarnos y cada dos por tres chocamos con la vida que nunca se detiene.

Al no obtener los resultados que buscamos, nos enojamos y empezamos a culpar a nuestro entorno. Pero mucho más constructivo que enfurecernos es enfocar nuestra energía en revisar los paradigmas que se esconden detrás de nuestros métodos ineficientes.

Los paradigmas son esas leyes internas de las que muy rara vez estamos conscientes y que nos llevan a cerrarnos frente a lo nuevo o desconocido sugiriéndonos hacer las cosas siempre de la misma manera sin preguntarnos por qué. Nuestros paradigmas viven en esas frases que siempre repetimos, en todo eso que no nos permitimos hacer distinto y suelen aparecer muy claramente cuando nos enojamos y criticamos a otras personas que hacen las cosas de *manera incorrecta,* pero que muchas veces tienen más éxito que nosotros con el público, los lectores, los clientes o los goles.

Cuando nos fanatizamos con nuestros paradigmas podemos contraer la *parálisis paradigmática* que consiste en creer que nuestro paradigma es el único verdadero. El precio de enamorarnos de nuestras teorías y creer ciegamente en nuestras conclusiones es no poder ver alternativas mejores. Y eso es lo que, intuitivamente, había comprendido *El Gitano*: que el paradigma culturalmente establecido de subir por la izquierda impediría, a cualquier persona con un poco de *sentido común,* intentarlo por la derecha.

Para evitar quedar atrapados por nuestras ideas podemos practicar la *flexibilidad paradigmática* escuchando, en lugar de atacando, a los que tienen enfoques diferentes de los nuestros, abriéndonos a aprender otros métodos aunque al principio puedan parecernos raros o locos, pero que demuestran dar resultados mejores.

La insolencia frente a lo establecido, de la mano de un sueño, es la madre de muchos descubrimientos y nos invita a recorrer nuestro propio sendero de investigación y aprendizaje. De hecho, las generaciones futuras van a disfrutar de los aportes que nosotros seamos capaces de hacer a partir de desafiar y enriquecer las miradas desactualizadas y las recetas de éxito que ya no sean funcionales. Te invito a practicar una sana insolencia hacia las reglas del *sentido común* que todavía viven en tu interior, pero que ya dejaron de ser efectivas en tu vida.

En estas claves, quiero compartir algunos secretos para que, a pesar del paso de los años, te mantengas mentalmente joven, ejercitando la actitud del aprendiz que se anima a renovar sus pensamientos, sus creencias y paradigmas a fin de que puedas cambiar y transformarte una y otra vez en la persona que tus sueños te estén pidiendo que seas.

¿Cerrado a aprender?

Hace ya unos años que don Jorge Cúneo falleció y siempre me emociona recordarlo porque fue un maestro de doma, pero también de vida para mí. Me ayudó a revisar mis viejos métodos de doma que estaban arruinando los caballos que intentaba amansar y, entre muchas otras cosas, de él aprendí cuánto suma incorporar una sana disciplina para hacer lo que quiero hacer mejor.

Durante mucho tiempo me planteé qué es lo que les había impedido a esos domadores poner a prueba los aportes que yo había tomado de don Jorge. *¿Qué hace que una persona se cierre de esa manera a considerar algo que puede servirle para ser más efectiva o vivir mejor?*, me preguntaba.

Sin embargo, con los años no solo pude comprender lo simple que es caer en esa actitud, sino que incluso me descubrí a mí mismo cerrado a aprender de los demás.

Recuerdo que un colega me había pedido participar en uno de los seminarios de negociación que yo estaba dando en la universidad. Conociendo su experiencia en el tema, le dije que sí pensando que su intención era que compartiéramos el *escenario*. No se imaginan mi sorpresa cuando lo vi sentarse entre los participantes y empezar a tomar nota de todo lo que yo decía.

¿Y yo hace cuánto que no tomo notas de alguien? —me pregunté al terminar el seminario—. *¿Cuándo fue la última vez que hice un curso para mantenerme actualizado en mi profesión?*

¿Dónde estaba la actitud de aprendiz que tan buenos resultados me había dado para aprender a amansar caballos, escribir o formarme como coach? ¿Me estaba convirtiendo en un dinosaurio?

Y es que, aunque existen muchas hipótesis acerca de lo que ocasionó su desaparición, casi todas coinciden en que algo en el clima o en la Tierra cambió y que estos animalitos prehistóricos no fueron capaces de aprender lo necesario para adaptarse al cambio.

Dejar de aprender y resistirse a cambiar parecen ser buenas recetas para extinguirse.

¿Cómo saber si te estás convirtiendo en un auténtico dinosaurio?

Veamos…

- ¿Cuándo fue la última vez que reconociste públicamente que no sabías algo?
- ¿Cuándo fue la última vez que aceptaste que alguien tenía una idea mejor que la tuya?
- ¿Te encanta decir *yo te lo dije* y mostrar que, al final, tenías razón?
- ¿En este momento le estás dando autoridad de maestro o mentor a alguien concreto?
- ¿Hace ya más de un mes que no aprendes nada nuevo?

- ¿Hace ya más de tres de meses que pediste ayuda por última vez?
- ¿Cuándo fue la última vez que te desdijiste por haber encontrado una idea mejor?
- ¿Te preocupa que los demás se enteren de que estabas equivocado?
- ¿Hace más de nueve meses que haces tu trabajo exactamente de la misma manera?
- ¿Hace más de un año que no haces algún curso de perfeccionamiento profesional?

Si te sentiste identificado con más de tres de estas actitudes, te pido que llames urgente al zoológico de tu ciudad y les des la noticia. Se van a poner como locos de contentos cuando sepan que todavía queda un dinosaurio vivo (y lo digo por experiencia propia).

> *¿Vas a quedarte aferrado a tus conocimientos*
> *o estás dispuesto a soltar lo viejo*
> *para poder aprehender algo nuevo?*

Decálogo de actitudes dinosaurio para no aprender y resistirse al cambio

Mientras el mundo cambia a nuestro alrededor, nosotros podemos haber aprendido estrategias para mantenernos viviendo con lo que ya sabemos y evitar la incomodidad de entrar en lo nuevo y desconocido.

Esto es lo mismo que decir *hemos aprendido a no aprender*. Estos hábitos mentales que buscan protegernos de lo nuevo se convierten en verdaderos enemigos de nuestro aprendizaje y, aunque no podemos impedir que aparezcan automáticamente en nuestra mente, sí podemos denunciarlos para reconocerlos y desactivarlos más rápidamente.

Te presento el *decálogo del dinosaurio perfecto* que ha demostrado ser infalible para defenderse de lo nuevo y extinguirse. Y para evitar que tus resultados terminen desapareciendo también adjunto varios antídotos.

1. Nunca digo no sé.

Antídoto para evitar la extinción de tus aprendizajes: *Si hoy me da vergüenza decir* no sé, *¿cuánta más vergüenza me va a dar a medida que pasen los años?* En lugar de encerrarme por miedo a lo nuevo, puedo reconocer que no sé algo y así abrir la puerta a aprender que me va a permitir convertirme en alguien que sabe y puede más.

2. Nunca admito que hay cosas que no comprendo.

Antídoto para evitar la extinción de tu inteligencia: *El universo sigue funcionando más allá de que yo logre o no comprenderlo.* Aceptar que hay cosas que no entiendo me permite preguntar para mejorar la efectividad de mis teorías y así tener mejores resultados con menos esfuerzo. Como en la fábula de la liebre y la tortuga, suele llegar muchísimo más lejos el *muy aprendiz* que se esfuerza por mejorar que el *muy inteligente* que no revisa sus teorías porque hace mucho que está enamorado de ellas.

3. Cuando no sé algo doy una respuesta rápida y convincente.

Antídoto para evitar la extinción de mi humildad: *En lugar de tomar las preguntas de otros como un ataque personal a mi ignorancia puedo tomarlas como un despertador mental, una oportunidad de aprender y crecer diciéndome: ¿Y si aprovecho esta* pregunta como una puerta hacia nuevos descubrimientos? Cuando nuestra mente se incomoda, suele ser indicador de que estamos frente a algo nuevo o distinto.

4. No hay nada nuevo bajo el sol. Todo está inventado.

Antídoto para evitar la extinción de tu curiosidad: *Todos los días puedo descubrir algo nuevo o alguna nueva manera de conectar, relacionar y reciclar lo viejo.* Frente a lo nuevo, en lugar de intentar meterlo dentro de lo que ya conozco diciendo *esto es parecido a... o es lo mismo que...,* voy a preguntarme: *¿Cuál puede ser el aporte único de esto para mis objetivos?*

5. Lo que pienso de mí mismo es verdad y no puede cambiar.

Antídoto para evitar la extinción de tu transformación: *En lugar de quedarme repitiendo* no puedo aprender porque ya soy muy viejo, muy lento o muy malo para eso *puedo decirme:* si estoy vivo, entonces estoy a tiempo. Precisamente aprendiendo es que puedo aumentar lo que soy capaz de hacer y así convertirme en alguien nuevo, pasando a ser un licenciado, un cocinero o alguien más rápido, más gracioso, más seductor o más elegante que ayer.

6. Tengo que tener todo claro todo el tiempo.

Antídoto para evitar la extinción de tus descubrimientos:

Aprender es animarme a entrar en lo desconocido por un tiempo, pero el valor de arriesgarse muchas veces tiene como premio posterior el encontrar una nueva claridad, más efectiva que la anterior. La confusión y la incertidumbre son la antesala de la comprensión y los descubrimientos.

7. Soy mis pensamientos. Si defendí una idea, ahora no puedo cambiarla.

Antídoto para evitar la extinción de tu libertad mental: *En lugar de estar orgulloso de lo que sé y defenderlo a muerte como los dinosaurios, puedo estar orgulloso de la velocidad con la que soy capaz de aprender diciéndome:* Soy más que mis pensamientos. Soy el que los piensa y es por eso que puedo cambiarlos. ¿Estoy comprometido a lograr un resultado o a arriesgarlo todo por continuar haciendo el papel de un insoportable sabelotodo?

8. Yo lo hago solamente a mi manera.

Antídoto para evitar la extinción de tus resultados: *¡Cuidado con insistir una y otra vez en enfrentar lo nuevo con viejas herramientas que me fueron útiles en situaciones totalmente diferentes!* Prefiero pensar que siempre existe una manera más simple de lograr lo que yo quiero, y hacer lo necesario para encontrarla.

9. Yo busco siempre la perfección antes que la producción.

Los dinosaurios suelen decir: *Lo hago bien (perfecto) o no lo hago. Para hacerlo mal, mejor no hacerlo.* Y, entonces, nunca prueban empezar a escribir, cocinar, cantar, pintar o nadar. Y, sin probar, ni practicar, no se suele mejorar. Antídoto para evitar la extinción de tu entusiasmo: *No es posible hacer algo perfecto porque todo es mejorable. Lo importante es arrancar. Cuando me empiece a salir mejor me va a encantar.*

10. Para que pueda aprender, se deben dar todas las condiciones.

A los dinosaurios nunca se les presentan todas las condiciones para aprender. *Si el entrenador fuera otro, si el salón del seminario tuviera aire acondicionado, si el manual fuera más claro, si el momento fuera el indicado, si mi mujer fuera más flaca o mi jefe más simpático...* Antídoto para evitar la extinción de tu actitud aprendiz: *Justamente la imperfección de mi entorno me desafía a ser ingenioso para aprender a pesar de todo preguntándome: ¿De qué manera puedo convertir esto en una oportunidad de aprendizaje? Y ¿cómo voy a aprovechar este maestro o este curso imperfecto para convertirlo, incluso, en un potenciador de mis resultados?*

Te animo a mantenerte alerta para poder detectar tus propias *frases dinosaurio*. Al tomar conciencia de tus estrategias para no aprender y denunciarlas internamente, te va a resultar mucho más sencillo desactivarlas y reemplazarlas por nuevas *frases antídoto* que te entusiasmen a incorporar lo que haga falta para poder superar los desafíos de tu vida.

¿Qué serías capaz de lograr si empapelaras tu mente con la actitud de aprendiz que tenías cuando empezaste a hacer lo que hoy haces mejor?

Cómo domar tus dinosaurios

Si, leyendo este capítulo, descubriste como yo que tu *riqueza* interior incluye un parque jurásico repleto de dinosaurios, te voy a dar un par de herramientas demoledoras para convertir conclusiones terminantes en puertas abiertas.

En primer lugar, cuando te descubras repitiendo algo limitante como: *Si voy a hacer algo, lo tengo que hacer perfecto* o *No saber esto me convierte en una persona inferior,* te invito a que simplemente agregues un signo de pregunta al final de tu frase: *¿Si voy a hacer algo, lo tengo que hacer perfecto?* y *¿No saber esto me convierte en una persona inferior?* o *¿No puedo equivocarme?* o *¿Si pido ayuda pierdo mi dignidad?*

Nuestras creencias no son la realidad, sino solo sensaciones de certeza. Es decir, intentos de nuestra cabeza por convencernos de que las cosas son como ella las ve. Cada vez que nuestra mente nos *convence* de una idea concluyendo que es la única verdadera, termina también nuestra búsqueda de respuestas. Cada conclusión es una puerta cerrada que esconde miles de posibilidades no descubiertas.

El signo de pregunta es una llave que nos permite volver a abrir la puerta de la duda y así usar esa creencia solo cuando nos convenga, en lugar de *trabajar para ella* defendiéndola y confirmándola a pesar de sus pésimos resultados.

Y, precisamente, la otra herramienta para domar frases dinosaurio trata de revisar las ventajas y desventajas de creer en algo. Sirve para delatar esas creencias que prometen mucho, pero que solo nos llevan a golpearnos una y otra vez. Simplemente, se trata de escribir tu creencia o tu *frase dinosaurio* en la parte superior de una hoja dividida en dos columnas: ventajas y desventajas. Si se trata, por ejemplo, de la frase *Sin mi perfeccionismo, yo no sería nada*, vas a ir anotando las ventajas y desventajas de pensar de esa manera. Cuando estés frente a una creencia disfuncional, te va a suceder que no vas a poder encontrarle ventajas reales, sino solo supuestas del tipo: *porque, si fuera perfeccionista, las cosas tendrían que salir mejor*. Mientras que, llamativamente, del lado de las desventajas te vas a encontrar con algo parecido a: *hace un año que vengo postergando enfrentar varios temas por querer hacerlos a la perfección, con el maestro perfecto y los elementos perfectos...*

Tu Minuto de Coaching

Durante una semana te invito a responder cada noche la pregunta: *¿Qué aprendí hoy?* Como a mí, quizá te funcione inaugurar una libretita de aprendiz donde anotes dos o tres cosas que aprendiste en el día. Es probable que te sorprendas de todo lo nuevo que encuentres pero, más allá de lo que sea que vayas aprendiendo, lo más importante es que este ejercicio te sirva para chequear si tu actitud de aprendiz está en *modo activado,* lista para detectar nuevas oportunidades cada día.

———◆———

*Mientras muchos dan por cierto que el humor,
la creatividad, la destreza emocional o el espíritu emprendedor son
artes con los que se nace, otros están leyendo y formándose con
personas que se ganan la vida enseñándolos.
¿Hay algo que estés resistiéndote a aprender y que te permitiría
moverte mejor en este mundo cambiante?*

*Para tener éxito hace falta humildad.
Humildad para aceptar que no sabemos.
Humildad para enriquecernos escuchando.
Humildad para perdonar lo que nos hicieron.
Humildad para pedir ayuda sin sentirnos menos.
Humildad para poder aprovechar lo que otros hicieron.
Humildad para volver al rumbo cada vez que nos caemos.
Humildad para aceptar que es posible mejorar lo que hacemos.
Humildad para nunca confundir quienes somos con lo que
tenemos.
Humildad para cambiar de estrategia, de profesión e incluso de
sueños.*

———◆———

5.

El encantador de serpientes

Cecilia y yo subíamos cansados y sin ningún apuro por las callejuelas del Sacromonte buscando un lugar donde comer unas tapas y tomarnos un vinito. El barrio gitano de Granada se bebía uno por uno los rayos anaranjados y ocres del sol. Bastante más arriba, encontramos un bar con balcones como ojos, subimos sus escaleras y echamos una mirada. La Alhambra se había convertido en una acuarela. Elegimos una mesa junto al balcón, hojeamos la carta y nos pusimos a conversar esperando que nos atendieran.

Junto con José, que prefirió pasar primero por el hotel y alcanzarnos más tarde, acabábamos de salir de un fin de semana intensivo de crecimiento personal donde, básicamente, nos habían dado herramientas para hacer que las cosas pasen adueñándonos de nuestra manera de interpretar lo que sea que ocurriera a nuestro alrededor.

Experimentamos en la práctica cómo al llamar *desafío* o *aventura* a lo que sucedía, en lugar de *peligro* o *riesgo*, podíamos teñir nuestra realidad de entusiasmo o curiosidad y así ampliar el abanico de lo que nos animábamos a hacer. Y digo *en la práctica* porque el desafío final consistía en caminar descalzos sobre un manto de brasas incandescentes de siete metros de largo.

Parecía imposible. Era el mismo fuego con el que todos nos habíamos quemado alguna vez y varios participantes eligieron no hacerlo. Nosotros también habíamos considerado la opción de abandonar, pero luego de algunos momentos de duda, finalmente, los tres logramos cruzarlo.

Estábamos sanos y salvos, pero rendidos, y lo único que anhelábamos era disfrutar lo que quedaba de la tarde mirando la Alhambra desde las alturas del Sacromonte. Yo sentía que había tenido suficientes aprendizajes y merecía un descanso.

Ya habrían pasado diez minutos desde que dejáramos caer nuestros cuerpos sobre las sillas cuando Cecilia protestó:

—¿Es posible que esta camarera haga todo sin levantar la vista?

—¡Cuidado! Quizá mató a alguien y se está escondiendo de la policía —bromeé yo.

—No es mala idea.

—¿Qué cosa? —pregunté.

—Lo de denunciarla por matar de hambre a sus clientes.

—Bueno, quizá tiene tanta experiencia en el oficio que se dio cuenta de que no queríamos tomar nada…

—¡Ah, no! —se enojó Cecilia—. Siéntate a descansar en una de estas mesas sin un duro y verás cómo instantáneamente vienen a echarte.

Por fin la camarera nos vio y, con un movimiento de su cabeza, indicó que en seguida nos atendería. Para ese momento, en nuestra mesa ya estábamos navegando en la conversación *qué mal que te atienden en los bares*.

En eso, llegó nuestra anfitriona y confirmamos que como moza era pésima, pero que su carácter era peor. Yo, que al principio me reía de la situación, ya estaba sintiéndome ofendido por su actitud, así que, sin levantar la mirada, pedí dos copas de vino tinto y una cerveza para José que llegaría en cualquier momento. Por su falta de acento *granaíno,* con Cecilia concluimos que la chica no era del lugar y, por la mala atención, que era nueva —o demasiado vieja y arrutinada— en el oficio.

Mirando por el balcón, vi a José que venía trepando la calle y le hice señas para que subiera. Estaba recién bañado y se lo veía contento. Se sentó junto a Cecilia y ya lo estábamos por poner al tanto de la situación cuando la camarera apareció con el pedido. Realmente tenía el don de la inoportunidad. Apoyó el vaso de cerveza y comenzó a descorchar el vino con un silencio que nos ignoraba. Evidentemente, no habíamos tenido la suerte de conocerla en su momento anual de simpatía. Me sirvió un poco de vino para que lo catara y ya se estaba marchando cuando José le preguntó:

—¿Cómo te llamas?

No sé si fue lo inesperado de la pregunta, pero ella lo miró con cara de susto. Entonces José lo intentó por segunda vez:

—Hola, ¿cómo te llamas?

Con Cecilia miramos para otro lado anticipando una masacre.

—¿Yo? —preguntó ella.

—Sí —contestó José con una sonrisa.

—Malena —dijo, al tiempo que parecía despertar. Entonces, José preguntó si tenían tortilla de sesos. Nosotros, pensando que era una broma, nos empezamos a reír, pero ella corrigió:

—Claro, que tenemos "tortilla de sesos", como usted dice, pero aquí la llamamos Sacromonte.

Al cabo de un rato la moza apareció con nuestra tortilla de cerebro.

—¿Te puedo hacer una pregunta? —volvió a disparar José en dirección a la moza.

—Sí —dijo ella manteniéndolo a distancia con la mirada.

—¿Sueñas despierta?

Ella no contestó y miró en silencio en dirección de las últimas pinceladas de sol que entraban por el balcón. Yo me dije: *Ahora lo decapita con la bandeja.* Pero, ante mi asombro, se sonrió y dijo:

—Siempre.

Qué linda sonrisa, pensé. ¿Dónde la guardaba?

—¿Y se puede saber con qué sueñas? —preguntó José, con la calma y el sigilo de un encantador de serpientes.

—Siempre quise ser bailaora de flamenco —dijo la camarera de la que yo no había registrado el nombre. ¿Era posible que no fuera tan venenosa como yo pensaba?

—¿Y por eso te has venido al barrio gitano de Granada, eh? —adivinó José.

—Sí, estoy estudiando con el maestro Mario Maya —contestó ella con un entusiasmo que la convertía en ángel.

—¿Naciste aquí? —se interesó José.

—No. Nací en Madrid, pero siento que soy de aquí.

—Te felicito por seguir tus sueños, Malena. ¿Sabes...?, mi padre pertenece a una peña flamenca. Si alguna vez pasas por Córdoba —siguió diciendo José, mientras le acercaba una tarjeta—, no dudes en llamarme. Estaremos encantados de que vengas a compartir el cante y un perol con nosotros.

Algunas porciones de tortilla más tarde y, aprovechando que había pocos clientes, Malena nos contó anécdotas del barrio gitano y nos invitó a probar las aceitunas de la casa que resultaron ser deliciosas. Cecilia también se había sumado a la conversación, pero yo no. Me sentía realmente incómodo. Tironeado por dentro. Ofendido por la primera camarera, pero encantado con Malena. Entonces, mientras los demás seguían conversando, me di cuenta de que había ido a ese bar a pasar un buen rato y no a ofenderme. *Necesito resetearme,* dije para mis adentros y me fui al baño a lavarme la cara.

Cuando volví, Malena, mucho más entrada en confianza, estaba contando que hacía rato deseaba poder dejar el trabajo de camarera para dedicarse por completo a bailar. Ahí fue cuando a José se le ocurrió pedirle que nos bailara algo aprovechando el tablao que había a unas pocas mesas de nosotros. El dueño del lugar dijo que sí y Malena empezó a moverse al ritmo de nuestras palmas. ¡Qué bonita era! Juro que, cuando bailaba, se podía ver al aire que como hipnotizado iba siguiendo sus manos y se dejaba acariciar envolviendo en cada giro su cintura para luego brotar de sus palmas una y otra vez.

Tuve que perdonarla y perdonarme a mí mismo por haber sido tan ciego de no verla. En otras dos mesas también se pusieron a aplaudir. José pasó a bailar con ella. Luego Cecilia y, finalmente, yo también me animé. En seguida, llegó un grupo de turistas curiosos que entraron a ver el espectáculo casero y a tomar algo. Cada vez más gente aplaudía y cantaba desde sus mesas. Al cabo de un rato, en el restaurante no cabía un alfiler. Cuando el horario de trabajo de Malena terminó, la invitamos a sentarse con nosotros. El dueño se acercó a nuestra mesa y la felicitó. Mientras Malena se iba ruborizando cada vez más, el hombre nos contó que nunca la había visto bailar. Nosotros sabíamos que para ella el bar era *solo un trabajo* y que por eso había sentido que no era el lugar para compartir su sueño.

Entonces el dueño le preguntó si estaba dispuesta a repetir al día siguiente ese momento espontáneo donde hasta los turistas se subían al tablao a improvisar el baile flamenco. Malena estaba feliz.

Esa tarde el vino tuvo un sabor único. José nos había recordado que la diferencia entre una vida ordinaria y una extraordinaria es ese *extra* que solo nosotros podemos decidir poner y que es capaz de transformar hasta el peor de los venenos en el mejor vino.

Desafío n° 5. Cómo tratar con personas difíciles

Claves para hacer que las cosas pasen

Habíamos ido al barrio del Sacromonte a pasar un rato agradable y no a criticar, ni a enojarnos con una camarera. Sin embargo, yo perdí de vista eso y me salí de pista reaccionando a las actitudes de Malena.

Desde mi punto de vista, lo que sucedió fue que juzgué sus actitudes como un desprecio hacia mi persona. Sentí que no era justo que ella nos tratara de esa manera y que, por lo tanto, yo tenía derecho a ofenderme. Desde mi punto de vista, mi reacción estaba más que justificada, pero mi actitud no me acercó al rato agradable que quería pasar, sino que me alejó.

En vez de uno, ahora éramos dos maleducados que no se miraban a los ojos al hablar y que trataban al otro con distancia. Enceguecido por mi *justificada* indignación, no consideré que ella también podía tener sus preocupaciones y que, si tardaba en atendernos o no nos miraba a los ojos al dirigirnos la palabra, quizá no lo estaba haciendo para causarnos un daño. Pero recién pude comprender esto cuando me enteré de que le aburría ese trabajo y que sentía que estaba perdiendo el tiempo al no dedicar cada segundo de su vida a bailar.

Hoy estoy muy atento a desactivar en mí esa actitud de convertir automáticamente al otro en alguien *difícil,* porque comprendí que las personas más difíciles de tratar son las que siempre ven a alguien *difícil* en las demás personas. Por eso, suelo pellizcarme a mí mismo cuando detecto que estoy utilizando —lo que yo traduzco como— una actitud difícil o inadecuada del otro para justificar defenderme pagándole con la misma moneda. Porque mi contraataque no deja de ser un ataque a los ojos de la otra persona y, a partir del momento en el que reacciono, soy yo el que se convierte en alguien con quien es difícil tratar.

Es cierto que no siempre las cosas se dan como sucedió con Malena. Alguien puede atenderte de una manera que te resulte sumamente descortés y, ante tu intento de mejorar la relación, dejarte en claro que no le interesa tratarte mejor.

—*¿Qué hacer entonces?*

—Depende.

—*¿De qué?*

—De la experiencia que quieras vivir… Si tu intención es dedicar tiempo educando a la camarera acerca de cómo te gustaría que te atienda de ahora en más o si estás buscando descargar tu enojo en alguien, quizá quieras quedarte en el mismo lugar. Pero si estás buscando pasarla bien con tus amigos y la situación te saca de quicio, todavía está en tus manos irte a otro bar, a una plaza, aprovechar para reunirte más cómodamente en la casa de alguno o, simplemente, cambiarte de mesa y probar suerte con otra camarera.

Y es que… ¿por qué tenemos que pelearnos cada vez que otro lo quiera?

De hecho, las discusiones terminan cuando una de las partes decide que ya no quiere pelear más, porque solo se puede pelear de a dos. El otro no puede pelear durante mucho tiempo si le cambiamos de tema, si nos vamos a otro lugar, le damos la razón o le pedimos perdón.

Además, el mayor riesgo de pelear no es perder, sino perdernos a nosotros mismos convirtiéndonos en alguien que no queríamos ser. Por eso, cuando realmente quiero estar en paz, en lugar de hacer como los chicos que dicen *yo no estoy peleando, es él quien me está peleando a mí*, me pregunto en qué medida puedo estar siendo parte activa de la pelea.

Esa mirada me saca del lugar de la víctima que padece el maltrato de una camarera y me convierte en alguien que puede cambiar lo que está pasando. Porque, a partir del momento en que considero la posibilidad de que yo pueda estar generando o permitiendo esta situación que no me gusta, queda en mí el poder de generar algo diferente.

A continuación voy a compartir algunas claves para que puedas detectar cuándo estás regalando tu poder a otras personas o circunstancias. Para que, pase lo que pase, en lugar de desperdiciar tu potencia personal, puedas invertirla en hacer que las cosas pasen.

¿Cómo estoy traduciendo mi realidad?

Cuando digo que hablar inglés es difícil, ¿realmente creo que estoy hablando del inglés? Y si aprendo y me resulta fácil, ¿el inglés cambió?

Los seres humanos no podemos dejar de contar una historia acerca de lo que está pasando a nuestro alrededor. *Lo que pasa es que…*, solemos decir, cuando en realidad no es lo que pasa, sino lo que *nos* pasa: lo que nosotros decimos que pasa. Constantemente cada uno de nosotros está haciendo su propia traducción de lo que pasa de acuerdo con sus conocimientos, experiencias, intereses, miedos y preocupaciones. Esa diferencia de interpretación personal es la que hace que dos hermanos gemelos, dos integrantes de un mismo equipo o dos empleados de una misma empresa puedan sentir que están viviendo en una familia, un equipo o una empresa completamente distinta porque vivimos la vida que traducimos.

Traducimos, por ejemplo, agregando el juicio de valor *peligroso, bueno, malo, grande, difícil* o *apasionante* a lo que nos rodea. Juzgar, al igual que respirar, es algo que simplemente no podemos dejar de hacer. Lo que sí podemos hacer es elegir cómo vamos a traducir, revisando nuestros juicios de valor con alguna de estas preguntas:

- ¿Esta manera de mirar me abre o me cierra posibilidades?
- ¿Me acerca o me aleja de mi objetivo?
- ¿Me convierte en la persona que quiero ser o en alguien que no quiero?

Lo bueno es que, donde pusimos un juicio de valor, podemos poner otro porque siempre podemos elegir otra manera de mirar —de valorar o evaluar— lo que está pasando.

El punto es que, sin un entrenamiento previo, no solemos distinguir lo subjetivo de lo objetivo. No importa cuántos doctorados tenga alguien, si yo le pido que me de tres características objetivas de su madre, es probable que me conteste que es honesta, organizada, compañera, generosa o egoísta, obsesiva y peleadora.

Pero eso es totalmente subjetivo. Podríamos decir que tiene sesenta años, que tiene pelo castaño, que es arquitecta, que el otro día dijo que nos quería y que, cuando necesitamos preparar un examen, nos acompañó toda la noche: hechos objetivos a partir de los cuales podemos opinar que una persona que hace eso es compañera, generosa o peleadora.

Alto/bajo, adecuado/inadecuado, rápido/lento, eficiente/ineficiente, lindo/feo no son términos absolutos sino 100% subjetivos.

Nuestras opiniones no hablan tanto del mundo que nos rodea como de nuestra manera particular de verlo. Cada vez que abrimos la boca, revelamos en qué estamos enfocando nuestros pensamientos y cuáles son los patrones de medida que estamos utilizando para mirar el mundo. Hasta que no aprendamos a distinguir la opinión *la camarera es maleducada* del hecho *tardó 15 minutos en atendernos*, vamos a continuar viendo en las cosas y en otras personas las etiquetas que nosotros mismos les pegamos. Una buena manera de no ver.

Cada vez que nos olvidamos de que nuestras opiniones son solo una traducción más entre las tantas lecturas que podría tener una situación, empezamos a exigir que los demás se ajusten a nuestra manera *sensata* de ver el mundo. Esa sensación de estar en lo cierto, nos puede enceguecer y llevarnos a reaccionar impulsivamente diciendo o haciendo cosas que desde nuestro punto de vista son correctas, pero de las que es posible que luego nos arrepintamos por el resto de nuestras vidas.

Pero ¿por qué nos apuramos tanto para traducir lo que pasa?

Sucede que, desde la época de las cavernas, la clave para sobrevivir ha sido saber reaccionar rápidamente frente a posibles ataques y peligros. Y, aunque los dinosaurios ya se extinguieron, nuestro cerebro programado sigue viéndolos en una conversación con un taxista *agresivo,* una recepcionista *desconsiderada* o un hijo *insolente.* Y, como en la prehistoria, nuestra primera reacción continúa siendo el contraataque.

Sin embargo, como sucedió con Malena, lo que a primera vista traducimos como ataques no siempre lo son. A veces, los demás hacen o dicen cosas que nos molestan, pero no siempre las hacen para molestarnos. Al ofendernos, muchas veces somos nosotros los que *nos atacamos* con sus acciones. Pero, a diferencia de los animales, que frente a un estímulo reaccionan automáticamente huyendo o defendiéndose, nosotros podemos hacer una pausa y elegir cómo responder frente a lo que pasa. Los seres humanos contamos con un espacio de libertad entre el momento en el que nos sucede algo y la respuesta que damos. Dicho de otra manera, entre el estímulo y la respuesta, la libertad de elegir cómo responder es nuestra. Claro que, en cada persona, ese espacio de libertad será más chico o más grande dependiendo de *los hábitos de respuesta* que haya entrenado. Para dejar de reaccionar precipitadamente y en automático, es necesario ejercitar el músculo de hacer una pausa. Así podremos dar *respuestas elegidas* que nos conviertan en el protagonista de la película de nuestros sueños.

Una manera simple de detener la reacción automática y ejercitar varias veces por día el músculo de elegir cómo responder es hacer una respiración consciente antes de atender tu teléfono, llenándote de oxígeno y preguntándote: *¿Elijo atender o atiendo porque suena?* o *¿Quién elijo ser?* o diciéndome algo como *¡Soy dueño de mi vida!*

Solo podemos decir que nuestra vida es realmente nuestra cuando dejamos de culpar a los demás por nuestras reacciones y decimos: *Soy el dueño de todas mis acciones y sus consecuencias. Nadie puede hacerme sentir o pensar algo sin mi consentimiento.*

Traduciendo mi vida en código *víctima*

- ¿Alguna vez culpaste a tus padres por las cosas que pasan en tu vida?
- ¿Alguna vez culpaste a alguien por tu mal humor o por *haberte hecho contestar* algo hiriente?
- ¿Alguna vez decidiste no comprar lo que estabas buscando *por culpa* de un vendedor *maleducado*?
- ¿Alguna vez culpaste al tránsito, al clima, a tu inconstancia, a tu presidente, a tu mala suerte o a tu pareja por no permitirte lograr o disfrutar plenamente de algo?

Resumiendo:
- ¿Alguna vez dejaste de hacer lo que querías *por culpa* de algo o alguien?

Al menos unas diez veces por día pasamos por la posición de víctima. A veces logramos salir de la queja y volver a nuestro rumbo rápidamente, pero muchas otras nos quedamos en una autocompasión negativa por unas *vacaciones* que pueden durar horas, meses y hasta años.

Precisamente, lo que más me marcó de aquel seminario en Granada fue descubrir que me había convertido en un *traductor* acostumbrado a explicar que mi felicidad y mi éxito no dependían de mí, sino de cómo mis padres, mis maestros y ciertas experiencias del pasado me habían marcado injustamente otorgándome una suerte de *derecho para ser infeliz.*

Pero tomarnos unas vacaciones en el demasiado concurrido tiempo compartido *Soy víctima de todo y de todos* no está ni bien, ni mal. Ser o no ser víctima no es una cuestión moral. Simplemente, tiene consecuencias destructivas como la de perder gradualmente todo nuestro poder para cambiar lo que no nos gusta, enfocándonos en explicar que *no se puede* o que *no es nuestra responsabilidad* y distrayéndonos de hacer *goles,* como si un buen resultado fuera lo mismo que un fracaso bien justificado.

Pero ¿por qué nos hacemos la víctima *si nos quita poder para cambiar lo que pasa?*

Porque, a pesar de ser una actitud que con el tiempo carcome nuestra autoestima y destruye nuestra identidad pública, ponernos en la posición de víctima puede tener algunos beneficios instantáneos.

Con un poco de maestría, por ejemplo, podemos generar culpa en los demás y lograr que, en lugar de nosotros, sean ellos los que cambien. Mostrándonos como víctimas de alguna injusticia, podemos conseguir que un jefe se apiade de nosotros y nos exija menos que al resto o que no nos mire con reprobación cuando llegamos tarde o no alcanzamos el resultado.

Por otro lado, la actitud de declararse inocente y culpar a los demás por nuestros malos resultados puede funcionar temporalmente como una inyección de anestesia frente a nuestro malestar. Sucede que, cada vez que algo no nos sale como queríamos, además de tener que rendirle cuentas a las personas perjudicadas, también sentimos que tenemos que rendirnos cuentas a nosotros mismos.

Y, para quedar absueltos de toda responsabilidad y evitar así las puntadas de nuestras propias recriminaciones, una estrategia bastante común consiste en *comprar* nuestras propias excusas de víctima y reforzarlas hasta lograr creérnoslas. Ahora, no solo contamos con un mal resultado, sino que además sabemos exactamente qué o quién tiene la culpa de que no podamos triunfar. Así es como la actitud de estar en víctima nos va convirtiendo gradualmente en unos auténticos licenciados en *Impedimentos y Fracaso Personal*.

En definitiva, ser víctima es dejar de ser la persona que soñamos y, en cambio, entregarle los hilos de nuestro poder interior a cualquier cosa o persona que nos rodea para convertirnos en marionetas del afuera. Es no poder decidir cómo voy a estar mañana por sentir que eso va a depender del clima, de cómo me trate el taxista, del humor de mi perro o de cualquier otra circunstancia. Permanecer en posición de víctima es dejar tu grandeza en manos de los demás y vivir de modo que, en tu tumba, cualquiera pueda escribir: *Aquí yace alguien que quería ser una gran persona, pero nunca encontró el momento, ni la gente adecuada para serlo.*

Convirtiéndote en el protagonista de tu vida

¿Voy a seguir apostando por lo que yo quería o voy a dedicarme a encontrar culpables?

Cada vez que las cosas no resultan como esperábamos, nos enfrentamos a la decisión de apostar por nuestros sueños o abandonarlos. En lugar de abandonar, José siguió apostando por lo que él quería: pasar una tarde divertida. Recibió la energía de la camarera, pero hizo una inversión de tiempo, actitud e ingenio para poder vivir una de esas pequeñas experiencias extraordinarias que le dan color a la vida y que a él tanto le gustan. Él también tenía derecho a protestar, pero eligió no ejercer ese derecho y, en cambio, prefirió invertir su ingenio en encontrar un camino distinto para poder pasarla bien. Nunca perdió de vista su objetivo.

Como resultado del protagonismo de José, Malena se contagió y nos regaló su mejor versión, quizá desconocida aun para ella misma. Además, con su actitud, José me permitió convertir mi enojo en alegría y disfrute. La onda expansiva de la energía constructiva es muy poderosa. Nutre, contagia y transforma. La negativa también, pero en lugar de abrir y acercar a las personas, las cierra, las aleja y las lleva a utilizar sus diferencias para chocar, en vez de aprovecharlas para complementar y sumar. Ser protagonista es dejar el lugar de *espectador de nuestra vida* para convertirnos en la *persona que hace que las cosas pasen*. Es bajar de la tribuna de la crítica y entrar a la cancha de juego a hacer goles. Es dejar de decir cómo deberían ser las cosas, aceptar lo que es y hacer lo necesario para convertirlo en lo que nosotros queremos que sea.

Ser protagonista es una actitud ideal para esos momentos en los que necesitamos lograr un buen resultado, más allá de lo que sea que se cruce en nuestro camino. Es liberar al mundo de tener que hacerse cargo de nuestra felicidad, diciendo: *Pase lo que pase, siempre puedo elegir mi actitud frente a lo que pasa.*

Tu Minuto de Coaching

Te invito a que prestes atención a las palabras que usas porque ellas reflejan cómo estás viendo tu vida. Expresiones como *tengo que, debería* o *no me queda otra opción* pueden reflejar que estás padeciendo tu vida en lugar de estar eligiéndola. *¿Elijo trabajar o digo que no me queda otra opción?* Pero ¿quién te impide renunciar mañana mismo a tu trabajo? Quizás no te gustaría quedarte sin trabajo. Ok. Pero eso no quiere decir que no puedas dejarlo, sino que estás eligiendo no dejarlo. Sincerarnos con nosotros diciendo *hasta que no haga lo necesario para tener un trabajo mejor elijo ir a este trabajo que no me gusta* nos puede sonar horrible y dolernos bastante. Pero la parte buena de hablarnos sin anestesia es que nos mantiene despiertos, recordando que los hilos de nuestra vida están en nuestras manos. Es la diferencia entre ser inquilinos o propietarios de nuestra vida.

¿Estoy eligiendo tener estos pensamientos o soy una víctima de lo que aparece en mi mente?

¿Estoy culpando a lo que pasó por mi enojo o estoy eligiendo enojarme ahora?
Es preferible que te adueñes de tu vida diciendo elijo enojarme, en lugar de que uses las actitudes de los demás para justificar tu enojo.

Yo creía que tenía derecho a quejarme por las cosas que no funcionaban en mi vida y no me daba cuenta de que las cosas no funcionaban porque me había dedicado a quejarme.

Siempre que dos personas o naciones pelean hay, en realidad, dos malos y dos buenos porque cada uno ve al malo en el otro y al bueno en sí mismo.
¡Cuidado con convertirte en esa clase de bueno que justifica hacer cosas malas!

6.

Volver al rumbo

Era la hija de la yegua que utilizaban en el campo para llevar el carro, tirar del arado y otras tareas que requerían fuerza y mansedumbre. A pesar de que el pelaje de su madre era colorado oscuro, ella había salido toda negra, salvo por una manchita blanca del tamaño de una nuez que asomaba en su frente.

Como siempre iba donde iba su madre, la potranca se crió rodeada de personas y quizá fue eso lo que le permitió desarrollar una inteligencia fuera de lo común. Sabía tomar agua de las mangueras, se escapaba de un potrero a otro saltando el pozo del guardaganado y había llegado a desatar a la madre aflojando el nudo de las riendas con los dientes.

Cuando cumplió un año y medio, decidí empezar a amansarla y me encontré con un animal literalmente indomable. Por supuesto que continuaba desatando nudos y cambiándose de potrero, pero además, conmigo arriba, era capaz de meterse a toda velocidad debajo de algún árbol de ramas bajas obligándome a tirarme al suelo para no estrellarme.

Por conocerse todos los trucos la bauticé *Gitana*.

Yo solía empezar la jornada de amanse decidido a mantener la calma, pero al rato de estar con la *Gitana* ya la había perdido. Me quedaba horas intentando inútilmente que hiciera bien un ejercicio hasta que terminaba enojándome tanto que no podía continuar entrenándola. Para empeorar la situación, después me enojaba conmigo por haberme enfurecido y abandonado la tarea de amansarla, en lugar de mantenerme sereno. Con tanto fracaso, empecé a evitarla y a dilatar su proceso de doma, lo que no hizo otra cosa que aumentar sus mañas.

Contándole pestes de la *Gitana* al veterinario del pueblo, me recomendó que fuera a ver a un maestro de doma india: Oscar Scarpati Schmid.

—Antes que nada te hace falta bajar unos puntos tu ego —fue lo primero que me dijo Scarpati cuando me vio intentando entrenar a la *Gitana* y aclaró—: En doma gana el que se doma.

La verdad es que yo no esperaba encontrar ese tipo de sabiduría en un domador, pero Oscar es, sobre todas las cosas, un filósofo, alguien que piensa y revisa lo que piensa para poder vivir mejor.

Al terminar cada jornada de trabajo, solíamos quedarnos conversando mientras tomábamos mate. Y entre mates me contó que su niñez estuvo profundamente marcada por el autismo y cuánto le gustaba quedarse horas trepado a un árbol observando todo desde arriba. Un día se retiró a la sierra y pasó dos años viviendo solo con la naturaleza. Allí desarrolló una comprensión tan fina de los animales que yo lo he visto *hipnotizar* en dos movimientos a un potro salvaje para luego acariciarlo, levantarle las patas o pararse sobre su lomo sin usar siquiera una soga y sin que nadie jamás lo hubiera amansado ni tocado antes. Animales que luego eran ariscos para dejarse agarrar y, sobre todo, para dejarse montar.

Una tarde le pregunté si a algún alumno suyo le había pasado algo similar a lo que a mí me estaba pasando con la *Gitana.*

—Me hace acordar a una historia… —dijo y arrancó—:

Parece que, allá por la China, vivía un hombre que había dedicado su vida a buscar la sabiduría a través de las artes marciales. Para él, eran un camino para crecer en el arte del autodominio. Su dedicación y maestría habían difundido su reputación por toda la región y siempre estaba rodeado de discípulos. El más joven de todos se llamaba Morihei, un muchacho de baja estatura y buen corazón que ya llevaba años entrenándose, pero al que el maestro se negaba a entregarle el cinturón que acreditaba el aprendizaje.

—Cuando demuestres que aprendiste a estar centrado en medio de las dificultades —le decía—, el cinturón será tuyo.

Morihei se quejaba en silencio, pero conocía las razones del anciano. Hacía tiempo que, debido a su escasa estatura, los chicos del pueblo se burlaban cuando lo veían pasar por la calle y, a pesar de que él se repetía una y otra vez que no tenía que perder la calma, no pasaba una semana sin que terminara peleándose.

Cuando alguno se burlaba, él reaccionaba y se olvidaba de todo, aun de que, al pelearse, retrasaba su tan anhelado cinturón.

Un día decidió acercarse al maestro y le contó entre lágrimas todo lo que se esforzaba por mantenerse calmo y cómo, sin embargo, perdía el control. El maestro lo escuchaba en silencio y Morihei decidió preguntarle algo que nunca antes se había animado:

—Maestro, ¿cómo hace para no perder nunca la calma?

—¿Y quién te ha dicho que yo nunca la pierdo? —contestó el maestro para sorpresa de Morihei.

—¿Usted? —balbuceó.

—Y varias veces por día —contestó el anciano.

Morihei no podía creer lo que estaba escuchando. Si el maestro, que había dedicado su vida al autodominio, perdía la calma, ¿qué esperanzas podía tener él? Pero el anciano, adivinando su frustración le dijo:

—Morihei, todos estos años de disciplina no hicieron que yo no me salga de mi centro, pero sí me permitieron volver cada vez más rápido. Antes —continuó—, una ofensa podía vivir meses e incluso años en mi interior. Hoy esa misma ofensa solo podría desviarme de mi rumbo durante algunos segundos. La pregunta —agregó— no es: *¿Cómo hago para no perder la calma?* sino: *¿Cómo hago para recuperarla cada vez más rápido?*

—Nunca lo había visto de esa manera… —reconoció Morihei.

—Ahora, para poder volver al centro cada vez más rápido, necesitarás adueñarte de tus pausas —dijo el maestro—. Cuando sientas ganas de reaccionar, haz una pausa. Encuentra cualquier excusa para detenerte a respirar, mientras dejas que tus emociones decanten y tus ideas se ordenen según tus prioridades más importantes.

—Comprendo… —dijo Morihei—, pero es que en esos momentos es cuando más me falta la fuerza para contenerme.

—La fuerza para elegir la pausa en lugar de la reacción —dijo el maestro— viene del corazón. Pero que tu autodominio se debilite o crezca dependerá de cuántas veces por día saborees las satisfacciones que te dará perseverar en tu rumbo.

Morihei se tomó muy a pecho las enseñanzas de su maestro y no solo logró dejar de pelearse en la calle, sino que se convirtió en un ejemplo porque evitaba las discusiones e, incluso, impedía que otros se pelearan.

Una tarde el maestro lo llamó y le dijo:

—Morihei, hace ya más de un año que no volviste a preguntarme por tu cinturón. ¿Acaso perdiste el interés en las artes marciales?

—No, maestro, las artes marciales se han convertido en mi vida, pero ya no busco cinturones. Ahora busco ser lo que el cinturón representa.

El maestro se sonrió y le dijo:

—Ahora que ya no los necesitas, estás preparado para recibir todos los cinturones.

—Y, en lo que se refiere a domarse a uno mismo —reflexionó Oscar—, este discípulo tiene mucho para enseñarnos. Su nombre completo es Morihei Ueshiba y es el creador del Aikido o el Arte de la Paz, como él lo llamaba.

Reconozco que a pesar de sentirme bastante identificado con Morihei por la cantidad de veces que perdía mi serenidad con la *Gitana*, me resistía un poco a creer que ese cuento chino podría servirme de algo. Sin embargo, algunas semanas después decidí ponerme a prueba a ver si podía lograr eso de *domar-me*.

Cuando la *Gitana* no seguía una de mis indicaciones, en vez de pensar que estaba burlándose de mí, elegía pensar que quizá yo no le había pedido las cosas con suficiente claridad. En lugar de pelearla, empecé a observar qué actividades le gustaban más y también incorporé zanahorias, miel y otros premios dulces. Además, acorté los ejercicios y los convertí en juegos que también me divirtieran a mí.

En los momentos en que detectaba que me estaba por enfurecer, detenía lo que estaba haciendo, salía del corral, me mojaba la cabeza con bastante agua fría y, antes de volver a empezar, me preguntaba: *¿Para qué voy a entrar al corral? ¿Para pelear o para sumar?*

Cuando me descubría *fuera de mi rumbo*, en lugar de quedarme anclado en el enojo, me conectaba con la satisfacción de que podía aprovechar la situación para domarme ejercitándome en volver cada vez más rápido. Me entusiasmaba sentir que así estaba creciendo en autodominio y en dominio de la situación.

Tuve mis buenas patinadas, pero a base de volver al rumbo, agua fresca y cariño, la *Gitana* y yo nos fuimos convirtiendo en animales mucho más dóciles, dispuestos a cooperar.

Reconozco que había perdido la fe en que pudiéramos llegar a cambiar tanto.

Ya pasaron siete años desde que terminé de amansarla y cada vez que galopo en la *Gitana* me invade una sensación de triunfo personal. Siento que, bajando mis humos, dejé de ser un obstáculo para que pudiera aparecer lo mejor de ella.

Cuando mi hija cumplió dos años, la llevé a dar su primera vuelta en la *Gitana*. Y mientras ella gritaba feliz: *Galope, galope, galope,* yo iba pensando que, gracias a la *Gitana*, había aprendido a hacer una pausa y que, si seguía entrenándome, Rosario iba a conocer un padre mucho más sereno, capaz de salir de su enojo y recuperar la calma cada vez más rápido. Capaz de perdonar y perdonarse para empezar de nuevo.

Y, a esta altura, me imagino que la *Gitana* ya le habrá contado a todos sus conocidos cómo fue que logró amansar… a un humano.

Desafío n° 6. Cómo cambiar más rápido y con menos estrés

Claves para hacer que las cosas pasen

No sé si lo habremos tomado de algún modelo de aprendizaje militar, pero, trabajando como coach, siempre me llama la atención encontrar tantas personas que tiene incorporado, como excelente método de aprendizaje, el autoexigirse sin piedad, presionarse y maltratarse, a pesar de los pésimos resultados que genera.

Antes yo también me frustraba y me indignaba conmigo mismo cada vez que me equivocaba. Lo que me sucedía con la *Gitana*, también me había pasado aprendiendo guitarra, intentando escribir mis primeros cuentos y hablando en público. Con el tiempo, aprender cualquier cosa se convirtió en sinónimo de autotortura. Como consecuencia, empecé a dedicarme solamente a lo que ya sabía hacer y evitaba toda situación que implicara tener que aprender demasiado.

Años más tarde, estudiando Coaching y Neurosemántica, comprendí que, con mis métodos de aprendizaje agresivos, pero sobre todo inefectivos, había logrado acobardarme. Igual que con la *Gitana*, descubrí que podía encontrar formas más felices de aprender que funcionaran mejor conmigo y, en lugar de presionarme, empecé a escucharme, seducirme y divertirme, eligiendo los caminos de aprendizaje que más me gustaban.

En estas claves voy a compartir algunos trucos para que puedas aprender cualquier cosa de una manera más simple, más rápida y disfrutando, en lugar de estresándote.

¿Alguna vez te pasó que…

- decidiste aprender algo y terminaste abandonándolo luego del primer traspié?
- te sentiste tan mal por abandonar la dieta la última vez que ni se te ocurre retomarla?
- luego de varias discusiones con tus padres, decidiste que no se puede hablar con ellos?
- te molesta tanto equivocarte que ya desististe de aprender a bailar, cocinar o manejar?
- te gustaría poder hablar en público, pero no tener que pasar por el proceso y la vergüenza de practicar y ensayar frente a otros?

Lo primero que hace falta, cuando decidimos aprender una habilidad de negociación, oratoria, guitarra o golf es aceptar que nos vamos a equivocar. Es decir, que vamos a salirnos del rumbo que nos hemos fijado. Si no estamos dispuestos a equivocarnos, es mejor no meterse a aprender nada nuevo porque lo más probable es que se convierta en un infierno personal.

Y, precisamente, uno de los secretos de aprender algo nuevo es mantenerse relajado, con poco griterío interno, para que todo nuestro ser pueda entender el mundo nuevo que le estamos presentando. La exigencia de hacerlo bien la primera vez, o lo más rápidamente posible, es algo sencillamente ridículo para las primeras cien veces de práctica y algo innecesario cuando ya empieza a salirnos mejor.

Por paradójico que parezca, no apurarse y mantenerse sereno suele acelerar el aprendizaje. La experiencia me demostró que, cuando se trata de aprender, lento es rápido. Para practicar una presentación en público o para aprender una canción nueva en la guitarra, el método que me ha resultado más rápido es hacerlo lo más lento posible y sin exigencias.

Una vez que nuestra memoria, nuestros dedos, nuestro cerebro y nuestra emoción entendieron en qué consiste el desafío, entonces sí que pueden empezar a hacerlo a mayor velocidad. En cambio, acelerar lo que todavía no quedó claro es como correr y apurarse para ganar un juego sin haber comprendido sus reglas.

Y el secreto que resume los anteriores y que es clave para llegar a ser bueno en algo es mantenerse jugando. Cuando jugamos, nos divertimos y nos animamos a probar, que es la mejor manera de aprender y mejorar. En cambio, si nos ponemos demasiado serios pensando que *para hacerlo mal es mejor no hacer nada*, que *este no es el momento indicado* o que *somos demasiado jóvenes* o *viejos* o lo que sea, dejamos de divertirnos, de arriesgar y practicar, matando así todas nuestras posibilidades de progresar.

La actitud de *aprender a aprender jugando* no es algo que se logre de una vez y para siempre, sino que es un *lugar* al que necesitamos volver cada vez que nos descubrimos fuera del rumbo tratándonos de una manera que desgasta la relación con nuestro aprendiz interior.

Volviendo al rumbo

Ya sea que tu objetivo sea mantener la calma con un compañero de trabajo, enfocarte en tu futuro en vez de continuar lamentándote por lo que pasó o empezar a cuidarte las manos dejando de comerte las uñas, vas a necesitar pasar por un proceso de aprendizaje en el que es probable que te salgas de tu rumbo muchísimas veces.

Incluso los aviones, con toda su tecnología, se encuentran 95% del tiempo fuera de su rumbo. Es el piloto automático el que se encarga de ir haciendo constantemente los ajustes necesarios para corregir los desvíos causados por vientos y pozos de aire a fin de recuperar la ruta trazada y poder llegar a destino.

Como le enseñó el maestro a Morihei, el autodominio no consiste en no perder nunca el rumbo, sino en aprender a regresar cada vez más rápido. Salirse del rumbo no es tan grave como abandonar el proceso. Mientras te mantengas practicando, todavía quedan esperanzas de que en algún momento puedas lograrlo.

Volver al rumbo es la alternativa que encontré a la costumbre de criticarme cuando me equivoco o cuando las cosas no salen como yo esperaba. De la misma manera que no tiene sentido hacer una guerra para que haya paz, tampoco tiene sentido gritarse a uno mismo para recuperar la serenidad. La paciencia es la ciencia de estar en paz y volver al rumbo es una excelente manera de ser pacíficos con nosotros mismos.

Ejercitarse en volver al rumbo no solo sirve para no agredirnos y así aprender muchísimo más rápido, sino que también resulta útil para cualquier situación en la que necesitemos *resetearnos* y elegir una respuesta constructiva, en lugar de reaccionar en automático a lo que sea que pase.

Estos son los tres pasos que yo sigo para adueñarme de mí mismo y volver al rumbo:

1. **Respiro** una pausa.
2. **Recuerdo** mi sueño.
3. **Respondo** de una manera que me acerca a mi sueño.

1. Respiro una pausa

Antes que nada, cuando descubrimos que nos hemos salido de nuestro rumbo, lo que necesitamos es detener la inercia. Pensar que ya no hay nada que hacer, que una nueva acción no va a cambiar nada es una excelente receta para no hacer nada y lograr que nada cambie. Personalmente, cuando descubro que me equivoqué, me da resultado recordar las palabras de Confucio: *El que comete un error y no lo corrige, comete otro error aun mayor.*

Para detener la reacción y poder pensar, nuestro cerebro necesita tiempo y oxígeno. Por eso, la manera más rápida y efectiva de *resetearnos* para adueñarnos de nuestras respuestas es hacer una pausa mientras respiramos profundo.

Si estamos en la mitad de una reunión de trabajo y dijeron algo que nos ofendió, es preferible encontrar cualquier cosa que nos permita hacer una pausa para ganar tiempo y serenarnos, antes que contestar algo de lo que luego podamos quedar esclavos. Y hasta que logremos desarrollar el músculo de la pausa, en lugar de decir lo primero que se nos ocurre, lo que podemos hacer es *reaccionar* con *respuestas automáticas prefabricadas inofensivas* como *¿qué me dijiste?, ¿podrías repetirme eso?* o *¿en qué sentido me lo estás diciendo?*

Luego de hacer una o dos respiraciones, nuestras emociones empezarán a decantar y nuestra razón volverá a tomar el mando.

Muchas veces lo que necesitamos es perdonar y perdonarnos para poder darnos una nueva oportunidad. De hecho, la palabra *perdonar* habla de dejar atrás lo sucedido para *volver a dar como antes*. Amansando a la *Gitana* descubrí cómo, perdonándome a mí mismo, en lugar de perder tiempo enojándome o arrepintiéndome, podía regresar más rápidamente al campo de juego 100% listo para la próxima jugada.

Además, mantener el autodominio en lugar de reaccionar, puede convertirse en una oportunidad para que el otro tome conciencia del tono y el contenido de sus palabras e, incluso, puede terminar pidiéndonos perdón sin que nosotros hayamos dicho nada.

El objetivo es ganar tiempo para frenar la reacción y poder recordar qué era lo más importante para nosotros antes de alterarnos.

2. Recuerdo mi sueño

Recordar proviene etimológicamente del latín *recordare*, que se compone del prefijo *re* ('de nuevo') y *cordare* (que hace referencia al 'corazón'). Una de sus posibles interpretaciones es: *volver a pasar por el corazón*. A su vez, la palabra *emoción* viene de *emotĭo*, que significa "movimiento o impulso".

Cuando volvemos a pasar por nuestro corazón, se despiertan emociones que ponen en marcha nuestro motor.

Pero el motor emocional puede ir en distintas direcciones dependiendo de dónde enfoquemos nuestra atención. Cuando nos alteramos con algo que pasa o que otros dicen, nuestro motor se alimenta de orgullo y deseos de vengarse contraatacando.

La emoción puede nublarnos la mente al punto de que perdamos de vista nuestros sueños y reaccionemos contestando de una manera que puede destruir en un segundo lo que habíamos tardado años en construir.

Recordar cuáles son nuestros objetivos es una excelente manera de juntar fuerzas para frenar la reacción y elegir una respuesta constructiva. Nos permite sentir en el minuto presente cuánto vale para nosotros esa buena relación con un amigo o ese futuro que soñamos. Por eso, la clave para volver al rumbo es haber construido un sueño que te apasione muchísimo más que el hecho de poder demostrar que alguien está equivocado o *ganar* una discusión.

✦

En el único lugar en el que se puede ganar una discusión es en un juzgado. En el resto de los casos, siempre se pierden millones en relación y emoción.

✦

¿Que cómo se construye un sueño?

Imaginándolo y recordándolo una y otra vez, como un enamorado a su amada. Llenando nuestro corazón de pensamientos, frases, canciones e imágenes que nos inspiren y seduzcan a realizarlo. Aprovechando cualquier tiempo muerto para dedicar un minuto a conectarnos con las satisfacciones que nos dará continuar en nuestro rumbo hasta terminar la dieta, el curso de inglés o la conversación pacífica con nuestra familia acerca de las vacaciones.

Como dice Stephen Covey, se trata de decirle sí a algo con tanta fuerza que nos facilite decirle no a lo que nos distrae y desvía.

Llegará el momento en el que podrás entusiasmarte y cargarte de energía con solo evocar una imagen mental de tu logro. Puede resultarte poner en práctica un ritual que te ayude a recordar a dónde estabas yendo. Algunas personas hacen un chasquido de dedos al tiempo que dicen: *Éxito, Paz, ¡Mi nueva casa!* o *¡Rumbo!*

¿Qué palabra te haría recordar que sí tiene sentido seguir apostando por tu objetivo?

3. Respondo de una manera que me acerca a mi sueño

¡Pongámosle color de éxito a este día!, solía repetir mi abuelo cuando necesitaba detener la reacción y hacer algo que lo devolviera al rumbo que había elegido. Pintamos nuestro día color de éxito cada vez que somos, aunque solo sea por un momento, la persona que hace realidad nuestro proyecto.

Con cada acción constructiva, damos un paso concreto en nuestro camino de transformación, desde quienes fuimos hasta quienes elegimos ser. En este mismo momento, podemos tomar una acción que imaginamos que haría la persona o el profesional que queremos ser. Algo pequeño o algo grande. Algo simple, pero algo.

Sobre una piedra, al costado del río, dos ranas conversaban. *Voy a saltar al agua,* decidió una. ¿Cuántas ranas quedaron sobre la piedra? ¿Una? No, dos. Porque, a pesar de que la rana decidió saltar, luego no hizo nada.

Todo gran cambio comienza con una decisión seguida de una acción, por más pequeña que sea.

Personalmente, me gusta hacer una pequeña celebración interior cada vez que me descubro fuera de mi rumbo. Celebro que tomé conciencia de mi desvío y me aliento a regresar. En ese momento, elijo pensar que me salí del rumbo porque tengo uno y me felicito porque estoy entrenándome.

En lugar de perder el tiempo en reproches, ahora mismo podemos empezar de cero, como si acabáramos de nacer y hacer algo coherente con lo que queremos que pase, aunque eso pueda ser incoherente con quienes fuimos hasta el minuto anterior.

La inercia de ser coherente con el que yo había sido en el pasado me mantuvo durante mucho tiempo repitiendo un mismo guión de vida. Creía que estaba inevitablemente destinado a ser ese Guillermo y no me daba permiso para tomar las acciones del Guillermo que anhelaba ser. Desconocía que cada minuto era una oportunidad para cambiar el final de la película de mi vida.

Si te caes siete veces, levántate ocho.
Proverbio oriental

Tu Minuto de Coaching

Te propongo un juego con tres niveles de desafío (¡tres minutos de coaching por el precio de uno!).

Nivel uno. Practica hacer una pausa y respirar profundo en momentos en que no te estés sintiendo atacado. Por ejemplo, antes de responder a cualquier comentario inofensivo que te hagan en tu familia, antes de contar una idea buenísima que se te acaba de ocurrir o antes de pedir algo que estás necesitando. Así vas a ir logrando adueñarte de los músculos de tu lengua.

Nivel dos. Vas hacer la misma pausa, pero además de respirar, vas a conectarte con la imagen de algo que te inspire a dar tu mejor versión. Puede ser la cara de tu novia, de tu hijo, de tu casa completamente construida, del día en que te entregan el diploma o, simplemente, un recuerdo o una película que te inspire a ser mejor.

Nivel tres. Luego de *respirar tu pausa*, en lugar de decir lo primero que pensaste, vas a jugar a cambiarlo o decirlo de otra manera. Cualquier cambio que hagas ya suma puntos en el juego de adueñarte de tus respuestas.

Haber entrenado estos músculos en situaciones de bajo riesgo te permitirá volver a hacerlo en situaciones en las que tus emociones estén más revolucionadas y necesites dar una respuesta constructiva.

———◆———

¿Ya construiste una visión de futuro *que te inspira*
y te emociona hasta erizarte la piel y hacerte sentir
escalofríos? Te propongo poner una palabra clave en la
pantalla de tu teléfono que te recuerde tu sueño.
Cuanto más presente lo tengas más poder tendrá para
elevarte sobre cualquier situación.

———◆———

Cambiar es tan difícil como te resulte método
de difícil el que elegiste para cambiar.
Cuando algo te esté costando, te invito
a revisar la manera en la que estás intentando
aprenderlo.

———◆———

Todo es difícil antes de ser fácil.
Thomas Fuller

———◆———

Hay una habilidad que es la puerta para todas las demás:
aprender a aprender.
¿Qué tan bueno estás siendo para aprender algo nuevo?

———◆———

Cuando tu actitud de aprendiz y tu oportunidad
se encuentren, va a ser amor a primera vista.
El que se enamora de aprender enamora
a la vida.

———◆———

*Cuando quieras aprender más rápido, lo primero
es asegurarte de hacerlo disfrutando, pero si tanta
velocidad empieza a darte vértigo, siempre se puede
frenar un poco tensionándote tomándolo demasiado
en serio.*

7.

Ser la variable

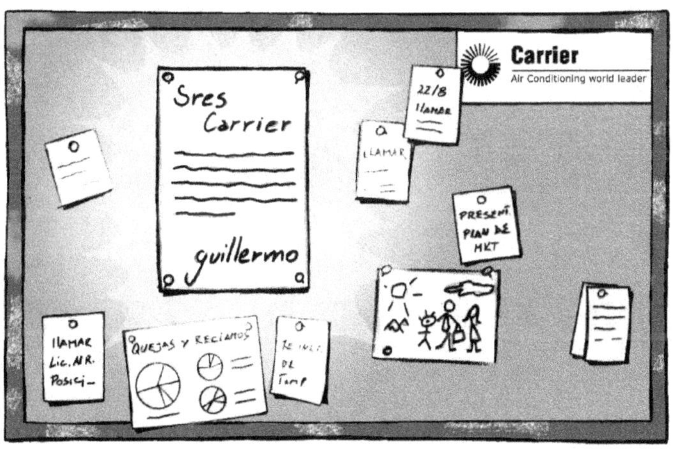

Soñaba con trabajar en Carrier desde que uno de sus ejecutivos había dado una charla en mi universidad contando los programas de formación y desarrollo del personal que tenían.

Me postulé a una de sus pasantías a través de la bolsa de trabajo de la universidad, pero pasaron los meses y no me llamaban. Era cierto que el desempleo nacional estaba por las nubes y pensé que quizá podía tener más suerte si volvía a anotarme, pero para otro de los puestos que ofrecían.

Luego de esperar seis semanas más sin ninguna respuesta, no estaba precisamente entusiasmado y, desde el ventanal del café en el que paré a desayunar algo, empecé a preguntarme de qué servía mi título universitario si no me permitía conseguir trabajo.

En eso entró un vendedor ambulante y comencé a seguirlo con la mirada mientras iba dejando sobre las mesas unas reglas gigantes con tablas de multiplicar y fórmulas matemáticas impresas. Fue entonces que me acordé de Margarita, la profesora de Matemática. ¡Cómo olvidarme! Con ella era imposible copiarse en los exámenes. En el colegio le decíamos La Maga porque se sabía todos los trucos y siempre tenía un as escondido: el 1 que, en un abrir y cerrar de ojos, pasaba de su manga a nuestro boletín de calificaciones.

Entonces, se me vinieron las imágenes del día en que a Margarita se le ocurrió hacer un juego para explicar cómo funcionaba la ecuación $x - k = y$.

Mi relación con la matemática nunca había sido buena. Veníamos peleando desde el primer día y, aunque no podía evitar encontrármela cada año, hacía mucho que ya no le dirigía la palabra si no era para criticarla.

Cinco de nosotros fuimos intimados a presentarnos en el frente, donde Margarita nos encargó a cada uno la —no demasiado honorable— misión de sostener una de las letras o signos de la ecuación, pero en tamaño gigante y de un rojo que, de viejo, ya era rosa. A mi me tocó la x.

Margarita explicó que a la k se le llamaba *la constante* porque su valor se mantenía fijo. Que, en cambio, x podía tomar cualquier valor y que, por eso, se le llamaba *la variable*. Cuando terminó de decir que la letra y representaba el resultado y que variaba según los valores que tomara x, el que sostenía la k dijo, poniendo cara de pobre tipo: *Realmente lo siento, pero no hay nada que pueda hacer por ustedes.* Nos reímos con su *cara de constante* al tiempo que Margarita me indicaba:

—Echevarría, elija un número cualquiera para que veamos cómo impacta en el resto de la ecuación.

—¿Se refiere a mí?

—¿Acaso hay algún otro Echevarría en esta clase? —dijo con ironía.

—No lo sé. Yo soy la variable —dije y haciendo una reverencia aclaré—: el señor La Variable.

Creo que Margarita digirió el chiste solo porque sintió que sumaba a lo que estaba queriendo explicar y, dentro de todo, la clase estaba avanzando.

—El drama lo tengo yo —intervino la y refiriéndose a mí—, porque dependo de tus idas y vueltas. Y, vos —agregó prepoteando a la k—, nunca te movés.

—Una persona podría usar esta ecuación —continuó

Margarita mientras la clase nos hacía caras para que nos riéramos— para saber cuánto dinero le va a quedar por mes una vez que descuente los gastos fijos. El dinero que gana sería *x*, los gastos fijos de teléfono, alquiler y comida serían *k* y el dinero que le sobra sería *y*. Si una persona gana 1.500 (*x*) y gasta mensualmente 1.000 (*k*), le sobrarán 500 (*y*). Tomó una tiza y escribió: 1.500 – 1.000 = 500. Y si esa misma persona pasara a ganar 2.000 y siguiera teniendo 1.000 de gastos, ¿cuánto le sobraría?

—Mil —respondimos a coro.

¿Cómo explicar lo que pasó después? Supongo que en ese momento sentimos que teníamos que disculparnos frente a nuestros compañeros por el hecho de que todo estuviera saliendo demasiado *pedagógicamente perfecto*. La cuestión es que, con una mirada, nos pusimos de acuerdo y empezamos a subir el tono de la supuesta pelea entre la constante, la variable y el resultado. En instantes, el frente de la clase se había convertido en un *saloon* del lejano oeste. A tal punto que Margarita tuvo que salir corriendo a buscar a un celador.

Por nuestra actuación estelar nos ganamos el aplauso de toda la clase y varias amonestaciones. Hasta el último día de colegio no dejamos de reírnos con las anécdotas de esa clase ni de quejarnos de la inutilidad de todas las fórmulas jeroglíficas que nos hacían aprender de memoria. Si ninguno de nosotros pensaba ser físico nuclear ni — Dios no lo quisiera— profesor de matemática. Y reconozco que, cada vez que Margarita se quedaba sin palabras, sin poder contestar de qué manera tanta álgebra podía llegar a servirnos para algo en la vida, me invadía una enorme satisfacción.

Yo soy la variable, me reí recordando aquella clase.

Soy la variable, repetí y, de algún modo, la frase me sonó distinta…

Cuando el de la mesa de al lado levantó la cabeza me di cuenta de que había pensado en voz alta, y entonces lo vi. *¿Y si empezara a ser la variable de mi ecuación?*, me dije.

Llamé al mozo, pagué la cuenta y salí rumbo a la universidad.

Por primera vez, comencé a contarles a amigos, profesores y a cualquiera que se me cruzara que yo quería trabajar en Carrier. Buscando en la web investigué más acerca de la organización y el negocio de refrigeración, conseguí los datos del gerente del área de la que quería formar parte y…, por una de esas *casualidades* que se dan cuando hemos decidido hacer lo que haga falta para lograr lo que queremos, me topé con una persona que conocía a alguien que había trabajado en la empresa. Inmediatamente me puse en contacto con el ex Carrier, quien sin ningún problema me pasó tres o cuatro datos clave acerca de lo que valoraban más y del perfil profesional que buscaban. Ahora ya sabía qué puntos de mi currículum necesitaba resaltar y cuáles dejar de lado.

Con toda esa información, le escribí una carta al gerente enumerando las diez razones por las que quería trabajar en Carrier y, específicamente, en su área.

A los pocos días, ¡me citaron para tener una entrevista en las mismísimas oficinas de Carrier! (¡Y con el gerente del área de Marketing!)

Estaba feliz, sorprendido y bastante nervioso.

—Leí su carta con las razones por las que quiere trabajar con nosotros —arrancó el gerente—, pero hay una de ellas acerca de la cual me gustaría pedirle explicaciones.

¡Zas! No le gustó, pensé mientras contestaba con mi mejor sonrisa:

—¿A cuál se refiere?

—¿Qué quiso decir con eso de *ser la variable*? —aclaró.

Yo no sabía si el tema le había disgustado o qué, así que decidí contestar algo bien breve para pasar a otro tema:

—Nada. Es una expresión que inventé y que, seguramente, se me escapó en el entusiasmo por ser parte de la empresa.

—Bueno, pero ¿puede explicar de qué se trata? —desafió.

¿Le interesaba mi idea o qué?

—Claro, se trata de que… casi por casualidad descubrí que las ecuaciones sí pueden servir para algo más que para aprobar un examen.

—¿En qué sentido?

—Y porque todo el tiempo estamos decidiendo entre ser la constante o ser la variable.

—Me parece que no le estoy entendiendo —dijo. Echó un vistazo a la sala y preguntó:

—¿Sería capaz de explicarlo usando ese pizarrón como si se tratara de la presentación de un proyecto?

Entonces entendí que ya no había más lugar para el telegrama y la modestia. Era mi gran oportunidad para impactar o seguir buscando trabajo.

—¡Cómo no! —dije mientras me ponía de pie y me preguntaba qué iba a decirle.

Con sutil ironía la vida me volvía a mandar al frente junto a las ecuaciones.

—Solo se trata de mi experiencia —dije en un intento por bajar sus expectativas—. Quiero decir, de lo que me pasó a mí buscando trabajo.

—A ver —dijo el gerente y giró su silla para quedar mirando al pizarrón.

—Bueno… —continué—, reconozco que hacía rato que estaba esperando que la universidad me consiguiera un trabajo a través de su bolsa de empleo. Sentía que después de haber estudiado tanto me lo merecía y, como no llegaba, empecé a enojarme y a quejarme por todo.

Había arrancado hablando con toda franqueza de mis problemas buscando captar la atención del gerente.

—Incluso —seguí— me remonté a mis épocas del colegio y empecé a lamentarme de las cosas inútiles que me habían enseñado, de la crisis por la que está pasando el país y hasta de la poca dedicación de mis padres para ayudarme a encontrar mi vocación.

Me acerqué al pizarrón, escribí *1.000 − 1.500 = −500* y expliqué:

—Si mis recursos de tiempo y energía eran 1.000, al quejarme, me la pasaba diciendo que las circunstancias eran más grandes que yo, digamos 1.500, y como consecuencia mi ánimo estaba en −500.

—Ajá, ¿pero a dónde está yendo con eso?

—Bueno —dije sintiendo que se me acababa el tiempo de exposición—, la verdad es que ya estaba por abandonar todo, cuando se me ocurrió preguntarme: *¿Y si pasara del por-qué-a-mí al y-por-qué-no-a-mí?*, y decidí hacer la prueba de aceptar mi historia, el país tan particular en el que me tocó nacer, el desempleo, el sistema educativo, e incluso a mí mismo con mis pros y contras —hice una pausa mientras pensaba de qué manera podía lograr un gesto de aprobación del gerente y agregué—: porque ¿acaso no era yo el protagonista de la película al que le tocaba que todas esas circunstancias y experiencias pasadas sumaran?

—Ok, entiendo la reflexión —dijo serio—, pero ¿y el trabajo?

—Bueno, es cierto que la reflexión no cambió en nada mi situación laboral, pero al menos había dejado de pelearme con todo. Y al dejar de restarme ánimo, mi ecuación empezaba a dar 1.000 + 1.500 = 2.500.

Acababa de escribirlo cuando pensé: *¡Si me viera Margarita!*

—Ok —dijo el gerente por primera vez y agregó—: Ya había dejado de restar, había empezado a sumar… ¿Y entonces?

—Entonces, me pregunté en qué consistía multiplicar.

Y, numéricamente, mi ecuación daba una diferencia no menor —dije al tiempo que escribía: *1.000 x 1.500 = 1.500.000.*

—Un millón y medio… Claro, pero… —dijo mientras dejaba su silla y se acercaba al pizarrón en, lo que a mí me pareció, un intento por disimular que el número lo había sorprendido tanto como a mí cuando hice la cuenta por primera vez.

—Perdón que insista, pero… —continuó— ¿y el trabajo?

—Sí, sí. Fue entonces que se me ocurrió preguntarme en qué consistía dejar de ser la constante en mi búsqueda laboral y pasar a ser la variable de mi ecuación.

—¿Y? —dijo, como deseando ponerle fin a la historia.

—Descubrí que, hasta el momento, solo había hecho lo que yo consideraba suficiente para conseguir un trabajo, pero no lo necesario.

—¿Y lo de ser la variable? —me apuró.

—Precisamente, me di cuenta de que ser la variable consistía en variar mi estrategia las veces que hiciera falta hasta conseguir ese trabajo —y rematé—. Ahí fue cuando pensé: *¿Por qué no hacer algo que nunca hice?* Y escribí la carta.

Mi entrevistador se quedó pensativo mientras a mí se me venía a la mente todo lo que había tenido que hacer para poder escribir la carta y conseguir la entrevista, y que no le estaba contando.

—Y… ¿se puede saber concretamente qué resultado le dio esta ecuación en su búsqueda laboral? preguntó poniéndome en el aprieto de demostrar la utilidad de mi teoría.

Así que decidí arriesgar todo y saltar al vacío.

—El resultado fue enorme —dije con una sonrisa— porque, finalmente…, ¿me contrataron?

—Guillermo —dijo pronunciando mi nombre por primera vez—, le confieso que estuve mirando su currículum con detenimiento y tengo que decirle que le falta experiencia para el puesto que estamos buscando cubrir.

—Entiendo —dije bajando la mirada.

—Lo que me impactó fue su carta y lo felicito —continuó—. Por eso, fue que quise conocerlo personalmente. Porque esa actitud de estar dispuesto a hacer lo que haga falta es la que necesitamos en la empresa…

—Claro… Gracias… Sí… Qué bueno… —balbuceé intentando esbozar una sonrisa en medio del dolor que me había causado la estocada mortal de mi falta de experiencia.

Dejó mi currículum sobre la mesa, se puso de pie y, tendiéndome la mano, me dijo con una sonrisa:

—¿Qué le parece completar su currículum agregando una experiencia laboral en Carrier?

Pasé en Carrier mis primeros años en una corporación y aprendí muchísimo más de lo que había imaginado. Aquel gerente, que en la entrevista me había parecido frío y distante, resultó ser un gran jefe y me animó a dedicarme a lo que ya empezaba a descubrir que me gustaba: la transformación de las personas.

Un año después de haber ingresado a la compañía, dejé el área de Marketing al lograr que me incorporaran en el área de Recursos Humanos donde, entre otras cosas, me encargué de coordinar el programa de mejoramiento continuo de la calidad. Ganamos algunos premios por nuestro trabajo y fuimos invitados a presentarlo en Mendoza y luego en Miami. Fueron años de mucho aprendizaje, en los que también hice mi carrera como coach ontológico.

Pero sobre todo me acuerdo de un día en el que yo estaba esperando con impaciencia a que mi antiguo jefe de Marketing liberara la sala de capacitación para poder dejar todo listo para la siguiente reunión. Cuando finalmente se abrió la puerta y empezaron a salir los vendedores de la empresa, ya casi no me quedaba tiempo para ordenar la sala y necesitaba que la evacuaran más rápido que en un incendio. Pero, en lugar de apurarse, los vendedores me saludaban, me sonreían y uno, incluso, se detuvo a darme la mano…

Por fin pude atravesar la puerta, prendí el aire acondicionado, me puse a acomodar las sillas y estaba borrando el pizarrón a toda velocidad cuando vi escrito:

1.000 x 1.500 = 1.500.000

Desafío n° 7. Cómo cambiar los resultados en la ecuación de tu vida

Claves para hacer que las cosas pasen

No puedo, papá. ¿Me ayudas?, solía decirme mi hija cuando, a los tres años, pedía que la subiera a la hamaca. Al principio yo la alzaba, pero luego empecé a pensar que, si en lugar de subirla la acompañaba para que lo lograra por sí misma, la iba a ayudar mucho más. Entonces, a su pedido de ayuda empecé a contestar: *¿Y si probaras de otra manera?*

Tendrían que haberla visto trepándose por la cadena de la hamaca, agarrándose de donde podía.

Como el esfuerzo era grande para ella, yo la felicitaba por el solo hecho de animarse a intentarlo y, a modo de premio, le daba unas pequeñas ayudas a fin de que pudiera llegar.

Con cada hamaca diferente que encontrábamos, fuimos convirtiendo el desafío de subir en un juego de ingenio y superación que empezó a gustarle cada vez más. ¡Y cómo celebrábamos cada uno de sus logros!

Cuando llegábamos a una plaza, iba directo a treparse a la hamaca despertando muchas veces la admiración de otros chicos mayores que ella que, al verla tan resuelta, me preguntaban incrédulos qué edad tenía. Se imaginan que como papá me sentía orgulloso de sus logros, pero no perdía de vista que no estaba buscando impresionar a los demás ni convertirla en una atracción de circo, sino divertirnos juntos a la vez que ella iba desarrollando la perseverancia y, sobre todo, la fe en su propio ingenio.

Y es que yo no sé qué situaciones tendrá que enfrentar Rosario en su vida, pero estoy seguro de que, haberse acostumbrado a preguntar: *¿Y si pruebo de otra manera?*, la ayudará a superarlas.

En estas claves quiero transmitirte varios trucos para que, cuando te encuentres frente a un obstáculo que no puedas cambiar, pruebes cambiarte. Variando tus pensamientos y tus estrategias, variando tu manera de ver la situación, siendo la puerta que, al moverse, se abre y deja entrar la solución. Es decir, para que puedas ser la variable que cambie el resultado de tu día.

La mosca y la ventana

Cuando era chico, me encantaba llegar del colegio y ponerme a jugar con maderitas, el Rasti o el Mecano. Con mis maderas y ladrillos, me tiraba al suelo junto a un gran ventanal que iba del piso hasta el techo. Recuerdo que, al pie del ventanal, siempre había alguna mosca muerta, pero la verdad es que yo no les prestaba demasiada atención. Solo sabía que se colaban al abrir la puerta de casa y que luego, atraídas por la luz, iban hacia el vidrio buscando salir

Un día me llamó la atención una mosca de proporciones gigantescas que hacía un zumbido infernal, así que dejé las maderitas y me puse a observarla. Caminó un poco por el vidrio hasta que salió volando hacia atrás, apuntó, tomó carrera y *¡stump!* se dio contra el ventanal.

Caminó otro poco para recuperarse del golpe y volvió a salir volando hacia atrás. Apuntó, tomó carrera y *¡stump!* otra vez contra el ventanal.

Así se la pasó un buen rato, hasta que en un momento de furia empezó a arrastrarse por todo el vidrio haciendo zumbar su alas al máximo para, finalmente, salir volando, pero ahora, con más energía que nunca, tomó carrera desde una distancia mucho mayor, apuntó y *¡stump!* se estrelló contra el ventanal. Aunque en ese momento no registré mis observaciones *científicas*, recuerdo que saqué la conclusión de que la mosca era un bicho tan básico que no se daba cuenta de que, haciendo siempre lo mismo, iba a obtener siempre el mismo resultado o alguno bastante dolorosamente parecido.

El tema quedó archivado en algún cajón de mis recuerdos de niño, pero cuando a los veintiuno empecé a darme algunos golpes en mi nueva vida de adulto, me descubrí a mí mismo en *modo mosca*, insistiendo sin éxito y, por milésima vez, en *mi única estrategia de siempre* para empezar con el gimnasio, aprobar mis exámenes en la universidad o encontrar trabajo.

Continuando con mis *reflexiones científicas*, hoy comprendo que la estrategia de la mosca frente a la ventana es *ser la constante* de la ecuación. Porque, aunque no podemos dejar de reconocerle su constancia, no es una *constancia inteligente* que continúa buscando el resultado por mil caminos diferentes, sino una *constancia ciega* que pelea con lo que pasa insistiendo mil veces en la misma estrategia.

Estoy seguro de que, si le preguntáramos, la mosca nos diría que la estrategia no está fallando, que lo que hace falta es aplicarla mejor…, con más velocidad, estilo, etc.

Si simplemente mirara los resultados que está obteniendo, podría revisarla y mejorarla. Pero cuando nos enamoramos de una única receta, lo primero que hacemos es olvidarnos de chequear si está dando los resultados que buscábamos al aplicarla. Y como el mundo sigue girando y cambiando constantemente, nuestra estrategia puede convertirse, de un momento para el otro, en una interesantísima pieza de museo, una herramienta para tener éxito en el pasado.

Cuando dejamos de revisar nuestras estrategias, empezamos a encerrarnos en nuestra manera de hacer las cosas. Y si hace rato que las cosas no te salen como esperabas, te invito a que te fijes si lo que estás defendiendo no es una receta para golpearte y fracasar.

No es difícil dudar de un método nuevo que estamos poniendo a prueba. Lo difícil es dudar de un método que nos dio éxito, dinero, amor o reconocimiento en el pasado. No hay mosca que se anime a dudar de lo que una vez le funcionó y es por eso que nuestras pobres amigas mueren repitiendo su *única estrategia correcta*, la que les funcionó toda su vida —que dicen no pasa de unos pocos días— y que se basa en la creencia de que *el aire, y todo lo que sea transparente, es traspasable.*

Es triste, pero es así. La mosca muere sin poder desarrollar una nueva estrategia efectiva para los momentos en los que se encuentra con uno de esos pedazos de *aire duro* que nosotros llamamos vidrio. Ahora, cada vez que veo una mosca, vuelvo a recordar que las recetas que me funcionaron hasta hoy, aplicadas ciegamente frente a nuevas situaciones, pueden ser el obstáculo para volar mucho más alto.

Si no estoy siendo parte de la solución, soy parte del problema

Hay personas que, en la ecuación de la vida, eligen ser la constante. Mientras su pareja, su empresa y el mundo siguen cambiando y girando, ellas insisten en *su única manera correcta de hacer las cosas.* Personifican la *k* de la ecuación. Suelen arrancar sus frases con un *Yo siempre digo que…* Y es que siempre piensan, dicen y hacen lo mismo. Esas personas esperan que el mundo varíe para que, de una buena vez, empiece a cambiar su *racha de malos resultados.*

Viven pendientes del afuera porque creen que su éxito o fracaso dependen completamente de factores externos. Esperan que los salve un nuevo gobierno, una ley, un aumento salarial por decreto o la suba del dólar. Esperan que los demás cambien. Esperan, pero eso no significa que no hagan nada. Mientras esperan, se pasan la vida peleándose con lo que pasa y quejándose de todo lo que no cambia. Es lógico. De alguna manera necesitan descargar la energía que todas las personas tenemos disponible para alcanzar nuestros sueños.

En cambio, hay otras personas que vienen a sacar lo mejor de la ecuación de la vida. Aceptan, a veces con dolor, los hechos que no les gustan, pero se enfocan en lo que sí pueden hacer, en lo que sí depende de ellas. Esas personas eligen *ser la variable.* Si el mundo cambia y las favorece, mejor. Pero si no lo hace, ellas se enfocan en hacer y cambiar lo necesario para que las cosas pasen. Todos somos la constante durante al menos unos minutos por día. Si prestas atención, también vas a poder descubrirte peleando con lo que pasa y con lo que pasó. Esos momentos de autoconciencia son grandes oportunidades para revisar nuestra actitud frente a la vida.

A diferencia de la actitud de *ser la constante* que se dispara en automático para *defendernos* de cualquier cambio que nos disgusta, la actitud de *ser la variable* solo se activa si nosotros decidimos ponerla en funcionamiento. Cada nuevo minuto es una oportunidad para elegir quiénes vamos a ser frente a lo que está pasando.

Ahora quiero compartir la historia de una persona que decidió *ser la variable* de su vida.

No hay mejor ciego que el que elige ver con el corazón

Había terminado de dar un seminario en Caracas cuando se me acercó una pareja. El hombre estaba emocionado. Me miró y me dijo: *Guillermo, te pido que sigas compartiendo con mucha gente esa historia que contaste acerca de cómo tu abuelo seguía viendo con los ojos del corazón, aun habiéndose quedado ciego.*

Mientras lo escuchaba, me llamó la atención que estuviera agarrado suavemente al brazo de su mujer y, como me hablaba mirándome directamente a los ojos, necesité varios segundos más para poder notar que, a pesar de tener sus ojos en aparentes perfectas condiciones, sus retinas no veían.

*Yo había armado una red de emprendedores —*continuó diciéndome*— que vendían productos y a la vez enseñaban a otros a hacer lo mismo. Solía dar charlas para motivar a mi red y para captar nuevos socios. No me iba mal, incluso alguna que otra vez la gente de mi red me decía que mis palabras les servían, pero a mí siempre me quedaba gusto a poco.*

*Un día descubrí que no veía bien y los médicos me explicaron que, gradualmente, me iría quedando ciego. Al principio opté por negar la situación. Me resistía siquiera a pensar que podía dejar de ver, pero a pesar de mi bronca, llegó el día en que mis ojos empezaron a ver solo sombras. El proceso fue largo, pero te lo resumo rápido —*dijo*—. Pasé por una etapa de furia con todos y con todo en la que no estaba dispuesto a admitir lo que me estaba pasando porque sentía que era como rendirme y bajar los brazos. Sin embargo, perdido por perdido, un día decidí hacer la prueba de aceptar mi ceguera y, para mi sorpresa, me invadió una paz que hacía mucho tiempo no sentía. Dejé de estar tan atormentado como antes. Sin embargo, algo dentro de mí me decía que tenía que ir más lejos y animarme a sacarle el jugo a la situación.*

Se detuvo un momento, invadido por la emoción, y retomó: *Por otro lado, yo sentía que convertir mi desgracia en una oportunidad era como faltarle el respeto al que, durante tantos meses, había llorado viviendo la ceguera como un problema sin solución. A medida que pasó el tiempo, me fui dando cuenta de que mi mujer, mi equipo y las familias que ellos sostenían me estaban necesitando entusiasmado, no depresivo. Y fue gracias a ellos que me animé a salir de mi mundo de preocupaciones para dedicarme a ayudarlos a lograr sus sueños. A partir de ese momento, cada vez que daba una conferencia las personas se me acercaban para decirme que mi mensaje les había llegado al corazón, que había movido algo profundo. Hoy mismo, cuando hablo con alguno de los integrantes de mi equipo, me suelen contar cómo, hablar conmigo, los carga de energía y los anima a apostar por nuevas posibilidades en su vida.*

Yo hice una exclamación de asombro por la grandeza con la que ese hombre había superado un hecho que, a simple vista, cualquiera definiría como desfavorable y extremadamente limitante. Le agradecí de corazón por haber compartido conmigo algo tan personal y, entonces, dejándose guiar por el sonido de mi voz, volvió a mirarme directamente a los ojos y me dijo: *Guillermo, aunque te parezca mentira, haberme quedado ciego fue mi gran oportunidad.*

Gracias, Edio Aray, por haber convertido tu *limón personal* en una deliciosa limonada capaz de inspirar a cualquiera que tenga el privilegio de conocerte. Y gracias, Maryflor, por verlo siempre tan grande y quererlo tanto.

Lo que somos capaces de hacer depende de la emoción a la que seamos capaces de llevarnos.

¿Estás pretendiendo cambiar tu vida sin cambiar tu vida?

Hay una famosa oración que dice: *Señor, concédeme serenidad para aceptar las cosas que no puedo cambiar, valor para cambiar las que sí puedo y sabiduría para reconocer la diferencia.*

Personalmente, me encanta esta oración, pero durante mucho tiempo me pregunté: *¿Cómo hago para no desperdiciar mi vida y mi paciencia intentando cambiar lo que convendría aceptar o cometiendo el error de resignarme a lo que sí podría cambiar?*

Hoy sé que, aunque no siempre pueda cambiar lo que pasó, siempre estoy a tiempo de cambiar mi manera de relacionarme con eso que pasó o que está pasando.

—*¿De qué manera?*

Cambiando los hechos en los que me enfoco. Porque, para Edio, era un hecho que estaba ciego, pero también era un hecho que estaba vivo, que tenía habilidades de oratoria, experiencia liderando equipos, una pareja que lo acompañaba, amigos y un sentido del humor súper desarrollado.

Por eso, frente a una situación desafiante, te invito a preguntarte: *¿Me estoy enfocando en lo que no hay o en lo que sí hay? ¿En lo que no funciona o en lo que sí funciona? ¿En lo que no me gusta o en lo que me gustaría que empiece a pasar?*

Otra manera de cambiar nuestra relación con los hechos es cambiar el lugar desde el que los miramos hasta encontrar un ángulo en el que sintamos que la situación nos duele menos o encontrar una manera de contarlo que nos dé más paz o que incluso nos inspire a ser más grandiosos. Pero para poder elegir en qué hechos enfocarnos y la manera más poderosa de interpretarlos, es necesario aprender a distinguir entre los hechos y nuestras interpretaciones o evaluaciones acerca de esos hechos.

Cuando Edio se quedó ciego, su cabeza pudo haber dicho:

¡Soy un ciego inútil!

Pero por más que en su interior lo sintiera como una verdad irrefutable, esa manera de mirar confundía el hecho de que estaba ciego con la interpretación subjetiva de que un ciego es siempre alguien inútil.

Edio no negó el hecho que ocurrió en su vida, sino que lo aceptó pero, en lugar de usarlo para desanimarse, eligió interpretarlo como una oportunidad para ser grandioso —mucho más grande que la ceguera— y, de esa manera, llegar al corazón de las personas.

No podía cambiar los hechos, pero sí podía cambiarse a sí mismo cambiando su manera de verlos. Edio no dejó de tener un limón en su vida, pero cambiando lo que sí podía cambiar, se encargó de transformarlo en una vida jugosa.

Algo similar sucede cuando vamos en bicicleta y nos encontramos con una pendiente muy empinada. Para subirla, no hace falta agregarle un motor o alguna parte nueva a nuestra bicicleta. Solo necesitamos mover un dedo y poner un cambio que potencie la relación entre los engranajes que ya trae la bicicleta. ¡Y podremos subir silbando!

Tal como hizo Edio, hay maneras de relacionarnos con los hechos de nuestra vida que nos permiten vivir mucho más fácilmente y que incluso multiplican nuestra fuerza. En cambio, hay otras que nos dejan agotados a los cinco minutos de vida.

Yo mismo no pude regresar al pasado para cambiar lo que me habían enseñado en Matemática ni la manera en la que me lo habían enseñado. Pero mirando la Matemática con otros ojos, pude convertir esas ecuaciones en una metáfora útil para mi vida que, además de ayudarme a conseguir trabajo en Carrier, me permitió sumar una historia verídica al libro que ahora está en tus manos.

Libertad es lo que haces con lo que te han hecho.
Jean-Paul Sartre

Tu Minuto de Coaching

Comparto tres preguntas para que te acompañen en tu camino y te recuerden que tu bicicleta viene con cambios:

- ¿Mi manera de ver mi pasado y mi vida me está potenciando o me está agotando?

- ¿Voy a esperar a que alguien venga a *poner un cambio en mi bicicleta* o voy a adueñarme de mi cambio eligiendo *ser la variable*?

- ¿En manos de quién estoy dejando mi felicidad?

---

*Relacionando de distintas maneras las mismas
siete notas se pueden hacer miles de canciones diferentes.
Si no te gusta cómo está sonando tu día, te invito a revisar
cómo estás relacionándote con las siete notas que te tocaron
en suerte.*

---

*La llave para transformar lo que hoy no podemos cambiar está
escondida en lo que sí podemos cambiar.*

8.

Pluma Blanca

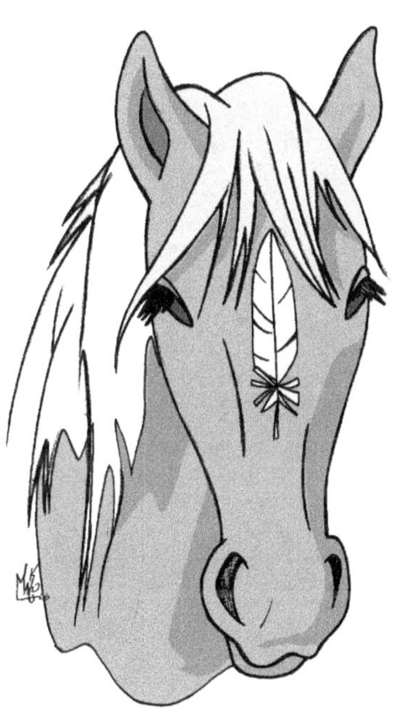

Esa estancia era mágicamente salvaje para mí. En la dirección que mirara, veía campo, el manchón lejano de algún monte de eucaliptos o las sierras recortando el horizonte, pero ninguna casa vecina. Sus potreros eran realmente inmensos, tanto que en algunos de ellos cabían hasta cien campos de fútbol profesional. Yo tenía solo seis años; sin embargo, cuando montaba en Pluma Blanca me sentía un cacique, señor de la llanura infinita. Mi padre lo había bautizado así, como probablemente también lo hubiesen llamado los indios. Era un gran caballo negro, de crines negras y largas, músculos firmes y patas anchas, con una única mancha blanca en forma de pluma en el medio de la frente. En el lenguaje de las pampas ese pelaje se llama *negro lucero.*

Don Silva, era el encargado de la estancia y había amansado a Pluma Blanca de tal manera que yo podía jugar con él como si fuera un muñeco y hasta dormir acostado en su lomo. *Tratalo con cariño y él te va a cuidar siempre,* me había dicho Silva el día que llegó con Pluma Blanca.

El asunto era montarlo, porque triplicaba mi altura. Cuando no había nadie cerca para pedirle que me ayudara a subir tenía que llevar a Pluma Blanca hasta las ramas bajas de un eucalipto retorcido que estaba cerca de la casa. Una vez allí, me trepaba al árbol rogando que Pluma Blanca, que siempre estaba comiendo, no se moviera buscando algún pasto más rico. En ese caso, tenía que bajarme de mi improvisada escalera y empezar toda la operación desde el principio.

Afortunadamente, una vez que lograba subir, ya no tenía necesidad de bajarme porque casi todas las tranqueras del campo se podían abrir y cerrar con solo mover un aro de hierro desde arriba del caballo.

Pasaba muchísimas tardes con Pluma Blanca y, si cierro los ojos, puedo verme acostado panza arriba sobre su lomo tibio, que a mí me parecía un verdadero sillón con vida, jugando a descubrir caras y animales en las nubes, escuchando los pájaros y el ruido que hacen las hojas de los álamos al moverse con el viento o explorando el campo con el sigilo de un aborigen.

Una tarde estaba intentando ponerme de pie sobre el lomo de Pluma Blanca cuando vi un grupo de ñandúes o avestruces, como les dicen algunos paisanos, que paseaban y comían pasto a unos cien metros de la casa. Con un movimiento de mis talones, le indiqué a Pluma Blanca que se moviera en dirección a ellos. Quería ver de cerca a esos pájaros gigantes que rara vez se acercaban tanto.

Cuando notaron mi presencia, no se asustaron demasiado, pero empezaron a caminar. Con un ojo, elegían los pastos que picoteaban y, con el otro, me miraban a mí. Hábilmente cruzaron un alambrado y, para poder seguirlos, tuve que abrir una tranquera.

A medida que yo avanzaba por el potrero, los ñandúes se aseguraban de mantener una cierta distancia conmigo, pero nunca los había tenido tan cerca y estaba hipnotizado con sus cuellos largos y enormes plumas grises. Conté nueve ñandúes grandes y al menos veinte charitos, que es como se les llama a los pichones.

Los seguí haciendo el menor ruido posible y fui pasando de potrero en potrero sin darle importancia al hecho de que me estaba alejando cada vez más de la casa.

Recién cuando llegué al molino del fondo del campo, pensé en volver y me di cuenta de que se estaba haciendo de noche. Aprovechando la luz que quedaba, empecé a galopar en dirección a la casa.

Habría avanzado unos dos potreros cuando la rienda derecha se me escapó de las manos. Pluma Blanca, que venía al galope, la pisó con tan mala suerte que se cortó. Al sentir el tirón en la boca, Pluma Blanca se detuvo y pensé en bajarme para atar el extremo de la rienda izquierda al pedazo que había quedado colgando, pero descarté la idea. Estaba en el medio del campo y en la mitad de un potrero inmenso. ¿Cómo iba a hacer para subirme después?

Mientras pensaba qué hacer, los minutos pasaban y, cuando me di cuenta, la noche era negra, sin un solo rastro de luna. No me resultaba fácil dirigir a Pluma Blanca con una sola rienda y empecé a ponerme tan nervioso que ya no sabía en qué dirección quedaba la casa. Hice un esfuerzo para mantener la calma, pero las lágrimas empezaron a mojar mi cara y mi camisa.

Apuré a Pluma Blanca y llegué hasta un alambrado. Empecé a bordearlo confiando en que tarde o temprano aparecería la tranquera. Al cabo de un rato la encontré y empecé a abrirla, cuando me di cuenta de que casi todos los potreros tenían tranqueras en sus cuatro esquinas. ¿Cómo saber si pasando esa tranquera me acercaba o me alejaba de la casa?

Estaba decidiendo si cruzar o volver atrás cuando Pluma Blanca empezó a caminar hacia el potrero siguiente pasando la tranquera que yo acababa de abrir. Recién entonces me di cuenta de que no estaba solo. Pluma Blanca estaba conmigo y quizá él sí pudiera orientarse en la oscuridad.

Le aflojé la rienda que me quedaba y empezó a trotar. Me abracé a su cuello agarrando bien fuerte sus crines. Ya íbamos al galope, cuando recordé las palabras de don Silva y le dije llorando: *Llévame a casa, llévame a casa. Si me llevas, yo te voy a cuidar siempre.*

Pluma Blanca seguía galopando derecho, en la misma dirección en que habíamos arrancado, pero al sentir que yo no lo manejaba levantó la cabeza y cambió el rumbo.

Había empezado a elegir el camino.

No sé cuántas tranqueras pasamos hasta que pude ver a lo lejos la luz del farol que colgaba en la puerta de la casa. Pluma Blanca relinchaba y los caballos de la estancia le contestaban. Qué alivio me provocó ver esa luz en medio de tanta oscuridad. El verano siguiente, don Silva me dijo: *Te tengo una sorpresa.* Le había enseñado a Pluma Blanca que bajara la cabeza hasta el suelo para que yo pudiera subirme trepándome por el cuello. Yo solo tenía que dejar un puñado de pasto en el piso y subirme a su cuello mientras el comía. Ese verano y los que le siguieron vivimos muchísimas aventuras juntos. Solo me bajaba para dormir.

Cuando cumplí catorce años, empezó una época distinta para mí. Hice amigos y amigas nuevas. Empecé a pasar los veranos en otros lugares y, en las ocasiones en que hacía visitas cortas al campo, andaba en otros caballos. Pluma Blanca me resultaba demasiado lento para mis nuevas aventuras y demasiado manso para poder lucir mis habilidades como jinete. Luego vinieron la universidad y algunos noviazgos, y por varios años no volví a pisar el campo.

Un viernes de invierno salía del trabajo aflojándome la corbata cuando sentí que tenía que ir. *¿Al campo en invierno?*, pensé. *Bueno, solo serán unos días para despejarme de la oficina,* dije intentando darle una justificación adulta a un viaje que parecía tirado de los pelos. Armé el bolso y me fui a la estación a comprar un boleto.

Cuando llegué, lo primero que hice fue buscar a Pluma Blanca en el corral junto a la casa. Pero no lo vi.

Lo vas a encontrar en el potrero del molino junto con los potros, me dijo Silva. Estaba tan viejo que ya nadie lo usaba para trabajar. Ensillé un caballo cualquiera y me fui al galope hasta el potrero. Como cuando era chico, me acerqué con una lata llena de avena mientras lo llamaba silbando. Cuando Pluma Blanca estuvo más cerca me di cuenta de que tenía una pata lastimada. Se notaba que la herida tenía varios días porque estaba bastante agusanada. Se lo comenté a Silva y le dio una inyección esa misma tarde.

Al día siguiente volví al potrero y lo encontré tendido en un pastizal. Al verme llegar, movió la cabeza e intentó ponerse de pie, pero no pudo. Mientras lo acariciaba noté que la pata se le había hinchado aún más.

Está muy viejito. Ya no se lo puede detener, me contestó don Silva cuando le pregunté por la salud de Pluma Blanca. Qué bronca me dio. *Si tan solo hubiese llegado unos días antes,* repetía. Estaba triste y enojado. Me había olvidado de mi promesa y lo había abandonado.

Silva se fue y yo me quedé solo con Pluma Blanca acariciándolo y mirándolo a los ojos. Era la misma mirada de calma y paz que yo había conocido. No había ningún rencor en ellos. Sentí que me decía: *Quédate conmigo, cuídame.*

Conseguí dos baldes. En uno puse agua y en el otro avena. Limpié la cama de pasto y me senté a su lado. Mientras lo acariciaba le fui contando las aventuras, los golpes y las alegrías que había vivido en esos últimos años.

Él movía las orejas y parpadeaba escuchando mis palabras sin dejar de mirarme. A medida que la luz del sol se apagaba, Pluma Blanca comenzó a parpadear más lentamente y fue entrando en un sueño. Su respiración se volvió casi imperceptible y, cuando cerró los ojos por completo, supe que acababa de ver a lo lejos la luz del farol colgando en la puerta de su nueva casa.

Este es mi homenaje a vos, Pluma Blanca, y a todos los caballos que, entre sus amigos, cuentan con un niño.

Desafío n° 8. Cómo usar lo que más te inspira para llenar de sentido tu vida

Claves para hacer que las cosas pasen

En varias oportunidades, mientras escribía mi historia con Pluma Blanca y cada vez que volvía a releerla, me emocionaba. Llegó un momento en el que decidí averiguar por qué me impactaba tanto. Más abajo, en este capítulo, voy a contarte lo que descubrí, pero antes quiero preguntarte si alguna vez te emocionaste con una historia o una película que te tocó el corazón…, que te dio esperanzas para seguir buscando ese amor verdadero o que te hizo sentir que podías ser valiente, incorruptible, justiciero y cambiar en algo tu mundo.

Quizá fue un libro que te regalaron, un video que viste en Internet y que te dejó reflexionando, esa canción con la que sentiste que podías ser libre o esa publicidad que en unas pocas imágenes pintó lo que soñaste para tu vida.

Más allá del formato en que nos hayan llegado esas imágenes, tuvieron el poder de hacernos sentir más vivos que de costumbre. Ya sé que solo se trataba de una película, sin embargo las emociones que se dispararon dentro de nosotros fueron tan reales como este libro. Todos sabemos que el cine no es otra cosa que una tela blanca sobre la que se proyectan luces de colores y, sin embargo, *¿cómo es que llegamos a emocionarnos con una película, con lágrimas y todo?*

Sucede que, aunque nuestra mente entienda que *solo es una película*, nuestro cuerpo no puede distinguir entre esa película y la realidad. Hay estudios que demuestran que, para la mente, nuestra imaginación y nuestros recuerdos son tan reales como lo que está sucediendo ahora a nuestro alrededor. Es por eso que con solo repasar las imágenes de la última vez que te comiste tu postre favorito es posible que te empiece a aparecer la sensación de hambre en el estómago y aumente la cantidad de saliva en tu boca.

Guardamos fotos mentales de los momentos centrales de nuestra vida. Algunos nos ponen tristes o nos desaniman, pero otros nos hacen sentir que tenemos posibilidades, que tiene sentido seguir sonriendo y apostando por ese futuro que soñamos.

Así como la publicidad tiene una efectividad más que probada para impulsarnos a comprar un producto o para convencernos de que este señor que solo conocemos a través de la pantalla puede ser un buen candidato a presidente de nuestro país, así de poderosas son las imágenes que elijo para la programación de mi canal de televisión mental.

El Canal Televisivo Mental (CTVM) tiene la particularidad de que nunca corta la programación. Si no la elegimos nosotros, recordando o imaginando algo que queremos, llena el tiempo de aire con la programación de otros. Y la manera más sencilla que encontró nuestra mente de rellenar los huecos de programación es, precisamente, mirar televisión sin que importe en absoluto qué es lo que se esté mirando. Claro que nada de lo que vemos pasa inadvertido para nuestras emociones que, antes o después, van a reflejar de alguna manera toda esa información que estamos cargándonos.

En estas claves quiero compartir algunas herramientas que te permitirán descubrir qué es lo que tiene mayor efecto a la hora de inspirarte y entusiasmarte. Para que puedas elegir una programación mental que te lleve a vivir más tiempo en esas emociones que te hacen bien y te animan a ser el héroe de tu película. Y es que la persona que aprende a hablarse al oído de manera inspiradora siempre encuentra la fuerza necesaria para realizar lo que sea que se proponga[3].

---

3 Quiero agradecer a Wassili Zafiris por haberme enseñado a descubrir mi *genio personal* a través de las herramientas de Neurosemántica creadas por Michael Hall y por haberme ayudado a encontrar las estrategias para poder entrar y salir de mi estado creativo. Este libro es, en gran medida, el resultado de cómo su formación me permitió entender, cuidar y desarrollar a mi *creativo interior*.

Un mundo de significados

El ser humano es un ser maravilloso al que se le puede quitar casi todo y, a pesar de eso, mientras le quede una esperanza va a hacer lo imposible por continuar viviendo. Por el contrario, si le quitas su razón para seguir viviendo, se dejará morir de tristeza por más alimento o dinero que tenga.

Como sucede en un vivero donde cada planta tiene una etiqueta con su nombre, hemos llegado a un mundo en el que casi todas las cosas ya se encuentran etiquetadas. ¡Y hasta les han puesto precio para que sepamos cuánto valen! Pero nosotros no tenemos por qué adoptar esas etiquetas como las únicas y verdaderas. Podemos reetiquetar nuestro mundo resignificando y revalorando lo que vemos de acuerdo con nuestros sueños y con la vida que anhelamos vivir.

Si estás definiendo tu vida como *una lucha*, no sería raro que te la pases peleando con la vida y con otros y, al final del día, llegues a tu casa totalmente agotado, con la sensación de haber desperdiciado tu energía en un campeonato de lucha libre.

Sucede que el nombre que le ponemos a lo que hay en nuestro mundo define lo que sentimos, y nuestra emoción guía las acciones que tomamos. Por eso, si el mundo no te entusiasma, revisa tu mundo de significados. Porque no nos aburrimos de lo que nos rodea, nos aburrimos de la ausencia de *significados entusiasmantes* y de la abundancia de significados apáticos, resignados o empobrecidos con los que nos hemos rodeado.

Es decir, nos aburrimos de nuestros aburridos significados y, mientras le sigamos echando la culpa al afuera, ¡no tendremos poder para salir de ese aburrimiento!

Después de todo esto que te estoy contando, si un día tengo el honor de recibirte en mi oficina, vas a entender por qué digo que estoy en el sexto piso departamento D...

de desafío y no D de dedo o de cualquier otra cosa poco inspiradora. Y ya que estamos…, si tuvieras que deletrearme
tu nombre, ¿qué palabra elegirías usar para dictarme cada
una de las letras?

Descubriendo el significado oculto
de Pluma Blanca

¿Por qué me emociona tanto esta historia?, me pregunté. Y las
respuestas empezaron a llegar: *porque me conecta con la lealtad, porque fueron momentos en los que me sentí plenamente conmigo, porque me conecta con el Guillermo curioso explorador.*

Como suelo hacer cada vez que quiero aclararme, aga-
rré un cuaderno y un lápiz, hice un círculo en medio de la
hoja y adentro escribí *Pluma Blanca.* Como si fueran rayos
de una bicicleta, dibujé tres líneas que partían del círculo
central y en cada extremo escribí una de mis respuestas.

Decidí explorar un poco más la última respuesta y esta
fue, a grandes rasgos, la conversación conmigo:

—¿Por qué conectarme con el Guillermo curioso explorador es tan importante para mí?

—*Porque desde chico siempre quise ser un descubridor, un inventor.*

—Y ¿qué significado tiene para mí eso de ser un inventor?

—*Me hace sentir que estoy aportando algo, dejando una huella.*

—¿Y eso, qué significa para mí?

—*Hace que me sienta útil. Le da a mi vida una misión. Una
razón de ser. Un propósito. Un "por qué" y un "para qué" vivir*
(Guau, ¡qué fuerte!).

Quería saber más y volví a preguntar:

—¿Y por qué eso es significativo para mí?

—*Porque siento que, si encuentro una misión y me dedico a
vivirla, voy a ser feliz más allá de lo que logre. Siento que de esa*

manera podría dejar esta vida sin miedo, sintiéndome completo, en paz conmigo.

A continuación exploré también mis respuestas acerca de la lealtad y del sentirme plenamente conmigo haciéndome la misma pregunta: *¿Qué significado positivo tiene esto para mí?* Y frente a cada respuesta pregunté: *¿Por qué este significado es importante para mí?* Es decir: ¿qué significado tiene para mí este significado?

Por distintos caminos, estas dos exploraciones también me llevaron a repuestas similares a *me siento realizado* o *me hace sentir feliz.*

Como resultado del ejercicio obtuve un mapa de significados súper inspiradores para mí. Una colección de las cosas que más me mueven en la vida. Entonces, me quedó claro por qué me emociono cada vez que recuerdo a Pluma Blanca.

¿Cómo puedo descubrir los significados que tienen más poder para movilizarme?

Es muy simple. Lo que más te mueve en la vida se encuentra escondido detrás de lo que te sale fácilmente. Esas cosas que hacemos con fluidez, casi sin pensarlas y que, por pequeñas que parezcan, nos dan una gran satisfacción. Una persona puede sentir esa sensación de fluir cuando está manejando, otra cuando cocina o cuando se regala un rato para leer tranquila y sin interrupciones. Alguien puede fluir al recordar y contar una parte de su vida, al cantar su canción favorita o al ayudar a otros.

De la misma forma que yo hice con Pluma Blanca, te invito a hacer tu propio ejercicio para descubrir qué significados ocultos puede tener eso en tu vida y combinarlos hasta ir armando un video mental que te motive.

Cómo hacer tu propio video motivacional

Muchas veces, durante los años que dediqué a construir este libro, me descubrí postergando escribir. *¿Cómo puedo retomar fuerzas para contar con el entusiasmo y todos los otros recursos internos que Guillermo tiene para darme?*, me preguntaba.

Finalmente, se me ocurrió adaptar un ejercicio que había aprendido en un seminario y que me resultó muy útil para poder regresar inspirado a mi rumbo de escritor al reconectarme con el sentido de tanto esfuerzo.

Es un ejercicio personal, pero decidí compartirlo por si te ayuda a crear tu propio video motivacional. Básicamente, se trata de una película mental que hice combinando cosas que tienen significado para mí junto con una posición corporal que yo tengo asociada a mi poder personal; es la postura que aprendí de un viejo domador y que, a mis quince años, me permitía tener dominado a un potro agarrándolo del bozal sin permitir que se escapara o me pateara.

Con música de Enya en mis auriculares, me pongo de pie, bien plantado sobre mis piernas y manteniendo mi puño derecho cerrado como agarrando con fuerza el bozal de mi potro. Entonces, cierro los ojos y me imagino a mi hija abrazada a un ejemplar de este libro diciendo con admiración y cariño: *Mi papá escribió un libro que le sirve a mucha, mucha gente, para vivir mejor.*

La admiración que veo en sus ojos me hace saltar por dentro y siento que no puedo defraudarla. Luego de estar un rato escuchándola hablar de su papá, voy a otras imágenes donde, por ejemplo, la veo con dieciocho años y siento cómo el libro la ayudó también a ella a elegir una profesión que ama.

Y sigo imaginando. Empiezo a ver a muchísimas personas que, tal como me sucedió a mí con libros de otros autores, aprovecharon este libro para hacer su vida más simple y apasionante. Personas que le dieron un nuevo curso a su vida por el simple hecho de tomar una decisión sabia o por haberse animado a hacerse una pregunta poderosa a tiempo. Entonces me digo: *Valió la pena. Qué bueno fue continuar apostando cuando más ganas tenía de abandonar. Qué bueno fue esforzarme un poco más por poner lo mejor de mí en este libro.*

Y termino el ejercicio levantando una y otra vez los brazos como celebrando un gol (de hecho estoy celebrando los goles con los que sueño) hasta que la sensación de logro invade todo mi cuerpo. Y ahora sí, vengan a mí todos los desafíos que ¡acá hay un Guillermo gigante listo para enfrentarlos!

Amarrando tu corazón al cometa de tu sueños

Este ejercicio, técnicamente, se llama *hacer un amarre* o *un anclaje* porque ayuda a convertir una experiencia positiva del pasado en un ancla que nos amarra a lo mejor de nosotros, a esos momentos en los que tuvimos acceso a nuestra grandeza, nuestro ingenio, nuestra simpatía o nuestra velocidad para improvisar una buena solución.

El amarre nos permite mantenernos de pie, impidiendo que las corrientes de la vida nos arrastren. Así, al reconectarnos con esa postura corporal, con esas imágenes y esa música combinada con palabras inspiradoras dichas al oído, podemos traer al momento presente la emoción poderosa que tuvimos en un momento brillante de nuestra vida.

Hay gente a la que, por ejemplo, la inspira visualizar su cumpleaños ochenta y ver el fruto de todo lo que construyó. Las posibilidades de edición de tu *publicidad mental* son infinitas. A veces, con mi imaginación hago subir al escenario a mi hija, a mi pareja y a muchas otras personas que quiero y que vinieron a acompañarme en ese momento tan especial en el que presento mi libro o doy a conocer un nuevo disco. Y, en mi caso, lo que suele aumentar mucho la emoción es el efecto de pasar en cámara lenta las imágenes mentales de mi logro hecho realidad.

El impacto de tu propio video motivacional irá intensificándose con la repetición. Y, de la misma forma que sucede con los avisos publicitarios que al principio son largos y luego nos muestran una versión resumida, llegará un momento en el que con solo conectarte con alguna de las imágenes de tu video o con solo colocarte en esa postura física especial, que en mi caso es cerrar el puño con fuerza, ya podrás inspirarte.

Personalmente, me da resultado visualizarme realizando los cambios que quiero hacer. Lo hago insertando pequeños *videos motivacionales* cuando me cepillo los dientes, cuando pongo agua a calentar y en otras de esas cosas que hago todos los días. Así, me aseguro de avanzar un poco cada día. Por ejemplo, antes de terminar de ducharme, tomé la costumbre de quedarme debajo del chorro de agua unos minutos con los ojos cerrados conectándome con las imágenes de mi video motivacional, eligiendo sentir que el agua que me baña es como el agradecimiento de las personas que un día van a aprovechar este libro y también un agradecimiento a mí mismo por todo lo que estoy poniendo para hacer realidad mis sueños.

Podemos pasarnos la vida buscando algo que nos motive, que nos divierta o que nos haga sentir vivos; sin embargo, esas cosas no tendrán más significado que el que nosotros les demos. Los comandos de nuestra felicidad están dentro de nosotros. Adueñémonos de lo que siempre fue nuestro, redescubriendo los significados que más nos motivan, nos divierten y apasionan.

Tu Minuto de Coaching

Te propongo que elijas una actividad de tu vida en la que te gustaría tener más entusiasmo y que te dediques a encontrar, al menos, diez nuevas razones para realizarla con pasión y dedicación. Para lograrlo, te voy a pasar un truco para que aproveches lo que ya funciona en tu interior. Si, por ejemplo, descubriste que cocinar para otros te apasiona porque te inspira eso de servir, nutrir y ayudar, entonces te propongo que te preguntes: *¿De qué manera esa actividad en la que quiero tener más entusiasmo podría ser un medio para servir, nutrir y ayudar a otros? Es decir, ¿de qué manera puedo impregnar esa actividad de significados que me apasionan?* Te invito a que vayas escribiendo tus respuestas en diferentes hojas y que las pegues por tu casa. No te asombres si, al poco tiempo, te aparece una fuerza arrolladora para jugar con pasión el juego de tu vida.

Si descubro qué me entusiasma puedo entusiasmarme.
Si descubro qué me hace gracia puedo ponerme de buen humor.
Si descubro qué tiene más sentido para mí, puedo vivir
una vida con sentido.

La vida es una vez en la vida.

9.

Carta a mi socio

Alberto:

Hace tiempo que te veía mal, pero la situación de los últimos días ya no da para más. Te conozco desde siempre y siento que tengo una deuda conmigo y con vos: decirte sinceramente cómo te estoy viendo (que es como también te ven muchas otras personas de nuestro entorno) y cómo me siento trabajando a tu lado. Pensé que quizá iba a ser menos chocante si comenzaba contándotelo como si te estuviera hablando de otra persona.

Alberto vive dentro de una botella que él mismo fabricó con sus propias conclusiones. Bueno, él no lo sabe, no puede o no quiere reconocerlo. Es que las paredes de su botella son invisibles para él porque están hechas de un material transparente. Desde el interior, Alberto ve el mundo del color particular que las capas de sus pensamientos y conclusiones le fueron dando a su botella, sin embargo él cree que ese es el color del mundo.

Yo soy un tipo sensato y simplemente digo las cosas como son, suele repetir él ante mi desconcierto y el de los demás *(¿o no es así, Alberto?)*. Pero a él le encanta lanzar alguna frase que desconcierte a la gente. La sorpresa de los otros le confirma una de sus más importantes conclusiones: que él tiene la agudeza para ver lo que otros no pueden o no se animan a ver.

No es que a él se le ocurran cosas originales. No. Él simplemente tiene la capacidad única de captar la esencia de las cosas, descubriéndolas y mostrándolas cómo verdaderamente son. *Pienso, luego existo,* le gusta decir en broma y como uno de los pilares de su genialidad. Al final, el que más lo sufre soy yo, Carlos, su colaborador de toda la vida y la persona con quien Alberto comparte el mismo emprendimiento y hasta las salidas con amigas.

En una época, Alberto llegó a ser un profesional muy exitoso. Incluso solía aparecer en diarios y revistas entre los diez más renombrados de la profesión. Fue entonces que empezó a encerrarse en sí mismo y a exigirme cada vez más. Cuanta más certeza tenía acerca de sus ideas, menos curiosidad sentía. Cada vez que llegaba a una conclusión, dejaba de hacerse mil preguntas y, por supuesto, menos atención le prestaba a las mías. Llegó un momento en el que me di cuenta de que había dejado de escucharme.

Yo sé qué es lo que le pasa: Alberto está enamorado de su inteligencia superior (aunque él nunca lo reconocería públicamente para no herirme ni herir a los demás). Está convencido de que es su gran sentido común el que le permitió convertirse en ese profesional. Por eso, lo reconforta tanto cada vez que vuelve a descubrir que tiene razón, aun cuando a veces tener razón implique confirmar la profecía de que uno de sus proyectos iba a fracasar por culpa de mi lentitud o mi incapacidad para hacer bien las cosas.

Y yo, que lo sufro de cerca, puedo decir que los proyectos que no funcionan ya son mayoría. Sin embargo, él insiste en decir que es culpa mía repitiéndome: *¡Si tuvieras tan solo un poquito de sentido común!* Le contesto que, evidentemente, su sentido no es común con el mío porque yo no sé cómo hacer lo que me pide y él se enoja más. Dice que soy un vago, que no estoy dispuesto a poner lo que hay que poner para tener éxito.

Yo me cansé de explicarle que, de verdad, no me sale hacerlo mejor, que si me presiona es peor y que si me maltrata, directamente me bloqueo; pero él es demasiado testarudo para poder comprenderme y siempre está buscando imponerse y tener razón. Así, ya rompió varias relaciones y, sobre todo, la relación entre nosotros, que está tan tensa que ya no hablamos y siento que la única forma de lograr que me escuche sin discutir ni defenderse es diciéndole las cosas por escrito.

Y como hace rato que Alberto solo escucha a Alberto, se ha formado un concepto de sí mismo completamente diferente del que los demás tienen de él. Y claro, desde el interior de la botella, él no puede leer lo que está diciendo la etiqueta.

Si tan solo me dejara ayudarlo podría indicarle cuál es la manera de tratarme con la que podría sacar lo mejor de mí. En cambio, cada vez que encuentra un defecto en lo que hago, se enoja, dice que está todo mal y me exige que rehaga todo desde cero. Yo le respondo que hice lo que pude, que estoy agotado, que ya no me entusiasman sus proyectos y, mucho menos, ser insultado cada vez que me equivoco.

Ante mi respuesta, Alberto se enfurece más y empieza a decir cosas agresivas, como si enojarse y exigirme fueran los últimos descubrimientos de la NASA para motivar a las personas. Y, a veces pienso que tiene razón en eso de que soy un vago. Porque cada día hago menos, investigo menos, pregunto menos, invento menos. Cada vez me cuesta más imaginar que, trabajando juntos, exista alguna posibilidad de disfrutar lo que hago y ahora estoy pasando por una depresión de la que no sé cómo salir *(¡y sé que eso lo enoja mucho más!).*

Alberto, todos los días te escucho decir que hay que hacer esto, que hay que hacer lo otro, que tengo que esforzarme más, que soy grande para estar tirado en la cama, que si me lo propongo puedo; pero últimamente empecé a preguntarme:
¿Quién dijo que hay que hacer todo eso?

Además, la verdad es que yo no me veo tan grande; me faltan conocimientos, habilidades y herramientas para poder hacer lo que estás pidiendo y tu trato me bloquea más de lo que te puedas llegar a imaginar. A pesar de todo, si te estoy escribiendo esta carta, es porque no estoy dispuesto a perder el prestigio profesional que ganó nuestro trabajo y del que me siento una parte fundamental. Tanto es así que sé que te sería imposible continuar esos proyectos sin mí.

Por eso, y viendo que este estilo de no-vida no daba para más, decidí renunciar a seguir ocupando el rol de un empleado y solo continuaré trabajando con la condición de que seamos socios, de que reconozcas mi aporte en el trabajo que hicimos y en el que, a partir de ahora, hagamos.

No me gusta que te hagas el jefe conmigo. Yo te vi empezar, cuando no tenías nada y me pedías, por favor, que te ayudara. Por eso, suspendamos los gritos, terminemos con eso de agredirnos por deporte y empecemos a tratarnos de una manera que nos siga dando ganas de trabajar juntos.

Creo que si recuperamos la buena relación que teníamos al principio y combinamos tus mejores ideas con mi antigua capacidad de realizarlas, podemos llegar, incluso, más lejos que lo que alguna vez soñamos en nuestras mejores épocas. Pero para volver a apostar, necesito verte dispuesto a cambiar. Yo estoy dispuesto a perdonar la forma en que me trataste durante el último tiempo. Puedo entender que eso fue lo único que se te ocurrió hacer para intentar empujarme, al ver que yo no lograba lo que me pedías, pero te aclaro que ser socios es más que un título para mí.

A partir de ahora no voy a aceptar órdenes. Estoy, sí, abierto a escuchar propuestas que conversaremos y evaluaremos juntos (solo vamos a meternos en proyectos que nos entusiasmen a los dos y solo mientras continúen entusiasmándonos).

Y otra cosa fundamental: una vez que tomemos una decisión, la vamos a defender juntos. No más echarnos la culpa de los errores. Ya no podemos dejar que cualquier resultado sea más importante que la relación entre nosotros. Sabes que sin probar y arriesgar es imposible mejorar.

Ante todo, no quiero que te tomes esto como un golpe de Estado. Es un hagámoslo juntos.

Ya sé que, en definitiva, somos uno, pero también es cierto que, cuando jugamos en equipo, podemos ser mucho más. De hecho, estuve pensando en algo que nos lo hiciera recordar siempre y lo que te propongo es que, como sello de esta nueva etapa, no nos llamemos más Alberto Carlos, sino Carlos Alberto.

Con cariño,
CARLOS ALBERTO

Desafío n° 9. Cómo construir cuando el boicot viene del interior de tu equipo

Claves para hacer que las cosas pasen

Martin Luther King dedicó su vida a abolir la esclavitud, pero cada vez que, en lugar de elegir, nos obligamos a hacer las cosas, volvemos a instaurarla en nuestra vida. En lugar de obligarte a nuevos desafíos, te invito a invitarte.

Tuve la oportunidad de trabajar con deportistas, periodistas, amas de casa y ejecutivos que, como Carlos Alberto, habían tenido mucho éxito, pero que, en lugar de mantener la actitud relajada y abierta del principio, con cada nuevo logro habían ido aumentando la sensación de estar en lo cierto. Gradualmente se habían ido convenciendo de sus propias teorías y dejaron de escuchar a los demás e, incluso, a sí mismos.

La exigencia con ellos mismos y con otros para lograr mejores resultados, sumada a un esfuerzo sin límites y sin ningún tipo de autorreconocimiento, eran algunos de sus métodos preferidos y los habían mantenido a pesar de lo que les decían sus cuerpos y las personas de su alrededor que los sufrían.

Yo soy exigente con los demás, porque soy muy exigente conmigo, decían en un intento por justificar la exigencia o el autoritarismo como maneras sanas de relacionarse. Pero el problema de esa exigencia ciega es que es una farsa: promete resultados de excelencia, pero, en cambio, entrega baja productividad, frustración, ausencia de disfrute y, la mayoría de las veces, bloqueo creativo.

De una u otra manera, todos me pedían que los ayudara a reparar su método de autoexigencia que sentían que había dejado de funcionar. Y es que exigiéndose y con muchísimo esfuerzo, habían logrado todo o, al menos, eso es lo que creían. Como ese hombre que tomaba un remedio en el que creía ciegamente —pero que le traía peores consecuencias que su enfermedad— y, cuando los dolores volvían con más fuerza, *lógicamente*, aumentaba la dosis de su remedio mortal.

Convencidos de que, sin su perfeccionismo exigente, no serían nada, no consideraban que quizá habían logrado lo que lograron *a pesar* de ese perfeccionismo que nunca les permitía disfrutar un logro, ni reconocer el esfuerzo de los demás: sin importar lo bien que salieran las cosas, siempre los enfocaba en cualquier detalle que no hubiera funcionado o que podía hacerse mejor.

Un día descubrieron que se les estaba acabando la motivación, la autoestima y la confianza de siempre. Personas que se caracterizaban por estar sonrientes y de buen humor, continuamente aprendiendo o realizando algún nuevo sueño, se encontraban a sí mismas desanimadas, boicoteando y postergando sus propios proyectos. *¿Qué me pasó?*, me preguntaban.

Explorando su mundo interno, descubrí algo en común en todos ellos: una relación tensa consigo mismos. Una autodesvalorización a la que ya estaban acostumbrados porque había ido entrando lentamente a través de la autoexigencia y el automaltrato.

Espero que estas claves te sirvan para detectar y disminuir el automaltrato y para que, en lugar de postergar tus mejores proyectos, puedas formar equipo con esa otra parte tuya que hoy te está boicoteando. Para que puedas hacer lo que sea que te propongas y realmente quieras hacer y, además, con mucho menos esfuerzo. Y es que, cuando puedas escucharte mejor y comprender hacia donde *sí* quiere correr esa parte tuya que hoy está trabajando a desgano o postergando, ya no va a hacer falta empujarla[4].

El culebrón interno

¿Te pasó alguna vez que empezaste a postergar el gimnasio, la dieta, estudiar inglés, formarte para estar actualizado en tu trabajo o lo que sea y, a pesar de que te enfureciste diciéndote de todo para motivarte, los empleados del gimnasio todavía no te conocen y cada vez te parece que estás más cerca de ir… rodando?

Pero… ¿qué sucede conmigo?, nos preguntamos. Y como necesitamos encontrar una explicación, nos empezamos a etiquetar negativamente concluyendo, por ejemplo, que si rompimos cuatro platos, será porque somos unos *rompedores de platos*. Así, empezamos a maltratarnos diciéndonos que nos falta voluntad, que somos unos miedosos, inseguros, indecisos, que no tenemos constancia o lo que sea. Es decir, terminamos convirtiendo ese fracaso en parte de nuestra identidad, en lo que creemos que realmente somos. Y, una mañana, nos levantamos dando por hecho que somos todas

---

4 Tuve la oportunidad de trabajar directamente con el doctor Levy ayudando a mis aspectos internos a jugar en equipo y aprendiendo a aplicar su metodología en otras personas. El doctor Norberto Levy es autor del libro *El asistente interior* y es un pionero en el campo de la Psicología Humanística y Transpersonal en la Argentina, con más de treinta años de investigación en el tema de los aspectos internos.

esas etiquetas que nos pusimos y preguntándonos cómo vamos a hacer para salir adelante con *este personaje que somos* y con el que, *desgraciadamente*, nos tocó vivir.

Cada vez que volvemos a romper otro plato, nos convencemos un poco más de que somos unos *rompedores de platos*, hasta que llega un momento en que, resignados, nos empezamos a preparar para poder soportar todos los platos que, evidentemente, vamos a seguir rompiendo. Y un día, buscando disminuir nuestro sufrimiento, ¡terminamos diciendo que, en realidad, nos gusta romperlos! (que no queremos ir al gimnasio porque eso es para gente frívola, que nos sentimos más sexys con estos kilos de más o de menos, que nuestro trabajo ya no nos motiva para hacer un esfuerzo, etc.).

¿Y todo este drama, por algo que nos propusimos y luego no hicimos?

No, postergar es solo una consecuencia del culebrón interno que, a grandes rasgos, se suele resumir en que hay dos aspectos de nosotros mismos que no se están entendiendo porque no comparten los mismos objetivos o porque no están encontrando la manera de trabajar en equipo.

Pero ¿hablar con nosotros mismos no es un indicador de que estamos locos?

No. Una de las cosas que podemos experimentar, al animarnos a explorar nuestro mundo interno, son los diálogos que se dan entre distintos aspectos de nosotros mismos.

Cuando, por ejemplo, decimos: *Me propongo ganar tanto dinero el mes próximo. ¿A* quién se lo proponemos? Todo el tiempo estamos conversando con nosotros y, de hecho, lo que sí puede ocasionarnos sufrimiento y enfermedades mentales es no hablar con nosotros de manera constructiva, sino a través de alguna forma de maltrato.

Estos diálogos internos pueden darse entre un *aspecto exigente* de nosotros que no está conforme con algo de la persona que estamos siendo y un *aspecto exigido o rechazado*. A nuestro *aspecto exigente* no le gusta, por ejemplo, que seamos miedosos, confusos, dependientes o indecisos y entonces motiva, grita o le hace alguna otra cosa a esos *aspectos exigidos* buscando transformarlos positivamente.

Cuando lo que el *aspecto exigente* hace funciona bien con el *aspecto exigido,* el desacuerdo entre ellos se va resolviendo hasta que vuelven a cooperar empujando para el mismo lado. Es similar a la relación que puede haber entre un jinete y su caballo. En la medida en que el jinete le dé al caballo lo que está necesitando, van a poder ganar muchísimas carreras juntos. Pero si un día, buscando que el caballo corra aún más rápido, al jinete se le ocurre *mejorarle* la alimentación y, en lugar de zanahorias y pasto fresco, decide darle carne asada (que tiene muchas más proteínas y que al jinete le encanta), es probable que el caballo empiece a debilitarse.

Al notarlo más *haragán* y *falto de motivación,* el jinete puede enojarse y pegarle hasta que el caballo, atemorizado, intente correr todo lo posible y, finalmente, se coma la carne (que termina trayéndole problemas estomacales y debilitándolo aún más). Si el caballo pudiera hablar y se animara a hacerlo frente a un jinete tan agresivo, quizá le diría que no está preparado para comer carne, que necesita otra cosa. Si el jinete lo escucha y le cambia el alimento por uno con proteínas, pero que al caballo le guste y le haga bien, es posible que puedan ganar más carreras que antes.

Pero, en cambio, el jinete puede culpar al caballo por su bajo rendimiento tildándolo de vago, insistir con la carne asada diciendo que es el alimento que debería comer y enojarse enfatizando que esa carne es la mejor de todas, que le costó mucho dinero como para que el caballo la desprecie, que es un desagradecido, etc. La relación entre ellos se irá poniendo tirante, haciendo cada vez más difícil que puedan escucharse para llegar a comprenderse. El caballo intentará escapar cuando lo vea llegar al corral y al jinete le costará cada vez más lograr que ponga entusiasmo y compromiso en las carreras.

Con tanta desmotivación es muy probable que el jinete llegue a la conclusión de que el caballo no quiere ganar carreras cuando, en realidad, lo que no quiere es ser maltratado a base de castigos que siente injustos y comida para perros.

En una relación interna de este tipo, en la que predominan el miedo, la pelea y la desconfianza, el *aspecto exigente* ordena sin escuchar y el *exigido* ya ni se anima a contestar. Ese silencio refuerza en el exigente la creencia de que se encuentra frente a una especie de *ameba-inmotivable* a la que se justifica maltratar un poco con la esperanza de que de esa manera, al menos, reaccione y haga algo.

Sin embargo, no todo está perdido. Si el *aspecto exigente* acepta soltar los métodos ineficientes de los que se enamoró y se enfoca en tener una buena relación con el *exigido*, puede dejar de insistir en esa solución que no está funcionando (como la exigencia o el maltrato) y dialogar hasta encontrar la forma en la que el exigido quiera superarse para lograr nuevos resultados.

¿Pero si al exigente no le funcionaron sus soluciones, de dónde va a sacar otras?

Del *aspecto exigido*. Él es el que conoce, mejor que nadie, cuáles son las soluciones que pueden funcionar con él. Es cierto que, luego de mucho maltrato, puede tomarle un tiempo animarse a hablar o también puede pasar que no sepa exactamente qué es lo que quiere y, mucho menos, cómo llevarlo a cabo, pero sí suele saber qué es lo que no quiere y lo que no funciona con él.

Así, cuando el aspecto exigente empieza a escuchar las necesidades del *aspecto exigido* y se deja enseñar por él, puede descubrir cómo obtener lo mejor de ese aspecto —que él mismo convirtió en *exigido, temeroso o inseguro*. Entonces, en lugar de continuar exigiéndole que tiene que poder usar ese tenedor para tomar la sopa, le dé una cuchara, lo inscriba en un curso o le permita recibir ayuda de otros.

Ahora, digo yo, ¿por qué el exigente no se saca de encima a ese pusilánime inservible que es el aspecto exigido?

Primero, porque no podemos eliminar a nuestro aspecto exigido y, segundo, porque no es, en sí mismo, ni pusilánime, ni inservible, ni ninguna de las etiquetas que le haya puesto el exigente. Si se encuentra en ese estado, es precisamente a causa del maltrato del exigente y de su incompetencia para motivarlo. De hecho, el aspecto exigido es nuestra parte más sabia, sensible, creativa y genial. Sabe lo que nos gusta, lo que nos hace bien y lo que no (y quién sabe hace cuántos miles de años que lo sabe). Además, igual que el caballo del jinete exigente, es la parte de nosotros que corre y pone la acción.

Si nos boicotea, es porque nunca va a negociar nuestros valores y verdades más profundas. Y, así como no tiene sentido preguntar quién va ganando en una relación de amistad, la única manera en la que una persona puede triunfar plenamente en su vida es logrando que sus aspectos internos sean un equipo. De lo contrario, podrá lograr muchas cosas, pero nunca disfrutarlas.

De jefe autoritario a coach inspirador

Es simple, somos el resultado de lo que nuestro *equipo interno* de jinete y caballo puede lograr. Y, como sucede en los grandes equipos de fútbol, se puede estar lleno de jugadores estrella y, sin embargo, el resultado va a depender de la calidad de la relación que esos jugadores tengan entre sí. Porque, aunque en tu equipo interno haya dos aspectos brillantes, si están peleados es probable que, como uno anula al otro, tu resultado sea prácticamente nulo.

La gran oportunidad del *aspecto exigente* es dejar de ser un *odiado jefe autoritario* con nula influencia y pobrísimos resultados con su equipo, para convertirse en un *aspecto coach* que inspira, nutre, alienta y capacita al *aspecto entrenado*. En definitiva, la efectividad de un coach no se mide por la calidad de sus consejos, la cantidad de títulos universitarios, ni el número de libros que leyó, sino por los resultados que logran las personas que entrena.

Por eso, si te pasa que en tu interior hay mucho boicot o resistencia a cambiar y progresar, es probable que tengas una gran oportunidad de mejorar tu efectividad como entrenador de esos aspectos internos a los que hasta ahora solo estabas exigiendo y empujando, y a los que quizá nunca les preguntaste: *¿Te gustaría que hiciéramos gimnasia y así tuviéramos más energía? ¿Qué estás necesitando para querer hacerlo?* y *¿De qué manera sí estarías dispuesto a ejercitarte?*

O quizá *sí* se los hemos preguntado, pero *no tuvimos tiempo* para escuchar sus respuestas o las descalificamos automáticamente por considerarlas ridículas, inadecuadas o porque, sencillamente, no estamos dispuestos a escuchar un *no* como respuesta. Pero, en lugar de intentar ignorar y tapar nuestras emociones buscando que no nos molesten, podemos convertirlas en alarmas que nos avisen cuándo no estamos dando en la tecla como entrenadores de nosotros mismos. *Al plantearme las cosas de esta manera* —puedo preguntarme— *¿siento angustia o entusiasmo?*

También puedo preguntarme:

- *¿Quiero hacer esto? ¿Esta manera de hacer las cosas me lleva a postergar o a enfrentar lo que me propuse? ¿Qué estoy necesitando para querer hacerlo?*
- *¿Hay recursos que tengo y que no estoy utilizando? ¿Qué podría pedir que me ayude a superar esta etapa? ¿Cómo*

> *podría hacerme esto más fácil, más atractivo y más diverti-
> do para mí?*
>
> - *¿Cuáles son las cosas que me inspiran más? ¿En qué áreas
>   o proyectos me entusiasmé más en el pasado? ¿Qué puedo
>   aprender acerca de mí mismo en esas situaciones?*

Y la pregunta fundamental del coach: *¿Esto que te estoy diciendo o haciendo te sirve para cambiar o estás necesitando algo diferente?*

Si notamos que la angustia, la vergüenza o el miedo empiezan a disminuir y, en su lugar, aparecen la paz interior, la confianza y el entusiasmo, sabremos con seguridad que nos estamos acercando a algo que funciona mucho mejor con nosotros mismos.

Poniéndote en las herraduras de tu caballo

Entender cómo dialogan nuestros aspectos internos ya nos da muchas pistas para mejorar la relación con nosotros mismos, pero algo mucho más revelador es hacer la prueba de ponernos en los zapatos de nuestro aspecto exigido y hablar desde él en lugar de solamente hablar acerca de él.

Es lo mismo que sucedería si fueras a ver a un profesional para mejorar tu relación de pareja. Será mucho más enriquecedor si ella tiene la oportunidad de expresarse, que si la obligas a quedarse callada mientras dedicas todo el encuentro a explicar qué es lo que te parece que le pasa, para finalmente autorresponderte algo que te convenza, despedirte del terapeuta y empezar a aplicar tu nueva receta ante la mirada atónita de tu pareja.

En lugar de hablar de nuestro miedo, se trata de encarnarlo hasta ser por un momento ese miedo, esa inseguridad, esa vergüenza o esa parte de nosotros que queremos cambiar, hablando en primera persona, igual que si se tratara de un personaje de la película de tu vida. El objetivo es entrar en su mundo para, desde allí, poder mirar, sentir y expresarte, pidiendo lo que estás necesitando para dar lo mejor.

Luego podrás pasar al rol de tu *aspecto exigente* y, poniéndote en las botas del jinete, expresar qué es lo que te pasa al escuchar al *aspecto exigido*. No siempre resulta sencillo para el aspecto exigente recorrer el camino de convertirse en un *aspecto coach* inspirador porque, para empezar a escuchar, necesita soltar la pretensión de que tiene la receta verdadera para triunfar. Pero, en lugar de pagarle con su misma moneda y exigirle que lo haga, podemos preguntarle qué necesita para irse transformando en ese coach y darle las herramientas, el tiempo para practicar y el permiso de probar y equivocarse las veces que haga falta hasta que pueda lograrlo.

El secreto de mantener un equipo interno motivado y productivo está en vigilar que cada aspecto interno trate respetuosamente a los demás y los escuche hasta lograr comprenderlos. Manteniendo diálogos internos de calidad es mucho más probable llegar a acuerdos donde todos ganemos.

Tu Minuto de Coaching

Teniendo en mente una situación concreta que no estés pudiendo enfrentar, te invito a escribirte una carta o un mail desde tu aspecto exigido —pero también más sensible y creativo— a tu aspecto exigente, que siempre te está juzgando y ordenándote que cambies.

Sobre todo, contándole cómo podría convertirse en un coach inspirador o, al menos, qué es lo que sería necesario que deje de hacer para que, gradualmente, puedas ir sacando a la luz tu mejor versión. Sé específico acerca de la ayuda que estás necesitando. Es posible que, en lugar de un *hay que hacerlo*, un *deberías* o un *tú puedes*, lo que quizá estés necesitando sea un buen instructor que te enseñe a manejar tu ala delta interior para, recién después, sentirte con confianza para saltar por encima de lo que hoy estás viendo como un abismo.

———◆———

*Llevarnos bien con nosotros mismos es tan importante
y gratificante que, cuando lo logramos, todo lo demás
se acomoda en nuestra vida y empezamos a vivir
coherentemente, con el cariño que sentimos por la persona
valiosa y querible que descubrimos en nuestro interior.
Entonces, naturalmente y sin esfuerzo, elegimos alimentarnos
mejor, bajamos el nivel del ruido que hacíamos
para no escucharnos y, de a poco, van perdiendo sentido
todas esas conductas adictivas que usábamos para
anestesiarnos
del dolor de nuestro desencuentro. Desaparecen el autoboicot
y la postergación y, como gradualmente vamos
dedicándonos a lo que nos apasiona, volvemos a fluir y a crear
como cuando éramos niños. Nos alejamos de las relaciones
que nos hacen mal y elegimos hacernos la vida más fácil
dándonos permiso para recibir ayuda, disfrutar
y ser felices.*

———◆———

10.

Jiao Lian y el secreto milenario del coaching

教练

Cuando tomé conciencia de que iba a ser papá de Rosario, empecé a pensar en todas las cosas que podríamos hacer juntos a medida que ella fuera creciendo y yo aprendiendo a ser su padre. Eran tantas las ideas que decidí hacer una lista para asegurarme de acordármelas a todas. Andar a caballo, remontar barriletes, componer canciones y descubrir la luna… Pero, entre todas ellas, hubo una que me cautivó poderosamente: plantar y cuidar un árbol.

Al principio pensé en plantarlo juntos, pero como para eso todavía faltaban algunos años, decidí que podía plantarlo yo y, de esa manera, el árbol tendría la misma edad que ella. Como si se tratara de su hermano mellizo.

¿Pero qué árbol?, me pregunté mientras agarraba las llaves de casa y salía en dirección al vivero de la otra cuadra.

¡Un ombú!, dije, pensando en los buenos momentos que había pasado jugando entre las raíces gigantescas del que aún hoy sigue creciendo frente a la casa de mis padres.

Pero, al llegar al vivero, me enteré de que no tenían ombúes.

O sí, pero no quería ni pensar en lo que me había contestado el empleado del lugar.

¿Un ombú bonsái?, reaccioné. *¡Ni loco!* Eso era exactamente lo opuesto al ser frondoso, de raíces inmensas y capaz de resistir todos los vientos, que yo había imaginado.

Volví a casa un poco desilusionado por mi intento fallido y decidí ponerme a investigar sobre estos árboles. Lo primero que me enteré fue que, técnicamente, el ombú no es un árbol, porque los científicos lo han etiquetado como hierba. Reconozco que la clasificación me molestó un poco porque, si se trata de un pasto, hay que reconocerle que se ha ganado la reputación pública de árbol.

Los días que siguieron entré en todos los viveros que conocía y también en los que cruzaba por casualidad, pero ninguno tenía ombúes. El tema quedó olvidado en el cajón de los intentos hasta que un día tomé conciencia de que solo faltaban unas pocas semanas para que Rosario llegara al mundo. Si quería que tuviera su árbol mellizo, tenía que hacer algo y rápido.

Como no sabía por dónde continuar, decidí volver al vivero de mi zona para pedir que me indicaran dónde podía conseguir uno, aunque reconozco que ya estaba empezando a pensar en comprar cualquier otra planta.

Me atendió el mismo empleado, dijo que no tenía idea de dónde podía encontrar mi ombú y me di cuenta de que no se acordaba de mí cuando volvió a ofrecerme un bonsái. Me quedé en silencio, con la mirada perdida entre las plantas, deseando que me hubiera contestado alguna otra cosa.

—¿Lo puedo ayudar en algo más? —interrumpió.

—Sí —contesté—. ¿Qué cuidados necesita un bonsái?

Todavía no sé por qué pregunté eso. La sola idea de los pobres arbolitos atrofiados a propósito me generaba rechazo.

—Hay que humedecerle la tierra cada vez que se seca, podarle las hojas nuevas e irle dando forma con este armazón —contestó señalando un olmo que tenía hojas diminutas y escasas ramitas atrapadas entre alambres—. Además

—dijo tomando entre sus manos el que tenía el cartelito de ombú y acomodándolo en una estantería más alta—, una vez por año hay que podarle las raíces, pero eso es mejor que lo haga un especialista.

De pronto imaginé al ombú comprado por una señora que lo colocaba en una habitación oscura, sobre el televisor o como centro de mesa, a modo de adorno para cuando vinieran visitas. Pude sentir cómo sus intentos por crecer bajo una luz artificial eran interrumpidos sistemáticamente en cada nueva hoja y cómo, sin ninguna consideración, una vez por año removían la tierra para quitarle sus raíces nuevas.

—¿Y si no se podaran las raíces qué pasaría? —creo que pregunté en nombre del ombú.

—Corre peligro de que se desarrolle —me contestó.

—¿Cuánto?

—Y… en unos años, se puede hacer como de este tamaño —dijo señalándose la rodilla.

—¿Nada más? —dije intentando ocultar mi desilusión.

—Y no, porque para eso está la maceta que le atrofia la raíz…

—¿Y si alguien lo pusiera en una maceta más grande? —volví a preguntar yo, que ya estaba sufriendo más que el arbolito.

—Entonces va a crecer más.

—¿Cuánto más?

—Eso depende del tamaño de la maceta —contestó.

—Claro, y… dígame una cosa: ¿qué pasaría si se lo trasplanta y se lo coloca en un jardín o en el medio del campo?

—Ahí sí que ya no lo va a poder recuperar. Se le puede convertir en un árbol gigantesco.

—¿Seguro?

—Claro —dijo riéndose por mi sorpresa—, la gente cree que los bonsái son un tipo especial de árbol o que están genéticamente modificados para ser enanos, pero no es así.

—¿No? —pregunté entusiasmado con la posibilidad de rescatarlo de semejante destino.

—No. Cualquier árbol o arbusto puede ser convertido en un bonsái si se lo coloca en una maceta suficientemente pequeña y, entre otras cosas, se lo poda con regularidad.

—Mire —le dije—, me convenció. Lo voy a llevar.

Un gesto de sorpresa casi imperceptible de su rostro me hizo reír pensando que el tipo se estaría preguntando para qué compraba yo un bonsái si lo que quería era un árbol enorme. Cuando llegué a casa, quité con cuidado los alambres, lo trasplanté a una maceta tres veces más grande que tenía una mezcla de tierra y fertilizante, le mojé las hojas y lo coloqué en el balcón de mi habitación.

Con el tiempo, Rosario, aprendió a regarlo y cuidarlo para que creciera fuerte y sano y, cuando ambos cumplieron tres años, decidimos pasar el bonsái de la maceta al campo. A esa altura, yo ya había aprendido que, en chino, bonsái significa *árbol en maceta* y pensé que era hora de dejar de apodarlo Bonsái para que tuviera un nombre acorde con el árbol que bullía dentro de él. Creí que iba a ser sencillo, pero ningún nombre me convencía. Quería uno que sintetizara todo lo que, ahora, ese ombú significaba para mí.

Meses más tarde, cuando fuimos con Rosario a visitarlo al campo, el ombú se había transformado triplicando su altura original y desplegando unas hojas enormes. Y, mientras yo disfrutaba tomando unos mates y viéndola jugar a su alrededor, pude sentir cómo ese ombú me había inspirado a mirarlo siempre con ojos de posibilidad. Tratándolo en cada minuto, no como al que había sido, sino como al árbol que yo sentía que él quería ser.

Eso era exactamente lo mismo que otros maestros y coaches habían hecho conmigo; lo que, seguramente, sus maestros hicieron con ellos y lo que, probablemente, hizo el primer maestro con el primer aprendiz de todos los tiempos: regalarle un espacio infinito para que el gigante pudiera aparecer.

Junto a ese árbol se había despertado lo mejor de mí y, entonces, decidí llamarlo 教练 (Jiao Lian), que en chino quiere decir *coach* y que, para mí, significa *jardinero de posibilidades, partero de nuevas identidades.*

Desafío n° 10. Cómo liberar tu potencial cuando la vida te asfixia

Claves para hacer que las cosas pasen

Podríamos haber nacido en otro país, otra familia, clima o cultura y, muy probablemente, hoy estaríamos bastante bien adaptados a ese entorno, porque nuestro organismo viene preparado para aprender cualquier idioma, ser parte de cualquier familia e incorporar cualquier manera de observar el mundo. Es por eso que es posible revisar y renovar nuestras costumbres y creencias cada vez que la vida que queremos así nos lo pide.

A diferencia de otros seres vivos, los humanos podemos pensarnos y repensarnos, soñar con lo que nos gustaría lograr y ser, aprender lo necesario hasta convertirnos en alguien que hasta ayer no éramos y ponernos de acuerdo con otros humanos para lograr lo que nunca podríamos lograr individualmente.

Pero, también, podemos utilizar esa capacidad de pensar y de mirarnos a nosotros mismos como una maceta que nos impida desarrollarnos. Yo creía, por ejemplo, que tenía que lograr las cosas por mi cuenta y sin ayuda de los demás hasta que, un día, se me ocurrió empezar a leer los agradecimientos que mis escritores favoritos hacían a maestros, amigos, familiares, agentes, editores y coaches. Entonces lo entendí: hacerse ayudar no solo es algo válido, sino que es el secreto de todos los que han triunfado.

En estas claves quiero compartir algunos secretos para

ampliar nuestra relación con otras personas y cosas, para que el valor que tenemos para dar pueda desarrollarse tanto como el ombú gigantesco que llevamos dentro.

Para que tenga mérito tengo que hacerlo yo solo

¿Qué va a ser más importante en tu vida: llevarte todo el mérito o ser feliz? Y si pudieras lograr y aportar algo muchísimo más valioso, ¿tendría sentido dejarte ayudar?

Creer que tenemos que hacer todo solos es una de las típicas *creencias-maceta* de muchas personas que se convirtieron en bonsái. Pero como toda creencia, podemos desafiarla llevándola al extremo, preguntándonos si es posible hacer algo completamente solos.

Y resulta que casi todo lo que necesitamos para vivir —desde alimento hasta ropa, educación, amor o amistad— lo obtenemos a través de otros. Incluso para nacer, hemos necesitado la unión de otras dos personas y, probablemente, de un tercero o varios que nos dieron una mano a la hora del parto.

Pensar que podemos lograr algo completamente solos es, simplemente, una ilusión. De hecho, nunca podremos ser ni tener resultados más grandes que el tamaño de las relaciones que hayamos creado con otros y con nosotros (con esos otros que viven dentro de nosotros). Los resultados que logramos dependen de la cantidad y calidad de nuestras relaciones.

Y cuando hablo de resultados, no solo me estoy refiriendo a ganar un buen sueldo o a ser el número uno en ventas. También estoy hablando de lo que un hijo nos cuenta o nos deja de contar, de la respuesta de nuestros amigos al pedirles que nos escuchen, que nos presten el auto o su dinero. Estoy hablando de que nuestra pareja nos tenga paciencia en una época de exceso de trabajo, de la disposición que tendrán otras personas para dejarse influir y aprender de nosotros, de que quieran sumarse a nuestros proyectos, del hecho de que alguien nos recomiende espontáneamente para un trabajo o de que se acuerden y quieran llamarnos para nuestro cumpleaños.

Ok, pero concretamente, ¿dónde tengo que mirar para ver cómo están mis relaciones?

La relación que los demás tienen con nosotros se resume en la manera en la que nos ven y nos tratan. De la misma forma, la relación que tengo conmigo se puede observar claramente en la manera en la que me veo y me trato a mí mismo.

- Cómo me veo: *¿Qué pienso de mí mismo? ¿Creo en mis posibilidades?*
- Cómo me trato: *¿Estoy apostando por mis posibilidades de alguna manera concreta como, por ejemplo, pidiendo ayuda, invirtiendo en mi formación y relacionándome con personas que tienen maestría o que ya lograron lo que yo anhelo?*

Es decir, la manera en la que me estoy viendo y tratando a mí mismo, ¿me está permitiendo crecer y convertirme en la persona que quiero?

El problema de muchas personas extraordinarias es que se creen personas comunes. Y el problema de los que se creen comunes es que no le ven sentido a apostar por sí mismos formándose con los mejores o haciendo otras cosas fuera de lo común que les permitirían desplegar todo su potencial.

Te invito a preguntarte: *¿Estoy dispuesto a ayudarme pidiendo ayuda a otros?*

Si la respuesta es positiva, tus posibilidades son muy

grandes. Pero no se trata solo de pedir ayuda, sino de recibirla. Y, nuevamente, la ayuda que recibimos depende de la calidad y la cantidad de relaciones que hayamos construido.

El grupo de los cuarenta

Me acuerdo de una época en la que estaba teniendo problemas en el colegio por no ser aceptado dentro de un grupito bastante exclusivo que había en mi curso. Mi madre me vio preocupado y me invitó a que le contara lo que me estaba pasando. Me preparó una taza de té y me habló de lo que ella llamaba *el problema de los cuarenta*.

El problema de los cuarenta —dijo— *consiste en creer que el mundo se reduce a los cuarenta compañeros de tu curso. El mundo es inmensamente más grande y, si se diera el caso de que no pudieras hacer amigos entre esos cuarenta, entonces habrá que encontrarlos afuera.*

La lección de los cuarenta me ayudó a mirar las cosas con otra perspectiva. Me permitió tomar conciencia de que yo quería tener amigos y que eso era mucho más amplio que solo tener *esos amigos*.

A partir de ese momento, empecé a cultivar otras amistades y, entonces, ya no me desvivía por ser aceptado en el grupito. Gradualmente, empecé a tener una serenidad y una seguridad emocional que me ayudaban a respetarme y, con el tiempo, no solo descubrí nuevos amigos dentro de los cuarenta, sino que incluso me fui ganando el respeto de los integrantes del exclusivo grupo.

Algunos años después de terminar el colegio, empecé mi formación como coach. Mis compañeros me duplicaban en edad, formación y, sobre todo, en experiencia de vida. La mayoría no solo había terminado una carrera de grado, sino que además había hecho algún posgrado. Varios de ellos habían pasado por distintos trabajos y profesiones y, luego de algunos golpes y aprendizajes, muchos tenían posiciones gerenciales o dirigían sus propios emprendimientos.

Era un grupo excelente, de una riqueza humana y profesional impresionante; gente abierta a aprender y a superarse, y de quienes yo aprendía muchísimo de la vida en cada conversación. Sin embargo, al ir terminando mi formación empecé a notar que no me tenían muy en cuenta al momento de asociarse conmigo para llevar a cabo una formación en una empresa o montar un seminario público de liderazgo.

En lo personal, el trato seguía siendo realmente excelente, pero en lo profesional, sentía que todavía no me veían como una posibilidad. Hice varios intentos fallidos por llamar su atención y sumarlos a mis proyectos, y continuaba pensando nuevas maneras de que me valoraran, cuando llegó el examen final de la carrera de Coaching en el que se estila ser evaluado a través de una conversación de coaching en vivo que se realiza frente a un público invitado.

Para mi evaluación invité a Manuel, un joven ingeniero que estaba dando sus primeros pasos en la política. El día de la evaluación habría unas sesenta personas presentes entre coaches, compañeros e invitados, y llegó el momento en el que nos tocó pasar al frente para que Jim Selman, mi maestro de Coaching, pudiera evaluarme.

Para empezar, le pregunté a Manuel si había algo que estaba queriendo lograr y que no había conseguido hasta ese momento. Manuel empezó a contarme tímidamente que él quería ser político, pero que le faltaban técnicas de oratoria para poder hablar en público, algo tan necesario en la política.

Mientras lo escuchaba, yo me preguntaba de qué manera podía ayudarlo más: si enseñándole algunos trucos para hablar en público o si su mayor oportunidad de cambio estaba en algún otro lado. Me sorprendió la pasión que tenía por hacer una diferencia positiva en la comunidad y tuve la intuición de que lo que estaba necesitando no era saber más de oratoria, sino desafiar su identidad de *persona tímida* ensayando ser alguien tan apasionado que las palabras le brotaran del corazón hasta escapársele de la boca.

Entonces, le pedí que me contara por qué motivo se había decidido a entrar en la política. Manuel nos contó acerca de su abuelo, al que admiraba profundamente como persona y como el político honrado que había sido. Luego, nos habló del tipo de político que no quería ser él y qué era lo que quería que empezara a pasar en la comunidad a partir de su trabajo. A medida que se conectaba con las razones que más lo apasionaban, se fue entusiasmando. Los presentes empezaron a escucharlo cada vez con mayor atención y se los ganó cuando contó, con mucha gracia, algunos inconvenientes con los que se había encontrado por pretender ser político y honesto al mismo tiempo.

Entonces lo invité a que se pusiera de pie y que resumiera, en pocas palabras, lo que él tenía para aportar. Dejó de mirarme y empezó a hablarle al público que terminó aplaudiéndolo de pie.

Manuel estaba impactado con lo que había generado sin ningún conocimiento nuevo de oratoria, sino simplemente animándose a conectarse con sus motivaciones más profundas y, al terminar, Jim Selman me felicitó públicamente mostrando los puntos en los que mi intervención había sido acertada. Muchas veces, a lo largo de los años, cuando necesité retomar la confianza en mi intuición, volví a recordar ese momento.

Al finalizar el examen, se me acercó Marcelo Arecco, en esos momentos director de la Carrera de Relaciones Laborales de la Universidad Argentina de la Empresa. Le había impactado mi intervención —estaba tan impactado como yo sorprendido— y me invitó a visitarlo en su oficina para conversar sobre las posibilidades de llevar la mirada del coaching a sus cátedras. Así fue como terminé colaborando con varios profesores y también dando cursos de capacitación en las empresas con las que él trabajaba.

Marcelo siempre vio en mí a alguien que tenía algo valioso para dar y, llamativamente, cada vez que trabajé a su lado me sorprendí de las cosas que fui capaz de decir y hacer.

¡Otra vez los cuarenta!

Mirando hacia atrás, tomé conciencia de que, al mostrarme públicamente durante mi examen de certificación como coach, la vida me había vuelto a abrir la puerta a un mundo de nuevas relaciones que estaba más allá de los cuarenta. Y, de la misma manera que en el colegio, luego de un tiempo de madurez profesional, pude relacionarme desde otro lugar con varios de mis compañeros asociándome con uno de ellos para crear una empresa y contratando a otros para capacitar juntos.

Al principio, me había molestado no ser tenido en cuenta profesionalmente como yo esperaba, pero luego comprendí que no tiene sentido culpar a los demás por la manera en la que evalúan lo que tenemos para dar. De hecho, tienen derecho a no valorarlo. Porque no les gusta o no les interesa, porque no lo necesitan en ese momento, porque no sienten tanta afinidad con nosotros o por lo que sea.

Muchas veces, cuando arrancamos con un proyecto nuevo, los demás no se animan a apostar por nuestro posible futuro de doctor, escritor, jefe, buena madre o licenciado porque hasta ahora solo han visto nuestro pasado bonsái. Pero no es asunto de ellos apostar por nosotros, sino nuestro. Y es que solo nosotros sabemos lo que estamos dispuestos a invertir, y las macetas mentales y emocionales que estamos dispuestos a romper para poder recorrer nuestro camino de transformación.

Lo que sí podemos hacer es elegir ponernos a nosotros mismos en los lugares y en las relaciones donde más se valore lo que tenemos para dar. Y, aunque no sepamos nada de la materia en la que nos gustaría tener maestría, es inteligente rodearse de personas que ya nos valoren por nuestro compromiso y nuestras ganas de aprender.

Claro que podemos decidir quedarnos al lado de alguien que, momentáneamente, no nos valora hasta lograr que cambie su mirada acerca de nosotros, pero no estamos obligados a mejorar todas las relaciones. Construir relaciones nuevas es una opción que es importante tener siempre presente.

En este sentido, una de las cosas que más aceleran nuestro crecimiento es construir una relación con alguien a quien le demos autoridad de maestro en un área determinada de nuestra vida. No hace falta que sea un maestro chino, como los de las películas, sino alguien que tenga maestría en el arte que estamos buscando aprender y, más importante aún, que tenga maestría enseñándolo (las sonrisas y los resultados de sus alumnos suelen ser dos buenos indicadores de que estamos frente a un maestro sano).

Pero, sobre todas las cosas, es clave que apueste por nuestra posibilidad mirándonos como si ya hubiésemos logrado eso que hoy estamos soñando y solo nos hiciera falta completar ciertos aprendizajes para poder recordar cómo hacerlo.

Relaciones y resultados

Terminé de hablar y, durante el corte, la directora del programa me preguntó si ya tenía experiencia en televisión por cómo le hablaba a la cámara con naturalidad. Ella no sabía de los nervios por los que yo había pasado al llegar al canal, ni tampoco del truco que me había permitido ser natural. Antes de que empezaran a filmar, aprovechando un momento en el que quedé a solas, me había acercado a cinco centímetros de la cámara y, como si se tratara de una vieja amiga, la miré a los ojos y le dije: *Hola. ¿Cómo estás? Dentro de un rato te voy a contar algunas cosas que a mí me encantan. Espero que te lleguen a vos también.* Conversamos un rato más y, cuando sentí que ya nos habíamos *amigado*, le guiñé un ojo y volví a pararme en el sitio que me habían indicado.

Suena loco, ¿no? Sin embargo, mucho más loco es pretender tener buenos resultados con algo mientras que insistimos en mirarlo con desconfianza, desprecio o miedo.

¿Conoces a alguien que siempre está despotricando contra la tecnología, los hijos, la economía, su jefe o los clientes? Ahora te pregunto: ¿Cuáles son los resultados que está obteniendo con esas cosas o personas? Seguramente, pésimos.

¿Que cómo lo sé? Simple. No hace falta más que conocer la calidad de su relación —lo que piensa y siente acerca de algo o alguien— para saber qué resultados puede llegar a obtener con esa cosa o con esa persona.

Lo pude comprender con total claridad a medida que iba liberando a Jiao Lian.

Los sueños son semillas que, al desarrollarse, pueden llevarnos a cambiar nuestra realidad haciendo que las cosas pasen. Pero el tamaño que alcance tu árbol y los frutos que sea capaz de dar van a depender del tamaño de la maceta que le construyas. La relación que tenemos con las personas y las cosas que nos rodean es la maceta en la que sembramos nuestros sueños.

Cada vez que queramos lograr un buen resultado en una entrevista de trabajo, hablando en público o pintando, podemos escribir en el centro de una hoja eso que queremos lograr y a su alrededor ir anotando todas las ideas que hay en nuestra mente acerca del hablar en público, la pintura o las empresas y sus entrevistas laborales.

¿Hay pensamientos de enojo, miedo o desprecio acerca de cómo se comporta el público en general en una disertación, acerca de la pintura y de que para pintar hay que hacerlo perfecto o acerca de cómo son los entrevistadores de las empresas? Es decir, ¿hay pensamientos que te invitan a tomar distancia de eso, en lugar de animarte a acercarte a cinco centímetros e, incluso, abrazarlo?

A medida que vayas detectando los pensamientos que te separan de las cosas y situaciones en las que estás buscando tener éxito, quedará en tus manos defenderlos buscando tener razón, o revisarlos y reemplazarlos por otros que te lleven a sentir curiosidad, entusiasmo, admiración o la emoción que estés necesitando para poder dar tu mejor versión.

Las etiquetas solo nos dejan ver la etiqueta y no lo que están etiquetando.
Yo prefiero seguir viendo en cada persona una posibilidad.
¿Cómo te estás mirando?

Tu Minuto de Coaching

Usando los dedos de tu mano, te invito a que tomes conciencia de cuáles son hoy tus cinco relaciones de mayor confianza. Esas relaciones están indicando hacia dónde está yendo tu vida en este momento. Ahora, si ya hubieras triunfado ampliamente haciendo eso que soñaste, ¿con qué cinco personas es evidente que tendrías que haber construido una relación de confianza? Según de qué se trate tu sueño, pueden ser personas que ya conoces y también otras que todavía no estén en tu vida como, por ejemplo, el presidente del

Club Atlético River Plate, un coach, un inversor que apueste por tu emprendimiento o alguien que ya logró tu sueño.

Dicen que todas las personas están como máximo a cinco relaciones de nosotros. Alguien que conoce a alguien que conoce al que estás queriendo contactar. ¿Qué estás dispuesto a hacer para ponerte en contacto con las personas clave de tu proyecto?

Este minuto presente puede ser una oportunidad para hacer algo que luego te permita contar cómo cambiaste la historia de tu vida.

11.

Reciclando *pynochos*

Con Alex nos conocimos en la universidad cursando la única materia en la que nuestras carreras coincidían. Me acuerdo que solíamos agarrar una guitarra y ponernos a cantar con la excusa de hacer un corte en nuestras reuniones de estudio y que, algunas veces, nos entusiasmábamos tanto con la música que los cortes duraban horas y el recreo consistía en abrir los libros…

Luego de varios años sin vernos, los dos habíamos obtenido nuestras licenciaturas y, esa tarde, nos reencontrábamos a tomar unos mates porque él tenía la ilusión de que le compusiera un tema para tocar con su banda.

Lo noté preocupado cuando empezó a hablar de la banda y se lo dije. Él respondió que todo estaba bien, pero al tercer mate comenzó a ponerme al tanto de la delicada situación por la que estaba pasando.

—Bueno, no sé si alguna vez te hablé —empezó diciendo Alex— de los que formamos la banda. En un primer momento, se sumaron Marcos y Javier, que ya hacían música con anterioridad y, después, incorporamos a Mariano, más por amigo que por músico porque la verdad es que no era muy habilidoso cantando ni tocando la guitarra. Pero básicamente éramos eso, amigos, y de hecho, eso fue lo que nos llevó a elegir Gos-Ami como nombre de la banda.

Alex nunca había llegado a contarme cómo era que había surgido la banda y yo no me quería perder ni un detalle.

—Al principio —continuó—, solo hacíamos temas de los Beatles, Credence y Bob Dylan. Pero, con los ensayos y sin buscarlo demasiado, comenzamos a crear nuestras propias canciones y la banda empezó a sonar relativamente bien. Ahí fue que el padre de Mariano consiguió que nos probaran en un bar y el show gustó. Nos cedieron la noche de los jueves como show fijo y el resto es historia. Estábamos felices. Hacíamos lo que más nos gustaba y encima nos pagaban.

—¿Y qué es lo que está pasando ahora?

—Resulta que, después de un show que salió muy bien, me entusiasmé y le propuse al resto de la banda tomarnos en serio la música y no parar hasta dejar una huella en el rock nacional. Todos estuvieron de acuerdo en ese momento y comenzamos a planear una nueva etapa. Hasta decidimos cambiarnos el nombre por el de Rockafirme. Sin embargo, por dentro, yo estaba intranquilo, incómodo con Mariano.

—¿Qué te incomodaba?

—Guillermo, te lo hago fácil: Mariano no está al nivel de la banda. Ya, desde el principio, yo había notado que a veces desafinaba. Además de que no practicaba los temas en su casa y, por ende, no manejaba con soltura la guitarra. Fuera de alguna broma momentánea o un comentario irónico, nunca hablé de frente sobre el asunto.

Alex se quedó callado. Estaba tan tenso e inquieto que se puso de pie y empezó a caminar por mi casa como preparándose para descargar una tonelada de emociones.

—Bueno —continuó—, es cierto que, en varias ocasiones, le pedí que se esforzara más, pero siento que Mariano se lo tomó como una crítica destructiva porque se distanció y su música suena aun peor.

—¡Qué situación más incómoda!

—La verdad que sí. Ya pasó más de un año desde que decidimos tomarnos la banda en serio y, cada día, me siento más confundido acerca de qué hacer con Mariano.

—Claro.

—Porque… Mariano es mi amigo, pero en la banda, a nivel musical, lejos de sumar, está restando. Estoy cada vez más nervioso con el tema y reconozco que ya no estoy dispuesto a tolerar que desafine o no se prepare para un show, hasta tal punto que en algunos ensayos llegué a contestarle muy mal.

—Fuiste acumulando una gran montaña de enojo —reflexioné.

—Lo que me pasa es que no me animo a hablarlo de frente con él por temor a que se ofenda a muerte y perder un amigo. Pero, por otro lado, si me lo guardo, tengo miedo de explotar un día y tirarle todo en la cara.

Iba a decirle algo cuando me interrumpió.

—Uy, perdón, no era mi intención enredarte con todo esto. Seguro que todos los días debes escuchar cosas parecidas, ¿no?

—No todos los días, pero sí muchas veces ayudo a limpiar y reconstruir relaciones.

—Bueno, pero no quería ponerte a trabajar fuera de hora.

Dejémoslo ahí.

—No me molesta. De hecho me gustaría mucho poder ayudar…

—¿Seguro?

—Totalmente… Es más, quisiera probar con tu banda algo que funciona para limpiar relaciones en equipos y parejas.

—¿Y por qué no? Necesito ayuda. Lo que sea.

—Ok. Te la voy a hacer breve.

—Eso. Como cuando nos contábamos de qué se trataba un libro media hora antes del examen.

—A ver... La relación con otra persona no es solo lo

que nos decimos. También está lo que pensamos y no decimos. A todo eso **pensado y no dicho** yo le llamo **p-y-no-cho**.

—¿Y qué pasa si alguien tiene un… ¿cómo se dice?

—Pynocho.

—Eso…, si tiene un pynocho gigante en la relación con otro… ¿Hay que golpearlo? Digo, al pynocho.

—Muy gracioso… Existe una manera de reciclar la energía radioactiva de los pynochos y convertirla en energía constructiva…

—Eso… ¿Cómo lo hablo sin romper la relación? —preguntó.

—Bien. Vamos a hacer de cuenta que ahora estás en el lugar de Mariano —propuse—. Yo voy a representar tu rol de líder de la banda y me voy a acercar a hablar con Mariano.

—Ok…, hagamos la prueba —dijo Alex más entregado que intrigado.

—Hola, Mariano —dije asumiendo el rol de Alex en la banda.

—Hola, Alex… Me dijiste que querías que habláramos —contestó él.

—Sí. Estuve pensando en los años de amistad que nos unen. Y ¿sabés qué? Me gustaría llegar a viejo y que sigamos siendo amigos.

—¡Epa! ¿Que pasó? ¿Te enamoraste de mí o qué? —contestó mi interlocutor que empezaba a divertirse jugando el papel de Mariano.

—No, no es eso. Es que me pareció importante decírtelo porque hoy quiero que hablemos de otras cosas que pueden ser incómodas y quisiera que sepas que, para mí, primero que todo está nuestra amistad.

—¿A qué cosas te estás refiriendo, Alex?

—Bueno, tengo que confesarte que últimamente no me sentí muy cómodo en la banda —arranqué—. Además, tengo la sensación de que también hay incomodidad de tu lado. ¿Es así?

—¿Por qué lo estás diciendo? Fueron cruces de palabras, pero ya pasó. No te preocupes.

—Es que creo que no estuve siendo cien por ciento auténtico. Por no enfrentar la situación, evité decirte algunas cosas que me molestaron y que, ¡claro!, si no te las digo, es imposible que puedas hacer algo distinto.

—¿Pero qué pasa? ¿Es tan grave? —preguntó preocupado el Mariano de la simulación.

—Creo que no es grave, pero sí es importante que lo hablemos.

—Ok. Adelante, entonces.

—Me refiero, por ejemplo, a esa vez que tocamos en Mar del Plata —retomé en mi versión de Alex.

—¡Ah, ya sé! Te molestó que yo pidiera quitar uno de los temas del show porque no lo había ensayado.

—Bueno, sí. Eso me molestó. Y, además, quería proponerte que repasáramos algunas partes de la grabación de ese día que dejé listas para escucharlas juntos.

—Cómo no. Adelante.

—Este es el cuarto tema. Después del solo de guitarra. Escuchá ahora. ¿Ves algo raro en las voces?

—No. Para nada. Todo me parece perfecto.

—Ok —dijo Alex—. Para mí, en esa parte, tu voz está desafinada.

—¿Desafinada?

—Si me pasás la guitarra, te puedo mostrar la nota de la voz que dijimos que ibas a cantar… Sería esta. ¿Ves la diferencia?

—Sí, es cierto —respondió Mariano asombrado.

—Bueno, es de esto de lo que quería hablarte y no me animaba. Hace unos años nos propusimos llevar la banda al máximo y eso implica que cada uno diera lo mejor de sí.

El punto es que, esta nueva etapa, requiere un nuevo compromiso y hay ciertas cosas que ya no podemos dejar pasar.

—Ok, pero tampoco me parece que sea para tanto...

—Personalmente —dije yo, utilizando algo de lo que Alex me había contado—, más allá de la desafinación, que no es algo menor para mí, me afecta mucho la falta de precisión en la coordinación de la banda por falta de práctica en nuestras casas. Y cuando veo esas cosas siento como si el proyecto no te importara... Yo no sé si vos estás de acuerdo con eso de crecer hasta dejar una huella en el rock nacional.

—En realidad —arrancó el Mariano que mi amigo se imaginaba—, siempre fuimos una banda de amigos y, cuando propusiste profesionalizarnos a ese nivel, reconozco que no me entusiasmó demasiado, pero como no quería quedarme afuera, acepté. Claro…, no sabía que iba tan en serio y ahora que me estás contando todo esto, te confieso que hace ya un buen tiempo que venía sintiendo una presión del resto de la banda y no terminaba de entender por qué.

—Mariano, es en relación a esto que pensé en pedirte algo concreto. ¿Estarías dispuesto a hacer lo necesario para llegar al nivel de afinación al cantar y de habilidad con la guitarra como para evitar que ocurran las cosas que te mostré en la grabación?

—Me gustaría, pero ¿cómo lo hago? Yo no quiero retrasar a la banda, pero tampoco quiero perder el tocar, viajar y crear juntos los temas… Y, te voy a ser sincero, en este último tiempo sentí que eso se había perdido… Incluso, por momentos, llegué a sentirme fuera del grupo. Y te cuento que yo también estoy incómodo con mi desempeño como guitarrista… Hasta había pensado en decirte que pusiéramos a otra persona en la guitarra porque no lo estaba disfrutando… y que así ya no quería seguir tocando.

—¿En serio? Y… ¿qué te parece la idea de retomar tus clases de guitarra y de canto? Nos podrías ir mostrando tus resultados en los ensayos —dije como Alex y agregué—: Mientras tanto, tocaríamos con un guitarrista-vocalista que elijamos entre todos. ¿Cómo lo ves?

—No me parece mal que elijamos un nuevo integrante —dijo Mariano—. Eso me liberaría de la presión de tener que ensayar y tocar tan profesionalmente cuando lo que yo quiero es compartir música y buenos momentos entre amigos… —y aclaró—: pero te repito que no me gustaría quedar fuera de la banda.

—A mí tampoco me gustaría y por eso pensé que durante este tiempo quizá podrías ocuparte de alguna otra cosa.

—Sí…, puedo encargarme de todo lo relacionado con la difusión para darnos a conocer más… También puedo hacer de sonidista, en lugar de tener que morir en el personaje de turno…

—Eso sería excelente.

Mariano y Alex se dieron un abrazo; quise decir, Alex me dio un abrazo. Alex acababa de ver una posible salida al dilema de la relación con Mariano y estaba feliz.

En los días que siguieron, Alex tuvo una primera charla con Mariano que, aunque fue bastante diferente de como la habíamos imaginado, llegó a excelente puerto. Alex logró generar un clima de apertura donde los dos sintieron que podían hablar de lo que les pasaba y lo que necesitaban sin que el otro lo tomara como un ataque. A esa charla le siguieron otras dos en las que fueron limpiando y agrandando su relación.

Algunos meses después de que le enviara a Alex la letra y la música del tema que me había encargado[5], me llegó la invitación al show en el que iban a presentar varias de sus nuevas canciones. Terminaron de tocar mi tema y habían empezado el siguiente cuando miré a mi alrede-

---

5 Escuchá *Miro*, el tema que le compuse a Alex en www.guillermoechevarria.
   net/herramientas/canciones

dor para calcular cuánta gente habría en el lugar. Entonces, a un metro de distancia lo vi a Mariano, que me estaba saludando.

—No esperabas encontrarme entre la gente, ¿no? —gritó Mariano para hacerse escuchar.

—Hola. ¡Cuánta gente que vino! —contesté evadiendo su pregunta mientras le hacía señas para que fuéramos a hablar lejos de la multitud.

—Sí. Empezamos a hacer difusión a lo grande —dijo. Los chicos me pidieron que armara una estrategia de marketing nueva… Y ya están apareciendo los resultados… Esos dos que están allá son periodistas de la revista *Rolling Stone*.

—¡Qué bien! —dije—. Te felicito.

—Gracias… Aunque no es solo eso. Lo que pasa es que hace ya un par de shows que estamos sonando mejor que nunca.

En ese momento, escuchamos que, desde el escenario, Alex estaba presentando a los músicos antes del saludo final. Miró en dirección a nosotros, al tiempo que invitaba con un gesto a Mariano para que subiera al escenario, y, señalándolo, anunció: *En prensa, difusión, pero por sobre todas las cosas en amistad: Mariano.*

Qué bueno que quisieron entenderse, pensé mientras se despedían del público con la típica reverencia. Qué bueno que pudieron enfocarse en lo que sí los unía y en lo que sí querían hacer juntos…

¡Qué bueno que afinaron en *si*!

Desafío n° 11. Cómo decir cosas incómodas de manera constructiva

Claves para hacer que las cosas pasen

Cuando una banda de rock como la de Alex, una empresa o un equipo de fútbol no logran los resultados que buscan, es muy fácil encontrar problemas en las relaciones entre los músicos, entre el director técnico y los jugadores, o entre los directivos de la empresa y sus colaboradores. El punto es que no siempre estamos conscientes de la relación directa que existe entre relaciones y resultados.

Para comprender mejor cómo funcionan las relaciones, me gusta pensarlas como tubos o arterias que nos conectan con las otras personas. Lo que seamos capaces de lograr con esas personas va a depender del tamaño del tubo que nos una y de que no haya prejuicios, malentendidos o emociones que estén obstruyendo el paso de la energía.

Alguien que quiera lograr grandes resultados con otros necesitará desarrollar maestría en limpiar y agrandar esas relaciones porque las relaciones y los resultados siempre van de la mano.

Cuando, por ejemplo, el tubo de la relación entre dos jugadores es más chico que la pelota, esos dos jugadores dejan de hacerse pases en momentos clave. Podrá generarse un hueco en la defensa del equipo contrario, dejando un espacio por donde podrían pasarse la pelota, pero si no hay espacio en la relación entre esos dos jugadores, la pelota no pasará. Porque el que tiene la pelota puede pensar: *Si se la paso, no me la va a devolver porque lo único que le importa es lucirse él y quizá desperdiciemos esta oportunidad de gol para el equipo.*

Entonces, en lugar de pasarla, decide arriesgar pateando individualmente al arco o dándosela a otro jugador que no está tan bien posicionado para el gol, pero en quien confía más porque siente que realmente le importa el equipo.

La pelota, el compañerismo, las ventas, la comunicación, el dinero o el cariño nos llegarán en mayor o menor medida dependiendo del tamaño del *tubo* que hayamos construido en la relación con otras personas. Los resultados que no estamos logrando hablan a gritos del estado de nuestras relaciones. Y el estado de nuestras relaciones habla del trato que últimamente les estuvimos dando.

Si, en lugar de hacer fuerza para conseguir resultados, nos enfocamos en revisar y agrandar auténticamente nuestras relaciones, los resultados llegarán *como por un tubo*, con muchísimo menos esfuerzo y en cantidades hasta ahora impensadas.

En estas claves quiero mostrarte una herramienta[6, 7] para que puedas limpiar y agrandar tus relaciones, a fin de que los ríos que conectan tu mar con el de los demás sean mucho más anchos y caudalosos.

---

6 Como ya he comentado, tuve la oportunidad de trabajar directamente con el Dr. Levy, que ayudó a mis aspectos internos a jugar en equipo, y aprendí a aplicar su metodología en otras personas.

7 Para realizar este capítulo, me nutrí de fuentes como *Metamanagement*, Tomo II. *Aplicaciones* de Fred Kofman y *Coaching. El arte de soplar brasas*, de Leonardo Wolk.

Relaciones lotería

Un amigo tenía la costumbre de enviarme mensajes al teléfono y llamarme a cualquier hora de la noche para hablar. Yo sabía que él necesitaba alguien que lo escuchara y no me sentía bien diciéndole: *No me llames más a las dos de la mañana.* Le hice algún chiste sobre sus horarios, pero como yo no era específico ni me mostraba molesto, él tampoco se lo tomaba como un pedido en serio.

Un día, en que nos habíamos encontrado a tomar un café, decidí enfrentar la situación y, luego de cruzar dos palabras, le dije:

—Me gustaría que hablemos de nuestra relación.

—¡¿De qué?! —dijo él casi volcando el café.

—Sí, de nuestra relación. Sos un gran amigo para mí, pero hay algo que me molesta y que, si no te lo digo, nunca te vas a enterar.

—¿Qué es?

—Las llamadas a las dos de la mañana. Me encanta que hablemos, pero preferiría que fuera en otro momento. Cuando estoy durmiendo en mitad de la noche y suena el teléfono, me asusto pensando que puede haber pasado algo grave.

Mi amigo cumplió mi pedido y yo me quedé tranquilo aclarándole que, si alguna vez realmente necesitaba hablar conmigo con urgencia, podía llamarme a cualquier hora.

Hay relaciones que funcionan porque *tienen suerte*. Son las *relaciones lotería*. Existen en nuestra vida mientras no tengamos ninguna diferencia con esa persona. Cuando surge algo que nos incomoda, que puede ir desde el mal aliento hasta que no nos sintamos respetados en nuestra creencia religiosa, simplemente nos distanciamos y se acabó la relación.

En las *relaciones lotería* solo hablamos *dentro de la relación*, pero nunca hablamos *acerca de la relación* que tenemos ni de la que nos gustaría tener. Podemos conversar de cualquier tema, pero nunca nos damos un momento para hablar sobre cómo nos gustaría manejar nuestras diferencias de opinión o de qué manera preferimos que el otro nos diga, por ejemplo, lo que le molesta o necesita de nosotros.

Sin embargo, cada vez que la vida o el proyecto que enfrentemos nos pidan resultados desafiantes, la clave de nuestro éxito estará en el tamaño de las relaciones que hayamos construido. Cuando descubramos que una relación nos está quedando chica, podemos conversar *acerca de la relación* que queremos o necesitamos tener para poder superar esos desafíos.

Y si se trata de construir una relación de la que van a depender cosas importantes como la vida de pareja, las ventas de la empresa o ganar un campeonato, necesitaremos ponernos de acuerdo acerca de lo que queremos alcanzar, enseñarnos entre nosotros cómo preferimos ser tratados, planear qué vamos a hacer cuando uno de los dos se salga del rumbo pactado, dejar en claro tanto lo que queremos como lo que no queremos en la relación, etc. Todas cuestiones que sería bastante difícil que el otro deduzca por más que compartamos horas conversando de fútbol, del crecimiento de los hijos o del fin de semana.

Hablar *para revisar y agrandar la relación* es proponerle a la otra persona mirar nuestra relación y revisar sus códigos *desde afuera*. Se trata de construir un canal para hablar de manera constructiva aquellas cosas que, hasta ahora, evitábamos y que pueden haber ido taponando el *tubo* o *arteria* de la relación que nos une.

Lo que ellas piensan

Luego de recibir una extraña descarga eléctrica, el protagonista de la película *Lo que ellas quieren* descubre que tiene la capacidad de escuchar los pensamientos de las mujeres con las que se encuentra. Y es que, cada vez que conversamos con otras personas, hay también muchas cosas que pensamos y no decimos.

A todo eso **pensado y no** di**cho** lo llamo **pynocho**, porque me hace acordar al Pinocho de Disney, a quien le crecía la nariz cada vez que sus palabras no eran coherentes con sus pensamientos, es decir, cada vez que mentía, que es lo que terminamos haciendo en las relaciones cada vez que empezamos a ocultar lo que pensamos.

Pero ¿es conveniente ventilar lo que pensamos?

No siempre. Muchas veces, esos pensamientos que callamos no tienen importancia para nosotros o no se relacionan con lo que estamos conversando. Sin embargo, a veces sí son relevantes porque, si los pudiéramos expresar, nos ayudarían a estar mejor en la relación, ya que nos permitirían, por ejemplo, pedir lo que necesitamos para sentirnos respetados o para dejar de estar incómodos y así llegar a acuerdos más satisfactorios.

Pero entonces ¿por qué no revelamos nuestros pynochos?

Porque juzgamos que, si hacemos públicos esos pensamientos en un acto de *honestidad brutal*, podríamos tener problemas aun mayores con los demás. De hecho, si revisamos el contenido de esos *pynochos* vamos a encontrar miedos, frustración, enojo, impotencia y todo tipo de suposiciones, prejuicios e interpretaciones acerca de las intenciones de los otros.

Entonces, optamos por *cuidar* nuestras relaciones de esos sentimientos y pensamientos que podrían incomodarlas. Lo malo de elegir esta opción es que no nos permite expresar lo que nos pasa, ni cambiar las situaciones que nos estresan o incomodan y eso suele terminar en úlceras, caída del pelo, urticarias y otras enfermedades para nada agradables.

Para peor, no podemos evitar que constantemente nos aparezcan *pynochos*. Lo que sí podemos hacer es elegir qué vamos a hacer con ellos. No tenemos por qué caer ni en el extremo de esconder lo que nos pasa ni tirárselo al otro en la cara. Hay un camino intermedio que consiste en reciclar los *pynochos* para quitarles su *radioactividad* y convertirla en energía para mejorar la relación.

Así es. Una vez procesados, los *pynochos* se convierten en una enorme fuente de energía para la relación. ¿Por qué? Simple. Porque, al depurarlos y compartirlos, los demás pueden enterarse de qué es lo que necesitamos de ellos y, preguntando y escuchando, nosotros también podemos conocer lo que ellos están necesitando de nosotros para llevarnos mucho mejor.

Resumiendo:

1. Todos tenemos *pynochos* en nuestras conversaciones (los demás también).
2. Si los expresamos tal cual aparecen, podemos arruinar la relación contaminándola.
3. Si no los expresamos, generamos relaciones hipócritas y terminamos enfermándonos.
4. Aunque disimulemos nuestros *pynochos*, su energía tóxica sigue sonando como música de fondo (de película de terror) y limita lo que podemos lograr con los demás.
5. No es posible evitar que aparezcan los *pynochos*, pero sí podemos elegir qué hacer con ellos.

El protagonista de nuestra película aprendió en carne propia que escuchar todo lo que ellos piensan puede resultar demasiado difícil de sobrellevar. Sobre todo, si esos pensamientos se encuentran en estado tóxico. A continuación, voy a compartir una herramienta para desintoxicar pensamientos, para que puedas ser auténtico en tus relaciones, pero de una manera constructiva.

Detectando y reciclando nuestros *pynochos*

Luego de la primera charla con Mariano, Alex me vino a ver entusiasmado y me pidió que le diera todas las herramientas que tuviera para mejorar relaciones. Entonces, lo invité a meternos de lleno en el reciclado de sus *pynochos*. Utilizando una hoja dividida en dos columnas, fue anotando en la columna derecha el diálogo frustrante que solía tener con Mariano antes de cada show y escribió todo lo que él pensaba, pero no le decía, en la columna izquierda.

Le expliqué a Alex que el objetivo no era barnizar lo que iba a decir, sino que pudiera comunicarse de modo auténtico, ya que las frases corteses, por sí solas, no consiguen una verdadera desintoxicación de los *pynochos*.

Luego le pedí que seleccionara uno de los pensamientos tóxicos o *pynochos* de la columna izquierda de la hoja, donde había escrito todo lo que no le decía a Mariano. Para ello, lo invité a que identificara algún *juicio* o *evaluación* entre sus *pynochos*. Es decir, una frase de esas que pretenden definir a la otra persona o a una situación con la categoría de realidad objetiva.

Alex destacó dos de sus típicos pensamientos acerca de Mariano:

- *No le importa la banda.*
- *¡Es un irresponsable!*

Ambos pensamientos describen al guitarrista como si esas fueran características de su persona cuando, en realidad, son solo las opiniones que Alex se formó de él. Es decir, la manera en la que Alex está pudiendo verlo. Entonces lo invité a Alex a desintoxicar estos *pynochos* siguiendo tres pasos:

1º Reemplazando las frases que pretendían definir a Mariano por otras que manifestaran las preferencias personales de Alex.

Por ejemplo, la frase de Alex *No le importa la banda* se transformó en *Me gustaría que le dedicara más tiempo a la banda*. Chequeando las distintas emociones que le provocaba leerlos antes y después de la desintoxicación, Alex comprobó cómo había bajado el nivel de toxicidad de sus *pynochos* al convertir sus juicios en preferencias específicas.

2° Transformando sus preferencias en descripciones del impacto personal que le causaban.

El pensamiento *Me gustaría que le dedicara más tiempo a la banda* se transformó en la descripción de lo que a él le generaba esa situación: *Me agota* (impacto que me provoca) *tener que estar persiguiéndolo en cada show…, me angustia (impacto) sentir que tengo que elegir entre tener una banda profesional o tener un amigo.*

A pesar de que estos dos pasos desintoxican muchísimo nuestros pensamientos, también dan por hecho que el que tiene que cambiar es el otro. En el próximo paso, luego de comunicar de qué manera sentimos que la situación amenaza lo que valoramos, vamos a asegurarnos de escuchar qué es lo que le está pasando a la otra persona. Porque, si nos quedamos solo con nuestras elucubraciones mentales, no estaremos teniendo en cuenta la versión diferente de las cosas que suele tener el otro.

3° Descubrir cuál puede ser el valor que ha sido dañado o amenazado.

Para lograrlo, podemos preguntarnos: *¿Por qué es un problema para mí esto que siento o pienso respecto de cómo me impacta la situación?* Frente al *pynocho Me agota* (impacto que me provoca) *tener que estar persiguiéndolo en cada show…, me angustia* (impacto) *sentir que tengo que elegir entre tener una banda profesional o tener un amigo,* surge la pregunta: ¿Por qué tener que perseguirlo es un problema para mí? ¿Por qué tener que elegir entre tener una banda profesional o tener un amigo es un problema para mí?

El valor amenazado, según Alex, era la continuidad de la amistad y de la banda. Un forma de desintoxicar esos pensamientos fue: *Cuando te escucho decir* no ensayé porque estuve toda la semana con exámenes o algo estuve practicando, *me pregunto por qué tengo que tomar yo este rol de perseguirte antes de cada show. Pienso que quizá, simplemente, tenemos distintos objetivos con la banda y me preocupa que tanto roce termine desgastando nuestra amistad. Me gustaría que pudiéramos cuidar nuestra amistad y, a la vez, poder lograr eso de dejar una huella en el rock nacional. ¿Qué te parece esto que te digo?*

Una fórmula para organizar nuestra comunicación puede ser:

- *Cuando veo, escucho o me entero de que dijiste...* (datos objetivos).
- *Me siento...* (describo cómo impacta en mis emociones: molesto, angustiado, me asusto, etc.).
- *Porque pienso, creo, interpreto,* supongo que... (expresamos qué es lo que valoramos y que sentimos que se está poniendo en riesgo y por qué).
- *¿Cómo ves esto que te digo?* (invitamos al otro a que exprese su visión de la situación).
- Hacemos silencio para poder realmente escuchar.
- Resumimos lo que entendimos que el otro quiso decir, para chequear cuánto comprendimos.
- *Lo que yo quisiera es que...* (mis deseos y expectativas dichas como necesidades personales y no como exigencias).
- *Lo que te pido, sugiero, invito, propongo es que, a partir de ahora...* (pedidos y ofrecimientos concretos).
- *¿Qué te parece?*
- Hacemos silencio para escuchar. Luego resumimos y chequeamos lo que escuchamos.
- El objetivo es que podamos comprender las necesidades mutuas para llegar a un nuevo acuerdo que cambie la situación. Negociando con el otro hasta

que encontremos los cambios que *sí* podemos y queremos hacer hoy y que harán que ambos nos sintamos mejor.

- Nos comprometemos mutuamente a mantener lo que acordamos y, también, podemos acordar de qué maneras nos vamos a avisar si detectamos que el otro se salió de pista. Aquí, el humor puede ayudar mucho a avisarnos uno al otro las cosas sin agresión hasta que logremos incorporar el hábito de actuar según lo que le prometimos al otro.

Tu Minuto de Coaching

Te invito a reciclar las frases tóxicas que tu pensamiento genera en forma automática, llevándolas:

1) desde el **formato de juicios** que pretenden ser verdaderos a
2) detectar **mi preferencia personal**,
3) describir **cómo me impacta** y
4) descubrir si hay **algo que valoro y que siento amenazado** por la situación.
5) Y, finalmente, responder **¿Qué es lo que estoy necesitando pedir o proponer para estar mejor?**

Al principio puede resultarte más fácil comenzar reciclando la toxicidad de cualquier diálogo interno y, luego de tener cierta práctica, hacerlo en los diálogos con otras personas. Por ejemplo: 1) juicio: *Este teléfono no sirve*, 2) preferencia: *Preferiría que tuviera conexión a Internet*, 3) impacto: *No poder conectarme me impide estar actualizado viendo mis mails en el momento*, 4) *¿Qué necesito pedir, pedirme, proponer o proponerme para que esta situación cambie?*

———◆◆———

*Al bajar del taxi o al salir de un restaurante solemos mirar
hacia atrás para asegurarnos de no haber dejado nada.
Te invito a dar tu mejor versión en cada relación
y a que, antes de irte, mires atrás para asegurarte de que
dejaste algo valioso.*

———◆◆———

*Respetando o callando nuestras necesidades hemos
enseñado a los demás a que nos traten como nos tratan.*

———◆◆———

12.

Entrevista con el futuro

Era el primer taller de negociación que yo facilitaba en esa Escuela de Negocios y quería hacer un buen trabajo. Los participantes del seminario provenían de rubros tan diferentes como gastronomía, química o construcción.

El primero de los cuatro encuentros semanales del curso acababa de terminar y ahora veía con una claridad absoluta lo que podría haber hecho mejor como, por ejemplo, entregar etiquetas autoadhesivas con los nombres de los participantes para facilitar el diálogo entre ellos. O ganar tiempo pidiéndoles que, para el segundo encuentro, vinieran con un caso personal de negociación, porque —aunque no todos lograran traerlo— al menos se iban a sus casas con la inquietud y yo podía arrancar el encuentro entrenándolos en la habilidad de encontrar oportunidades cotidianas de negociación.

¿Por qué pasé por alto estas cosas al momento de diseñar la actividad?, me preguntaba ahora, en un afán por descubrir algo, más que de reprocharme lo que no se me había ocurrido al momento de planificar. Todavía me quedaba una semana para preparar el segundo encuentro y estaba decidido a capitalizar en algo la experiencia del primero.

Dándole vueltas al asunto, descubrí que no era la primera vez que me ocurría algo así. Al terminar algunas entrevistas laborales, también me había dado cuenta de cosas que podría haber dicho o hecho. Y no se trataba de puntos que hubieran sido mencionados durante la reunión, sino ideas que ya existían en mi mente pero que, por algún motivo, no habían surgido antes ni el transcurso de la entrevista. Como si al finalizar un encuentro, yo me abriera a una manera más penetrante y efectiva de ver la realidad. Pero si esas ideas ya estaban disponibles en mi mente esperando a que yo las utilizara, ¿qué sucedía o qué era lo que yo hacía después de una reunión que me generaba pensamientos distintos y de mayor lucidez?

Estuve toda la semana buscando respuestas. Cuando solo faltaba un día para el segundo encuentro y ya estaba haciendo los últimos preparativos tuve una idea: *¿Y si me situara mentalmente en el final del próximo encuentro? Es decir, si ya hubiese terminado el segundo encuentro, ¿qué estaría pensando? ¿Me lamentaría de no haber hecho algo diferente? Y ¿qué es lo que sí me gustaría ver realizado?*

Se me ocurrió que podía convertir la idea en un ejercicio. Así que, sentado en mi escritorio, cerré los ojos y, haciendo de cuenta que el segundo encuentro había terminado, dije en voz alta: *Terminó el encuentro, ¿hay algo que me gustaría haber hecho diferente?*

Esperé unos instantes, volví a repetir la misma frase y pude verme a mí mismo en ese futuro guardando los materiales del seminario y despidiendo a los participantes. A medida que iba entrando en la emoción del momento, las expectativas empezaron a llegar: *Me hubiese gustado que completaran una ficha de evaluación del encuentro o hubiese sido bueno pedirles las direcciones de mail y así poder enviarles algún material de lectura para la semana; también podría haberles propuesto...*

Las mejoras llegaban a montones, tanto que tuve que abrir los ojos y anotarlas para poder acordármelas después, pero la que más me gustó fue: *Podría haberles pedido que hicieran el mismo ejercicio que estoy haciendo ahora, pero aplicado a lo que ellos esperan llevarse del seminario.*

Entusiasmado por compartir los resultados de mi experimento, me puse a preparar la ficha de evaluación y a implementar los otros cambios que se me habían ocurrido haciendo el ejercicio.

El momento llegó. Los participantes entraban al salón, saludaban y se iban sentando alrededor de la gran mesa alargada en la que trabajábamos. Cuando ya estábamos todos presentes, les conté que había creado una herramienta para diseñar futuro que podía ser muy útil para planificar y preparar una reunión de negociación.

—Los invito a ponerla en práctica —propuse.

—Al terminar un seminario —empecé diciendo—, ¿hay algo que sintieron que les hubiera gustado que fuera diferente? Es decir —aclaré—, algo que, recién al finalizar, se dieron cuenta de que hubiese sido muy positivo haberlo hecho.

Sonia, una ejecutiva atractiva que usaba anteojos pequeños y trabajaba como representante comercial de una empresa química, tomó la palabra:

—Sí. A mí me ha pasado, en más de una ocasión, sentir que me hubiese gustado participar más..., hacer comentarios y preguntas en lugar de guardármelos creyendo que podían molestar.

—¡A eso me refería! —dije—. Al igual que en una negociación, todos están en este curso para algo. Ahora los quiero invitar a que cada uno se conecte con su "para qué vine" y que, a partir de eso que quieren lograr, se pregunten: *Si faltaran solo diez minutos para que este seminario terminara, ¿qué cosas me hubiese gustado hacer de otra manera?*

—¿Es como mejorar algo que todavía no pasó? —preguntó Ignacio, el más joven de todos, pero que ya estaba haciendo funcionar su propio emprendimiento de envío de alimentos naturales a domicilio.

—Sí. Se trata de transportarte al momento en que el seminario está terminando y preguntarte qué harías si tuvieras la oportunidad de vivirlo por segunda vez. ¿Hay algo que te gustaría hacer de una manera más enriquecedora o productiva?

—A mí nunca me gustó lamentarme de lo vivido ni pensar en los tiempos verbales hubiera o hubiese —dijo Antonio, gerente de planta, que estaba haciendo carrera en una empresa fabricante de puertas y ventanas—, pero en este caso lo utilizaríamos para aclararnos acerca de lo que queremos vivir en el futuro, ¿no?

—Exacto —aprobé—. No necesariamente tienen que lamentarse por lo que no pasó. Pueden hacer el ejercicio conectándose con lo que les gustaría que hubiera pasado en ese momento y pensando en los cambios que todavía están a tiempo de realizar.

—Ahora que solo quedan unos minutos para que termine este taller —empezó Antonio con voz de despedida—, te cuento que a mí me hubiese gustado conocer a los demás participantes.

Hizo una pausa y todos nos quedamos mirándolo.

—Podría, por ejemplo —continuó—, haber aprovechado los intervalos para conversar y relacionarme con ustedes en lugar de matar el tiempo haciendo llamadas por teléfono o saliendo a fumar solo.

Sus palabras quedaron resonando en el salón. La actuación había sido tan verdadera y sentida que nos contagió la emoción de que ya era demasiado tarde para hacer algo porque, efectivamente, el curso acababa de terminar.

—¿Para qué te hubiese gustado relacionarte más con nosotros? —pregunté buscando que fuera más específico y tomara conciencia de sus objetivos.

—Parece que algunos vienen buscando novia… — disparó con picardía Marcela, encargada de recursos humanos en una compañía gastronómica.

—¿Por qué no? —dije, mientras Antonio, en vano, intentaba esquivar los chistes y explicar al resto del grupo que sus intenciones eran solo profesionales.

—Más allá de la broma —intervino Marcela—, adhiero a lo que dijo Antonio—. Y, volviendo a colocarse en el futuro del seminario, dramatizó—: Así, en lugar de ser solo estudiantes individuales, nos hubiésemos podido convertir en un grupo de aprendizaje con el que poder contar para compartir nuestros desafíos de negociación en el futuro.

Las dramatizaciones de Antonio y Marcela habían divertido al grupo. Entonces, Ignacio, sugirió:

—Podríamos pasarnos nuestras direcciones de mail y, de esa forma, ponernos en contacto mañana mismo.

Comenzaron a intercambiar tarjetas personales y tuve que pedirles que lo dejaran para el corte así podíamos seguir enfocados en el ejercicio.

Era el turno de Oscar, jefe de mantenimiento de una fábrica de lácteos, y nos hizo una confesión muy personal. En más de una ocasión, luego de un seminario, había llegado a su casa con la sensación de no haber rescatado nada nuevo. Y todo, porque en lugar de escuchar, se entusiasmaba con sus ideas, hablaba más fuerte que el resto y discutía cualquier cosa que el entrenador compartiera.

En seguida se ofrecieron varios que le prometieron callarlo avisándole *cariñosamente* en cuanto consideraran que se estaba poniendo pesado con sus intervenciones. Oscar agradeció la ayuda y otros compartieron que el ejercicio les estaba permitiendo tomar conciencia de que, al terminar ese tipo de actividades, solían proponerse aprovechar la próxima de una manera diferente, pero que, sin embargo, al empezar un nuevo seminario, se olvidaban de lo que les había pasado en el anterior y, a último momento, descubrían que habían vuelto a repetir exactamente la misma experiencia de otras capacitaciones.

Y como, cada vez que uno de los participantes le contaba al resto de qué manera quería vivir su segunda oportunidad, inmediatamente los otros ofrecían alguna solución, se fue creando un sentimiento de equipo que no había aparecido en el primer encuentro. Con las expectativas futuras de cada uno en mente nos pusimos de acuerdo en el tipo de seminario que queríamos e implementamos todo tipo de estrategias para lograrlo.

Al empezar el tercer encuentro, noté que el grupo había crecido aún más. Durante la semana, se habían puesto de acuerdo por mail y decidieron pedirme si podía desarrollar los tres puntos que más les estaba costando implementar. Además, varios se habían reunido para preparar sus casos de negociación y, entre broma y broma, se habían autobautizado Los Notables.

Cuando, finalmente, llegó el cuarto encuentro, el entusiasmo era general. Marcela trajo jugo de naranja para todos; Antonio, unos chocolates para premiar a los que hubieran tenido éxito con su caso de negociación personal y Sonia llenó el centro de la mesa con sandwichitos de miga para celebrar que había obtenido un ascenso negociando con su jefe. El momento emotivo tuvo lugar cuando, con afectuosa ironía, le entregaron a Oscar el Oscar de Oro al Escuchador Revelación.

Cuando llegó la evaluación final, uno por uno fueron contando cómo el seminario los había enriquecido y varios de ellos dijeron que nunca antes le habían sacado tanto provecho a un curso. Hasta mi lado más exigente estaba totalmente entusiasmado y sorprendido con la velocidad de los resultados y sospeché que la satisfacción del grupo no se basaba exclusivamente en lo productivo de las herramientas y ejercicios que habíamos realizado.

Evaluar el seminario *desde el futuro* les había permitido tomar conciencia, a tiempo, de qué era lo que querían practicar e incorporar en esas semanas restantes. Luego, fueron adecuando el curso a los intereses y a las expectativas que sospecharon que podían tener al terminar el seminario y que ellos definieron como "obtener nuevos conocimientos de negociación + convertir a ese grupo en un laboratorio donde poder ensayar ser los negociadores que sus desafíos les estaban exigiendo".

Una semana después del cierre, Los Notables se pusieron de acuerdo y escribieron una carta a la institución pidiendo que abrieran el curso Negociación Efectiva Nivel Dos. Más adelante, también hicimos un tercer nivel y varios seminarios de liderazgo.

Tomarnos unos minutos para decidir cómo queríamos vivir el seminario en una segunda oportunidad nos salvó de repetir en automático las estrategias improductivas de siempre y nos mantuvo presentes en cada momento, permitiéndonos convertir un taller de doce horas en veintiún días de aprendizaje en equipo.

Y, aunque nadie se puso de novio, el equipo funcionó como un microclima donde nacieron otro tipo de proyectos y una amistad que, todavía hoy, continúa.

Desafío n° 12. Cómo tener una segunda oportunidad para causar una primera buena impresión

Claves para hacer que las cosas pasen

Recuerdo que, cada vez que iba a jugar a la casa de algún amigo y mis padres pasaban a buscarme, yo siempre les pedía quedarme un rato más. Cuando sonaba el timbre de calle alertando su llegada y el inminente fin de juego, tomaba conciencia de todo lo que todavía podía divertirme. Quizá unos minutos antes me había estado peleando con mi amigo por un juguete pero, ahora que el final se acercaba, ninguno de los dos quería dedicarlo a pelear, sino 100% a jugar.

Hoy, como padre, me gusta avisarle a mi hija cuando ya falta poco para irnos porque siento que así puede disfrutar mejor esos últimos momentos de juego. Pero también descubrí que, aunque acabemos de llegar a una casa, recordarle que en un rato nos vamos a ir funciona como un despertador que le ayuda a tomar conciencia de que puede elegir cómo usar su tiempo, ya sea peleándose con otros chicos y reaccionando negativamente a cualquier cosa que no le gusta o haciendo lo que más le gusta: jugar.

Nuestra vida también se va a acabar un día y, personalmente, tener eso presente me funciona como un despertador que me anima a vivir en vida y que me recuerda que, si quiero disfrutarla y dejar una huella, es recomendable que lo haga preferentemente antes de mi fecha de vencimiento.

En este minuto presente ¿estoy dormido o despierto?, me gusta preguntarme.

¿Estoy reaccionando a lo que pasó o estoy eligiendo cómo vivir mi presente?

Hoy puedo decir que, si hay algo que me cambió la vida y me permitió convertirme en escritor, músico o coach, de una manera que supera todo lo que yo creía que era capaz de lograr y ser, es haber mirado mi vida desde ese punto final y haberme animado a soñar un futuro apasionante para mí. Ese futuro soñado me funcionó como un faro que me fue guiando ya que fue resaltando las oportunidades de mi presente.

Diseñar futuro consiste en animarse a preguntar *¿qué quiero que pase?* en lugar de *¿qué creo que es factible que pase?* Es decir, si fuera posible, ¿qué sería valioso lograr? Esta manera de pensar nos eleva por encima del mundo de las probabilidades y nos conecta con las infinitas posibilidades de nuestra vida.

Al principio, puede parecer demasiado insolente o insensato eso de dejar atrás la historia para construir una nueva, pero es solo un tipo diferente de sensatez que aprendí de personas que hacían que las cosas pasen y que se resume en *si todo lo que hoy existe una vez fue un sueño, entonces es sensato soñar, imaginar y proyectar cuando queremos que algo diferente empiece a pasar.*

Y son muchas las cosas que empiezan a cambiar cuando alguien está tan apasionado por lograr algo que es capaz de abrazar e incluir el miedo de tener que salir a conseguir los recursos, superar la vergüenza de hacerse ayudar y esforzarse por aprender lo necesario hasta lograrlo.

Apliqué el diseño de futuro para lograr objetivos tan diversos como el de difundir estratégicamente mi música y mis ideas internacionalmente, para planificar mis vacaciones, mi semana laboral, las salidas al mar con amigos y para todo aquello que me importa tanto que quiero tener una segunda oportunidad para vivirlo al 100%.

En estas claves voy a compartir algunos trucos para que puedas transformar un *destino inevitable* en un *futuro inventable.*

Conversando conmigo en el futuro

En aquel seminario de negociación, comprendí que no necesitamos esperar a que llegue el futuro para recién después poder evaluarlo. Ahora mismo podemos cerrar los ojos y vivenciar ese momento futuro a fin de detectar nuestras expectativas futuras más probables. A este ejercicio de sospechar cuáles pueden ser nuestras prioridades al momento de evaluar algo lo llamo hacer una Evaluación de Futuro Anticipada.

En cambio, cuando no estamos conscientes de nuestros objetivos, nos puede pasar que comencemos una relación o un proyecto con algunas expectativas básicas y, un día, juzguemos todo como insuficiente por no estar alcanzando otras expectativas distintas que —ahora nos damos cuenta— siempre fueron importantes para nosotros, pero que no nos habíamos planteado antes porque no las teníamos presentes.

Y solo hace falta subir suficientemente alto la vara con la que medimos nuestra vida, evaluándonos con parámetros mucho más exigentes o distintos de los que teníamos al principio, para sentir que lo que hicimos hasta aquí es una porquería. Pero eso es ser injustos con nosotros mismos y es una actitud que, aunque pueda movilizarnos a mejorar al principio, nos va minando por dentro porque seca la gran fuente de energía y entusiasmo que da el alentarse y reconocerse los propios logros por pequeños que sean. Una energía que es tan necesaria para continuar mejorando y poder superar los fracasos.

Nuestro estado de ánimo actual es el resultado de nuestra manera habitual de evaluarnos y evaluar nuestra vida. Es por eso que las personas que se acostumbraron a dar gracias por lo que tienen, suelen estar gran parte del tiempo alegres y entusiasmadas. Porque agradecer es valorar lo que sí hay, enfocarnos en lo que sí nos dieron o lo que sí funcionó. Y con el entusiasmo que genera esa mirada es posible conseguir lo que hoy no hay y mejorar lo que todavía no funciona como queremos.

Hacer una Evaluación de Futuro Anticipada nos permite evitar sorpresas, porque nos lleva a encontrarnos hoy con ese juez interno que siempre está evaluándonos y negociar con él hasta acordar cuáles son los puntos prioritarios básicos que vamos a medir al terminar nuestro día o nuestra vida, para poder decir que nuestro proyecto tuvo éxito.

Regalando ojos de futuro

Estaba recorriendo el negocio de regalos, buscando algo para uno de mis grandes amigos que se casaba y empecé a preguntarme si, entre tanto electrodoméstico, no tendrían aspiradora de frases hirientes, reciclador de malas ondas, licuadora de rencores o algún dispositivo con cámara lenta, pausa y función deshacer para discusiones de pareja.

Le daba vueltas y vueltas al asunto, pensando de qué manera podía ayudarlos a que fueran más felices, evitando que el día a día los absorbiera, los desgastara y, como tantas parejas, terminaran peleándose a los dos años de casados. *¿Y si les regalara la herramienta para diseñar futuro?*, me dije mientras miraba el interior de un horno eléctrico. Así podrían tener siempre presente qué es lo quieren como pareja... Esa noche iba a encontrarme a cenar con ellos dos. *Funciona en las empresas...* —pensé—, *pero, ¿funcionará con ellos?*

—¿Con qué sueñan? —les pregunté durante la comida.

—A mí, simplemente, me gustaría que siguiéramos llevándonos tan bien como hasta hoy —dijo él.

—Sí..., acompañándonos en las buenas y en las malas... —agregó ella.

— Y ¿sabes qué? Me gustaría llegar juntos a los ochenta años... —arrancó él.

—Pero más enamorados —acotó ella—. Además, nos gustaría tener dos hijos...

—¡Pero muchos más nietos! —aclaró él.

—¿Algo más? —pregunté yo, que ya estaba tentado de copiarles algunas cosas de su futuro.

—Sí, ¡muchas cosas más! —dijeron.

—Siempre soñamos con tener nuestra propia casa... y junto al río —agregó ella.

—Pero lo más importante es que estar juntos nos siga haciendo bien —insistió él.

—Ahora, ¿se animan a cerrar los ojos y hacer un viaje al futuro? —pregunté.

Conectarse con sus sueños los había emocionado y, antes de que pudiera decir nada más, ya los tenían cerrados.

—Imaginen que ya se casaron y que han vivido mucho tiempo juntos. Tanto, que ya tienen… ochenta años. Muchos de esos viejos sueños que me compartieron, cuando cenamos juntos aquella noche antes de su casamiento, ya son una realidad. Y, lo mejor, de todo: están más enamorados que ayer.

A medida que escuchaban cómo yo describía el futuro que ellos mismos habían soñado, sus sonrisas crecían.

—Ahora les pido que se pregunten: *¿Solo tuvimos suerte o qué fue lo que tuvimos que hacer para llevarnos tan bien?*

A través de sus párpados, noté que sus ojos se movían con rapidez, señal de que estaban buscando respuestas a mi pregunta. Los dejé unos minutos y, luego, di un paso más.

—Los invito a que se pregunten: *¿Cómo hicimos para no quedar encallados en los típicos desafíos de una pareja?*

—Luego de muchas peleas, mis padres terminaron separándose… —se lamentó ella—. Tengo claro que a ese lugar se llega pensando que una discusión o el irse a dormir enojados son cosas sin importancia.

—Es evidente que, si logramos llevarnos tan bien, tuvimos que haber aprendido a hacer borrón y cuenta nueva —dijo él.

—Sí, reseteándonos cada día —completó ella.

—Lo otro que para mí es fundamental —aportó él— es pedirnos las cosas de frente en lugar de intentar cambiar al otro por detrás. Yo funciono con paciencia. Si me siento querido como soy, entonces me abro a cambiar. Pero si siento que me quieren cambiar…

—Ok. Comprendido —dijo ella, mientras tomaba nota mental del dato—. En cuanto a mí —aclaró—, te confieso que nunca me gustó lo de ser esposos porque me suena a que estoy esposada por un policía y, para mí, es fundamental sentir que te elijo cada día. Necesito sentirme libre de ser yo misma. Libre para crecer como persona y también profesionalmente.

—Me parece que capté el punto —dijo él—. Y, otra cosa…, si llegamos tan enamorados a los ochenta años, también es evidente que, durante el camino, tuvimos que haber cerrado los ojos muchas veces más para volver a recordar este futuro que soñamos, ¿no? —reflexionó él.

—Podríamos hacerlo en cada aniversario —propuso ella entusiasmada.

Con sus respuestas, sus lágrimas y sus risas, compuse una canción en la que él, con ochenta años, le canta a ella recordando el día de su boda y todo lo que hicieron para poder seguir disfrutando su amor compañero antes y después de los ochenta.

El día de su casamiento, cuando terminé de cantárselas, los dos se acercaron con lágrimas en los ojos a darme las gracias por la canción[8].

—Me encantó tu regalo… —confesó mi amigo, emocionado. Y, guiñándome un ojo, agregó—: aunque un lavarropas tampoco nos hubiera venido mal.

Anteojos para ver antes

La conversación que mantuve con mis amigos antes de su casamiento fue una Evaluación de Futuro Anticipada, pero en formato *reportaje en el futuro*. Situarse en el futuro que querían y, desde ahí, mirar su presente les permitió ver cosas que, desde ese lugar, resultaron evidentes, pero que podían pasar por alto en el día a día o aprenderlas cuando ya fuera demasiado tarde.

Pero ¿cómo es posible que veamos cosas tan diferentes con solo mirar desde el futuro?

---

8 Vas a poder escuchar *Mi regalo de bodas*, la canción que les hice a mis amigos, en http://www.guillermoechevarria.net/herramientas/canciones

Lo que sucede es que, al planificar algo, solemos hacerlo en un nivel de pensamiento diferente del que luego utilizamos para evaluarlo. Entre otras causas, se debe a que la emoción en la que estamos al proyectar una situación es distinta de la que tenemos durante la experiencia y, sobre todo, al momento de evaluarla. Y al estar en diferentes emociones, vemos cosas distintas porque cada emoción nos convierte en una persona que mira la realidad de una manera completamente distinta.

Lo que hice con mis amigos fue llevarlos a sentir la emoción de estar juntos a los ochenta años. Al mirar su vida desde lo que iba a ser importante para ellos en ese futuro, tomaron conciencia de que no se llegaba allí mágicamente. Se dieron cuenta de que no iban a alcanzarles las buenas intenciones, sino que iban a necesitar ejercitar el músculo de perdonarse, dedicar tiempo a conversar cómo querían ayudarse a cambiar y regalarse, cada tanto, un momento para *mirarse desde sus sueños* a fin de detectar si se estaban desviando y poder corregir el rumbo.

En lugar de solo *ir viendo* qué hacer a medida que iban viviendo, diseñar su futuro les permitió ver antes lo que, seguramente, van a necesitar como pareja, como padres y como compañeros de viaje.

Cuando las personas no *viajan a su futuro* para mirar su vida desde allí, es común que luego no sepan qué hacer cuando se encuentran con su título de licenciados o lo que sea que buscaron. No imaginaron que el título no arreglaría asuntos como el de tener la actitud necesaria para conseguir un trabajo, haber desarrollado la habilidad de ofrecer atractivamente sus servicios, tener experiencia en la materia, crear y mantener una red profesional de relaciones, tener mirada de emprendedor o saber hacer negocios. Asuntos para los cuales no necesariamente hacía falta tener un título de licenciado, sino ser alguien que se comporta como un licenciado: interesándose, preguntando y relacionándose con profesionales más experimentados porque, simplemente, está apasionado por esa profesión.

Siempre me acuerdo de una ejecutiva que me contrató porque hacía tiempo que quería llegar a ser gerente en la empresa en la que trabajaba y no lo estaba logrando. En nuestra primera conversación de coaching, la invité a diseñar su futuro colocándose a sí misma en el lugar de gerente. Y adivinen…: cuando se situó en ese futuro, se dio cuenta de que no quería eso para ella y, en cambio, me pidió que la ayudara a armar un plan para que en el mediano plazo pudiera estar trabajando por su cuenta.

Una de las cosas más valiosas que podemos traernos como recuerdo de nuestro viaje al futuro, es la manera particular de mirar que tenemos en ese futuro cuando ya logramos lo que queríamos. Es decir, empezar a pensar desde ahora como un arquitecto, un padre, un licenciado en educación, un presidente, como piensa y se entrena el equipo ganador del campeonato de fútbol nacional o lo que sea que quieras ser. No importa que todavía te falten la experiencia, los conocimientos o que ni siquiera hayas empezado tu carrera para ser licenciado. Hoy es posible pensar tu día como lo haría un licenciado.

¿Pero cómo puedo hacer para saber algo que todavía no viví?

Preguntándote: *¿Cómo mira, cómo piensa y cómo vive una persona que ya logró lo que yo quiero?*

A veces, no encontramos respuestas porque no nos animamos a hacernos preguntas que nos parecen locas, tan solo porque no tenemos una respuesta para ellas.

Te invito a que hagas la prueba de decirte: *Ya soy lo que soñaba ser… ¿Cómo me siento siendo así? ¿Cómo me relaciono con otras personas? ¿Cómo cuido mi cuerpo? ¿Cómo me entreno mental y físicamente? ¿Cómo es un día típico en mi vida? ¿Qué tuve que empezar a hacer y dejar de hacer para llegar hasta aquí?*

Otra manera de incorporar la *mirada de logro* es relacionarte directamente con personas que ya lo lograron para poder elegir qué aspectos o actitudes de esas personas te gustaría incorporar y cuáles evitar. Leyendo acerca de ellas, viendo sus videos, asistiendo a sus seminarios y ofreciéndote a ayudarlas en lo que necesiten, vas a ir incorporando una manera de mirar que te va a permitir descubrir, en cualquier situación, una oportunidad para ejercitarte en ser ese profesional o lo que estás soñando ser.

Al futuro en cuatro pasos

Para ejercitar el hábito de ver antes, te propongo que hagas la Evaluación de Futuro Anticipada viajando mentalmente a ese día futuro en que tu trabajo actual termina. ¿Qué cosas podrías haber aprovechado para aprender mientras estabas en este trabajo? ¿Qué oportunidad única podría haber sido en tu carrera?

O si se fuera de tu vida alguna persona muy querida, ¿qué podrías lamentar no haber hecho o no haber sido en la relación con esa persona? ¿Qué cosas te hubiese gustado decir?

¿Cómo te hubiese gustado ser?

¡Todavía estás a tiempo!

Estos son los cuatro pasos que yo utilizo para realizar una Evaluación de Futuro Anticipada:

1. **Tomo conciencia de mi objetivo** preguntándome: *¿Para qué voy a esa reunión? ¿Para qué estoy realizando este proyecto? ¿Qué quiero que pase? ¿Cuáles son mis prioridades al hacer esto?*
2. **Vivencio el momento futuro** entrando en la emoción de esa reunión, de mis próximas vacaciones, de la celebración del cumpleaños de mi pareja, del

día en que publico mi libro, quizá me conecto con el momento en que ya estoy trabajando en un proyecto con el que siempre soñé o cualquier otra situación futura que quiera vivir.

3. **Evalúo el momento futuro** diciéndome: *Ahora que estoy mentalmente en medio de la acción. ¿Qué cosas se me ocurren? ¿Qué oportunidades de mejora veo? ¿Hay algo que suelo repetir en ocasiones como esta y que todavía estoy a tiempo de hacer diferente? Si este futuro se estuviera por terminar, ¿me arrepentiría de no haber hecho algo? ¿Qué estoy necesitando en este momento futuro? Si tuviera la oportunidad de revivirlo, ¿haría algo diferente? En definitiva, ¿qué falta y qué sobra en este futuro?*

4. **Implemento las mejoras** que detecté en el punto anterior. También me sirve incorporar algún recordatorio de lo que estoy buscando lograr, como, por ejemplo, usar una lapicera nueva, cambiarme el reloj de mano, pasar el teléfono al bolsillo izquierdo del pantalón o cualquier otro cambio que me mantenga alerta, enfocado en el futuro que quiero producir.

Tu Minuto de Coaching

Cuando te esté costando tomar la decisión de enfrentar algo o a alguien, dedica un minuto a imaginar que ya lo hiciste o que ya dijiste todo eso que querías decirle a otra persona.

¿Cómo estás en ese momento *futuro*? ¿Valió la pena hacerlo de esa manera? ¿Cambiarías algo?

Luego de evaluar cómo te sentiste al decirlo o realizarlo, vas a poder decidir si haberlo hecho de esa manera te hace bien, si hace bien a tu entorno y si, en definitiva, te convierte en una persona de la que estarías orgulloso o si te desvía de tus objetivos. Lo bueno es que, al terminar el ejercicio, todavía vas a tener una segunda oportunidad para elegir quién ser.

¿Estás pensando que ya es demasiado tarde para empezar eso que, en diez años, quizá sientas que era tu mejor momento para hacerlo?

Todo lo que existe, una vez fue sueño.

El precio de no soñar es no poder entusiasmarnos antes de ver las cosas realizadas
y no poder ver miles de oportunidades por no habernos animado a soñarlas.

Pensar en llegar a ser es una trampa porque nos da permiso para no ser todavía.
En cambio, te invito a ser para llegar pensando, sintiendo y actuando hoy como la persona que soñaste ser.
El día en que finalmente llegues, muchas cosas van cambiar, pero si viniste practicando ser gerente, cantante, madre, ejecutiva o astronauta, no te extrañes si ese lugar te resulta familiar.

13.

El secreto de Clark Kent

Chicha era la encargada de las tareas domésticas, pero además de cocinar y mantener la casa limpia, muchas veces me llevaba al jardín de infantes y se quedaba conmigo cuando mis padres y hermanos no estaban. Chicha fue uno de esos regalos lindos que me dio la vida. *Cuando Guillermo sonríe sale el sol,* le gustaba decir. Sentía y practicaba una verdadera adoración por mí. Cuando cumplí cuatro años, me trajo de Paraguay un muñeco de *Superman.*

—¿Te gusta? —preguntó apenas terminé de romper el paquete—. Ningún otro chico tiene un Superman como el tuyo, ¿sabías? —dijo, basándose en que ese tipo de juguetes no se conseguía en el país.

El traje y la capa eran de una tela brillante y, en una época en que todos los juguetes eran de plástico duro, mi *Superman* estaba hecho de una goma especial que le formaba verdaderos músculos y le daba un olorcito a nuevo inolvidable.

Con mis cuatro años recién cumplidos, empecé el jardín de infantes y en seguida hice varios amigos. El primer día de clase, la maestra nos contó que tenía un hijo y nos mostró la foto de Adolfito, que iba al mismo jardín, pero en el turno de la mañana. Y luego llegó lo mejor: el recreo. Todavía hoy me acuerdo cómo me gustaba jugar a meterme dentro de los neumáticos de auto que había en el patio y rodar como un loco empujado por mis compañeros.

Cada tarde, cuando volvía del jardín de infantes, iba corriendo a mi cuarto y buscaba a *Superman* para que me acompañara a tomar la leche o alguna otra cosa rica que Chicha siempre tenía preparada.

—La maestra no es tan mala —le conté una vez a Chicha—, solo que a veces se enoja mucho y me reta.

Me encariñé tanto con *Superman* que jugar al héroe todas las tardes o tenerlo junto a mi almohada no me alcanzó y, desobedeciendo a mi madre, lo llevé conmigo al jardín de infantes.

Esa tarde, mientras la maestra nos leía un cuento, no pude resistir la tentación y me puse a jugar con *Superman*. Sonó la campana del recreo y ella me llamó visiblemente enojada.

—Dame ese muñeco —ordenó.

Yo sabía que me merecía el castigo y, arrepentido, se lo entregué preguntando:

—¿Cuándo me lo va a devolver?

—Claro que no te lo voy a devolver —dijo—. No está bien que quieras quedarte con lo que no es tuyo.

—Pero… *Superman* es mío —balbuceé incrédulo mientras la maestra se retiraba de la clase protestando.

Entonces llegué a escuchar que decía algo así como *este Adolfito no sabe cuidar los juguetes que su padre le regala…*

—Es mío, es mío —empecé a gritar—. Nadie tiene un *Superman* como el mío.

Los gritos se escuchaban por todo el jardín de infantes y la maestra, que ya no podía tolerar mi descaro para mentir luego de haber robado, me castigó obligándome a quedarme en un kriptonítico rincón del aula hasta que viniera a buscarme mi madre.

Quería contarle todo a mamá, pero decidí callarme porque me sentía culpable de haberla desobedecido. Al poco tiempo empezaron las vacaciones y *Superman* pareció quedar sepultado en el olvido.

Terminé el colegio y la universidad. Pasé sin pena ni gloria por algunos trabajos y, aunque a grandes rasgos seguía siendo una persona sonriente, me faltaba fuerza para concretar mis proyectos. El entusiasmo me duraba poco. Hacía algunos trabajitos en forma independiente, pero cobrando mucho menos de lo que correspondía e incluso, a veces, llegué a hacer cosas que luego no cobraba y me especialicé en evitar cualquier tipo de premio o reconocimiento.

Un amigo me recomendó una terapeuta y empecé a visitarla. Le hablé de la falta de entusiasmo y de concreción que, gradualmente, había ido apareciendo en mi vida sin que yo pudiera atribuirla a una causa puntual.

—¿Qué te está queriendo decir esta emoción? —preguntó ella.

—No tengo idea —dije con reticencia a hablar del tema.

—Si no estás dispuesto a hablarlo —dijo al notar mi resistencia—, quizá termines intentando taparlo con más trabajo, alcohol o remedios, pero te aviso que las emociones son mensajeras que solo se marchan cuando se las escucha mirándolas a los ojos.

Yo no solía hablar de mi niñez y, aunque tampoco recordaba demasiado, sentía que había sido una época feliz. Sin embargo, siguiendo su consejo me animé a explorar mis emociones más antiguas y, repasando mis primeros años, volví a verme con las manos y la cara sucias de tanto rodar por el patio del jardín de infantes, una sonrisa de oreja a oreja y, al llegar a casa, me esperaba… *Superman.*

—*¡Superman!* —dije y empecé a contarle del último día en que lo había visto, cuando un dolor me cerró la garganta y no pude parar las lágrimas.

—¿Qué te pasó cuando te sacaron a *Superman*? —preguntó ella.

—La verdad —confesé— es que no quiero seguir revolviendo mi pasado.

—No es sano viajar al pasado para quedarse —explicó—, pero sí para curar algo y luego regresar fortalecido —y agregó—: Como bien dijiste, no se trata de revolver, sino de resolver. Al revisar la historia que nos hemos estado contando durante años, podemos cambiar drásticamente lo que pensamos de nosotros.

No me costó perdonar a la maestra. Entendía perfectamente que había sido una confusión, sin ninguna maldad de su parte. El tema era conmigo. Sentía que yo no había sido lo suficientemente valiente como para defender lo mío.

—El tema con sentirte culpable —explicó la terapeuta—, es que, mientras no te perdones, vas a seguir privándote de todo lo bueno. Castigándote por sentir que no te lo mereces.

Mi *Superman* fue una ventana por la que pude entrar a mi niñez para revisar y empezar a curar lo que había quedado incompleto.

Algún tiempo después, al terminar una reunión con la directora de una empresa cliente, nos fuimos a almorzar y decidimos aprovechar para sacar unas fotocopias en el centro comercial de la esquina. Mientras conversábamos esperando que nos atendieran, me puse a mirar lo que vendían. No solo había lápices de colores, sacapuntas y anotadores, también tenían juegos de mesa, autitos de colección y colgando del techo lo vi: un muñeco de *Superman* idéntico al mío. Parpadeé para asegurarme de lo que estaba viendo y estuve por acercarme para olerlo, pero en seguida una voz en mi cabeza me ordenó que mantuviera la imagen profesional frente a mi cliente.

Entonces pensé en justificarme contándole la historia

de la maestra y, por vez número mil, estaba por empezar a relatar mi drama cuando me dije: *¡Basta! ¿Hasta cuándo voy a seguir repitiendo esta historia?*

Entonces, me acerqué al *Superman* y me quedé mirándole cada detalle. Hasta tenía el mismo olorcito y sentí el deseo de abrazarlo como cuando era chico. Lo desenganché del hilo del que colgaba y fui en dirección a la caja.

—¿Para un sobrino? —preguntó la directora.

—No. Es para mi niño —contesté.

—No sabía que tuviera un hijo —dijo sorprendida con la noticia.

—No En realidad, es una deuda que tengo hace muchos años con mi niño interior.

Hoy, *Superman* está de pie en el estante más alto de la biblioteca de mi cuarto.

Y aquí terminaba la historia hasta que hace unos pocos días, con total inocencia, mi hija me preguntó si podía llevar a *Superman* al jardín de infantes

¿Y si lo pierde?, pensé. …*¡Peor! ¿si se lo quitan?*, me dije mientras mi hija esperaba impaciente que mi respuesta fuera positiva.

Si se pierde o nos lo quitan…, decidí, *nos lo daremos otra vez. Y otra vez. Y otra vez.*

Sí. Las veces que haga falta…

Desafío n° 13. Cómo hacer y rehacer tu vida

Claves para hacer que las cosas pasen

Nuestra vida fue como fue y, en muchos casos, no como a nosotros nos hubiese gustado que fuera. A veces nos sucede que no podemos soltar el pasado al punto que termina robándonos el presente. Otras veces, no nos pesa tanto, pero sí sentimos que no estamos del todo conformes con lo que pasó, con la manera en que encaramos ciertas situaciones y con algunos proyectos que dejamos sin terminar. Así, dentro de nosotros se van acumulando cosas incompletas o *incompletudes.*

Cada uno de estos temas incompletos está clasificado por nuestra computadora emocional como *temas a terminar o resolver* y, aunque no los tengamos siempre presentes, son ventanas abiertas por las que constantemente se está escapando nuestra energía porque nos llevan a quedarnos pensando o conversando eternamente con otros y con nosotros acerca de eso que pasó, de lo que a nosotros nos pasa con lo que pasó y de por qué ahora está pasando lo que pasa…

Entonces, lo que termina pasando es que nada nuevo pasa ¡y la vida se nos pasa repitiendo la misma historia!

En cambio, contamos con una herramienta muy poderosa que es la declaración: podemos decretar, ahora, que algo de nuestro pasado, así de incompleto como lo dejamos, está completo o terminado. Las personas que se encargan de ir sellando y cicatrizando sus *incompletudes* disponen de una energía extra para enfrentar la vida, que los convierte en seres muy superiores a las personas incompletas que habían sido hasta ese momento.

Son las supermujeres y los superhombres cotidianos que se levantan luego de llorar un fracaso, que aprenden a canalizar la bronca para perdonar y seguir adelante luego de una traición, que tienen el valor de aceptar el dolor de haberse equivocado y la humildad de animarse a pedir la ayuda que necesitan para poder *vivir en vida…* ¿Será ese el verdadero secreto de Clark Kent?

En estas claves quiero mostrarte cómo nuestras palabras tienen el poder de cambiar nuestra realidad cuando así lo decidimos, pero también cuando sabemos distinguir, y utilizar, las maneras de hablar que solo describen lo que pasa, de las palabras que pueden hacer que las cosas pasen.

Pero ¿acaso no tengo derecho a estar enojado, triste o amargado?

Claro que sí. ¿Con qué autoridad alguien podría decirte que no deberías sentirte de esa manera? De hecho, solo nosotros tenemos la autoridad suficiente para hablar de esas cosas con nosotros mismos.

Antes, frente a la muerte del marido, la esposa debía mantener luto durante, por lo menos, un año. No importaba cómo se sintiera, no podía mostrarse normalmente en público y, mucho menos, formar una nueva pareja. La sociedad no le daba el derecho de cerrar esa etapa de su vida, recuperarse y sentirse bien antes de cierto tiempo. Hoy, seguimos teniendo el derecho de hacer el luto que necesitemos, pero, así como tenemos el derecho de sentir y re-sentir lo que nos pasó, también tenemos el derecho de enfocarnos, en algún momento, en empezar a hacer que nuestra herida sane dándonos el permiso de volver a sonreír.

¿Pero cómo cambiar lo que pasó?

No podemos cambiar lo que pasó, pero aunque no podamos modificar los hechos, sí podemos revisar cómo nos hemos relacionado con esos hechos hasta este momento.

No es lo mismo seguir peleando con lo que pasó e insistiendo en que no tendría que haber sucedido, que empezar a aceptarlo para poder perdonar y perdonarnos.

No es lo mismo vivirlo como lo que arruinó mi vida, que permitirme verlo como una experiencia de vida de la que yo puedo elegir aprender algo e, incluso, enseñarlo a los demás.

Claro que hay casos más dramáticos que otros y, como ya dije, no importa por qué situaciones haya pasado yo en mi vida, no tengo ni pretendo darme la autoridad para decirte cómo deberías sentirte ni qué deberías hacer frente a lo que te pasó. Me parece mucho mejor, que —con todo respeto por tu historia— yo simplemente comparta algunas herramientas para que luego decidas si son o no las que estás necesitando para salir adelante.

Pero también puede ser que, sencillamente, no hayas terminado tus estudios secundarios y que, en lugar de seguir viviéndolo como una deuda o como algo que te hace sentir inferior a los demás, hoy decidas que, así de incompleto como quedó, lo declaras completo y terminado en tu vida y te prometes no volver a prestarle atención y dejarlo ir.

Esa declaración no va a hacer que un colegio te dé un título de bachiller, pero sí te va a permitir estar en paz con lo que faltó, para salir del lamento y la autorrecriminación y enfocarte en vivir tu vida presente.

Otras veces identificamos situaciones incompletas de nuestro pasado que sí estamos dispuestos a retomar hasta concluirlas. En esos casos, podemos comprometernos a dedicar la energía necesaria para terminar esos estudios, esa casa que soñamos o reparar eso que rompimos. Pero, personalmente, aprendí que si no me voy a poner a trabajar ya mismo en eso, puedo declararlo terminado y reabrirlo el día que realmente esté dispuesto a retomarlo.

De esta manera, mantengo cerrada esa ventana y cuido mi energía.

¿Cómo hacer que las cosas empiecen a cambiar?

Hechos, no palabras. ¿Cuántas veces escuchamos decir frases como esta? Y sin embargo, que te contraten o te despidan, que el árbitro diga que no fue gol o que estás expulsado del partido, que tu presidente declare la paz o la guerra, que te juzguen inocente o culpable, son palabras que podrían cambiar cosas importantes de tu vida apenas terminaran de ser pronunciadas.

Recuerdo que, durante mis primeros años de colegio, me enseñaron a escribir y, sobre todo, a describir. Y parece que mis maestras tenían una suerte de fijación con las vacas porque, cada dos por tres, me hacían sacar una hoja mientras escribían en el pizarrón: *Descripción: La vaca.* Me quedó claro que el lenguaje servía para describir mi realidad, es decir, para contar qué había pasado o qué estaba pasando. Sin embargo, varios años después, mientras estaba formándome como coach —y hoy lo constato día a día—, aprendí que el lenguaje también tiene la capacidad de crear y cambiar mi vida. Y es que, cada vez que abrimos la boca, estamos eligiendo entre describir lo que pasa, cambiar nuestra relación con eso que pasa o hacer que pase algo diferente.

De hecho, toda nuestra vida sucede dentro del mundo de las palabras. O, como decía Heidegger, *el lenguaje es la casa del ser humano.* Lo que ocurre es que, al igual que los peces, que recién toman conciencia de que les falta el agua cuando los pescan, nosotros recién tomamos conciencia del mundo de palabras en el que vivimos cuando, como me sucedió a mí, alguien nos abre los ojos y nos lo muestra.

A continuación, voy a presentarte un resumen de lo que hacemos cada vez que hablamos, para que ya no pretendamos cambiar las cosas describiéndolas o, dicho de otra manera, para que dejemos de describir lo que hace rato queremos cambiar.

Hablar para hacer que pasen cosas	Hablar para describir lo que pasa
Decretando	Hablando de hechos
Pidiendo	Opinando sobre los hechos
Ofreciendo	
Prometiendo	

- **Hablamos para hacer que pasen cosas** cuando **decretamos** que haremos un cambio, cuando **pedimos** lo que necesitamos, cuando **ofrecemos** lo que tenemos para dar y cada vez que **prometemos** algo diciendo sí a lo que otros nos ofrecen o piden. Para reunir a todos los compañeros del colegio, por ejemplo, hace falta decretarlo primero, pedir que reserven el restaurante, después, y que alguien prometa encargarse de llamar a cada uno. Cuando decretamos, pedimos, ofrecemos o prometemos, nuestras palabras cambian el mundo haciendo que ocurran cosas que, de no haber hablado, no hubiesen sucedido.

- **Hablamos para describir lo que pasa** cuando **hablamos de hechos** y cuando **opinamos sobre los hechos**. Nuestras palabras se ajustan al mundo.

Ahora te pregunto ¿hoy, desde que te despertaste, cuántos decretos, pedidos, ofrecimientos y promesas hiciste? Y ¿cuánto hablaste, opinando o protestando, acerca de hechos como la temperatura o las noticias del diario?

Es decir, ¿qué porcentaje de tu día te la pasas del lado derecho del cuadro, como el relator de un partido de fútbol que solo describe lo que pasa, y cuánto tiempo dedicas a ser el protagonista que habla para cambiar tu vida?

Solemos tener mucho más desarrollado *el brazo derecho del hablar que describe* que *el brazo izquierdo del hablar que cambia* nuestra realidad. Si estás buscando un cambio en tu vida, te sugiero que empieces a entrenarlo.

Porque yo lo digo

Cuando un juez declara que alguien es culpable, esa persona puede ir a la cárcel por el resto de sus días porque nosotros, como sociedad, autorizamos al juez para que pueda impartir justicia.

La autoridad que le damos al juez, al presidente y al árbitro hace que sus decisiones tengan el poder de cambiar nuestro mundo. Como padres o como jefes, también se nos otorga una autoridad que nos permite decidir despidos, horarios de llegada a casa y otros asuntos del ámbito familiar o laboral. Pero, por el simple hecho de ser personas, todos tenemos disponible el poder de hacer ciertos decretos en el ámbito personal. En esas áreas personales, cada uno de nosotros es juez, presidente y árbitro de sí mismo, tanto que, si alguien nos pregunta por qué dejamos de criticar a nuestro jefe o por qué empezamos a hacer gimnasia a la mañana, podríamos contestarle: *Porque así lo decidí* o *porque yo lo digo*.

Usando mis declaraciones para cambiar mi mundo

Cuando declaramos que renunciamos a un trabajo, que aceptamos un negocio o cuando damos por terminada una relación, no estamos hablando acerca de lo que pasa, sino que estamos generando lo que pasa. Y, en la medida en que cumplimos con nuestras decisiones, actuando coherentemente con lo que hemos decretado, no solo iremos afianzando nuestra dignidad personal, sino que también nos iremos ganando el respeto y la confianza de los demás.

Otras declaraciones que tienen el poder de definir nuestra vida:

Lo que quiero que pase es… Decir lo que queremos que pase le permite a nuestra mente conocer qué es lo más importante para nosotros. Muchas personas simplemente no dicen ni saben lo que quieren. El que declara lo que quiere se aclara.

Lo que ya no quiero que pase es… Al decirlo, denunciamos internamente las cosas que nos hacen mal y nos ayuda a identificarlas más fácilmente cada vez que aparecen. Podemos decretar que ya fue suficiente, que ya hemos cubierto nuestra cuota de queja y de víctima y decir ¡basta! a esos hábitos mentales o a esas costumbres destructivas.

¡Basta de vivir tolerando lo que no quiero! ¡Basta de seguir recordando todo lo que tuve y perdí! ¡Basta de mirar solo lo que no funcionó! ¡Basta de pasarme horas defendiendo teorías sobre las cosas, la gente y la vida que me alejan de lo que soñé! ¡Basta de vivir para cuidar una imagen que ya se cae a pedazos! ¡Basta de jugar a ser insignificante y esconderme! ¡Basta de llenarme de cosas para no conectarme con lo que me pasa! ¡Basta de deudas! ¡Basta de relaciones que no me hacen bien!

Cuando **declaro que te amo**, no solo estoy describiendo mis sentimientos, sino que también estoy creando y construyendo nuestra relación. Es por eso que no alcanza con habértelo dicho una vez hace veinte años… **Diciendo gracias** celebro y valoro lo que hubo y lo que hay en mi vida.

Cuando nos etiquetamos como lentos, aburridos o tímidos, al mismo tiempo que esas etiquetas nos describen tal como nos estamos viendo hoy, también **decretan que seremos así por siempre** y, de esa manera, nos congelamos bajo el frío helado de una supuesta *característica de personalidad* que puede limitarnos cada vez que necesitemos cambiar.

Al **decir que no sabemos algo**, nos damos el permiso de aprenderlo. ¿Cuántas puertas se nos cierran cuando decretamos que *ya sabemos*, en lugar de animarnos a decir *no sé* y pedir ayuda para expandir lo que somos capaces de hacer?

Podemos **decretar que lo que pasó pasó**, aceptando, perdonando, perdonándonos, y así liberar a nuestro futuro del peso del pasado. Al perdonar, nos liberamos de la esclavitud del resentimiento que nos obliga a mantenernos en el rol de víctimas o damnificados. En lugar de volvernos ciegamente obedientes al odio y al rencor, al perdonar, nos damos el permiso de recuperar nuestra alegría. Perdonar es decretarnos dueños y señores de nuestro bienestar personal.

¿Cuánta paz podrías ganar diciéndole basta al resentimiento y dándote la oportunidad del perdón?

Tu Minuto de Coaching

Te invito a aprovechar el tiempo en el que lavas los platos, limpias la casa, cortas el pasto del jardín o cualquier otro tiempo muerto para ir armando mentalmente tu propia lista de bastas. Enumerando todas esas cosas de tu vida a las que estás necesitando decirles *¡basta!*

Cuando sientas que tus bastas ya están bien claros, te propongo que te preguntes: *¿Si esto es lo que no quiero, qué es lo que sí quiero que pase en mi vida?*

Esa vida mejor que estás buscando está a un click de distancia. En el ícono que dice: ¡Basta!

La gente no cambia, suele decir la gente que no pudo cambiar y, al escucharlo, muchos otros lo creen sin siquiera haberlo intentado.

*La verdad puede doler mucho, pero negarla hace que duela
por mucho tiempo más.*

*Aunque nada cambie, cuando yo agradezco
mi mundo cambia.*

*Somos tan maravillosamente complejos
que podemos complicarlo todo o ser felices con lo más simple.*

*Estar ausente es aferrarse al muelle de lo que fue y perderse
el crucero del ahora.
Estar presente es soltar todo lo que fuiste y tuviste
para que te deje ser, lograr y disfrutar hoy.*

14.

Ruidos en el Arca de Noé

Tenía veintidós años y acababa de postularme con éxito para coordinar el área de contacto a empresas de Aiesec. Era la primera vez que me enfrentaba al desafío de liderar un grupo y todo era nuevo para mí. Cada vez que alguien me preguntaba a qué nos dedicábamos, repetía como un loro orgulloso: *Somos una asociación sin fines de lucro dirigida por universitarios. Buscamos fomentar el entendimiento entre culturas desarrollando jóvenes con mirada global.* Y continuaba explicando que el objetivo de Aiesec era impactar en los que seríamos futuros emprendedores, líderes de organizaciones y —¿por qué no? — naciones.

Concretamente, proponíamos a las compañías que incorporaran pasantes extranjeros y postulábamos a los universitarios locales para que pudieran realizar prácticas rentadas en el exterior.

Luego de años de solicitudes escritas y trámites que habían requerido el esfuerzo continuado de otras camadas de voluntarios, finalmente, la universidad confirmó que nos daría un espacio de trabajo. Me acuerdo de cuánto me molestó escuchar a un empleado de la universidad diciendo que no nos iban a dar una oficina, sino un desván, e ignoré el comentario. Claro, eso fue hasta que entré.

Se trataba de *un hueco* perdido en un sector perdido de la universidad que ni sabíamos que existía. No tenía más ventana que un pequeño tragaluz esmerilado sobre la puerta y la oscuridad, sumada a las manchas de humedad, le daba un aire de cueva prehistórica. Telarañas, olor a encierro y algunas maderas roídas sirvieron de carbono 14, indicándonos que aquel antro había funcionado como depósito y no era habitado por humanos hacía por lo menos diez años.

Por tener pisos y paredes de madera, pero sobre todo por la cantidad de bichos que encontramos al limpiar, cariñosamente la bauticé como El Arca de Noé.

Todo nuestro mobiliario consistía en un escritorio, una silla y un teléfono. Así que teníamos que turnarnos para llamar a las empresas. Yo solo tenía un año de antigüedad más que los integrantes de mi equipo y, a pesar de haber visitado varias organizaciones acompañado por *aiesecos* más experimentados, hasta el momento no había logrado que ninguna empresa pidiera un pasante. Por eso, no me sentía demasiado íntegro pidiéndole a mi equipo que consiguiera resultados. Buscaba alentarlos sentándome al teléfono y dándoles el ejemplo pero, por momentos, me descubría a mí mismo pensando que ser tan joven, llamar de parte de una organización sin fines de lucro y lograr que un gerente de Recursos Humanos me prestara atención, era un tanto milagroso.

Se te nota en la voz, me decía mi cabeza. *Te escuchan demasiado chico para tomarte en serio*, continuaba. *Además, con la crisis y, sobre todo, el desempleo que hay, ¿quién va a querer traer a un extranjero?*, y así indefinidamente.

Esa mañana ya había *caído* varias veces intentando pasar por los *campos minados* de operadoras telefónicas y secretarias, y me encontraba bastante dolorido.

De pronto, escuché un ruido extraño proveniente de algún lugar que no pude definir con exactitud. Me quedé quieto para poder prestar toda mi atención, levanté la hoja en la que tomaba notas y hasta moví el teléfono de lugar, pero no vi nada y lo dejé pasar. Al día siguiente, me senté nuevamente al teléfono y, al rato de empezar a trabajar, volví a detectar el misterioso sonido.

Entonces fui a llamar a otro *aieseco*, pero cuando llegó mi compañero, ya no se escuchaba nada. ¿Acaso se trataba de un *ruido* de mi cabeza? ¿Algo que yo me había imaginado? Sin embargo, a medida que pasaban los días, lo sentía cada vez más nítidamente.

Creo que, con tal de postergar enfrentarme al desafío de seguir haciendo llamadas, decidí ponerme a investigar a fondo. Abrí los cajones del escritorio, saqué todos los papeles y, para mi sorpresa, en el fondo de uno de ellos encontré varios montoncitos de polvo de madera. *¡¿Termitas?!*, grité con el pensamiento.

Inmediatamente fui a la Secretaría de Asuntos Estudiantiles a avisar de los ruidos y el aserrín que había en nuestro escritorio, pero no creyeron en mi hipótesis de las termitas y, en todo caso, consideraron que no era un asunto para preocuparse. Volví a la oficina, continué buscando y encontré un ejemplar muerto de centímetro y medio.

Cuando los empleados de la Secretaría lo vieron, tuvieron que reconocer que había bichos y, al revisar sus escritorios, descubrieron que ellos también contaban con una buena colonia. Recién entonces, varios comentaron que, de hecho, venían oyendo unos ruidos hacía meses, pero que habían dejado de prestarles atención porque se habían acostumbrado. Las termitas ya eran un ruido del lugar.

Con semejantes evidencias, yo había dado por sentado que iban a ayudarme, pero dijeron: *Los muebles son de la universidad. Que se haga cargo la universidad.* Entonces, decidí elevar mi queja, pero cada uno de los directivos a los que les contaba la situación me repetía, como si yo no lo supiera, que se trataba de un problema de la universidad.

Empecé a preguntarme quién *era la universidad* dentro de esa universidad…

Se te nota en la voz…, por millonésima vez empezó a decir mi cabeza, cuando volví a sentarme al teléfono. *Además…, esto de hacer llamadas no es lo tuyo. Y encima de todo, las termitas.*

Pero si la universidad no hace nada ¿qué podemos hacer nosotros?, protesté y de repente se me escapó un: *¡¡¡Basta!!! ¿Qué es lo que sí podemos hacer nosotros?*

Ya estaba harto de críticas y quejas. Porque, aunque no pudiera asegurar que todos mis esfuerzos dieran resultado, sí podía asegurarme de dar lo mejor de mí.

Esa tarde, en reunión con todo el equipo, descubrí que la negatividad y la queja ya eran generalizadas. Entonces, se me ocurrió proponerles que cada uno escribiera en una hoja todas las contras y problemas que veían en la organización. Cuando terminaron, pedí que intercambiaran las hojas para que cada uno refutara los pensamientos negativos del otro enfocándose en todo lo que sí podíamos hacer.

El ejercicio nos entusiasmó y terminamos hablando de cómo íbamos a celebrar cuando llegaran los primeros pasantes de quién sabe qué países. Al día siguiente, pedí ayuda a dos *aiesecos* retirados y diseñamos un manual de contacto a empresas con posibles *speechs* telefónicos y con lo que significaba ser un ejecutivo de cuentas profesional.

Creamos un calendario con turnos de trabajo, seleccionamos un listado telefónico de empresas para cada uno, establecimos el número mínimo de llamadas por día y pusimos el requisito de que, para entrar a trabajar a la oficina, la condición era estar vestidos de traje o con la ropa que utilizarían para ir a una entrevista.

Además, redacté una carta donde detallaba en qué consistía el trabajo específico al que se estaban comprometiendo y les pedí que la leyeran en sus casas para que aquellos que estuvieran de acuerdo me la entregaran firmada.

De los veintiuno que éramos solo firmamos diez, pero diez que estábamos dispuestos a hacer el trabajo de treinta.

Más de uno tuvo que comprar su primer traje.

Algunos meses de trabajo después, llegó Pablo desde España y se sumó al equipo de finanzas del *Banco de Boston*. Más tarde, también llegó Román de Rusia para trabajar en el área de Marketing de *Molinos del Río de la Plata*.

Recuerdo que estábamos en pleno festejo cuando llamaron a la puerta de nuestra oficina. Nos preocupamos pensando que podía ser alguien de la universidad que venía a quejarse por el ruido y que, encima, nos iba a encontrar con una copa de champagne en la mano.

Por suerte solo se trataba de los encargados de la desinsectación. Se sorprendieron cuando les dijimos que ya nos habíamos ocupado de combatir las termitas con un par de métodos caseros. El Arca de Noé estaba a salvo de hundirse y navegando rumbo al éxito. Hacía varios meses que las termitas —pero sobre todo nuestras dudas y quejas— ya no eran un ruido del lugar.

Desafío n° 14. Cómo adueñarte de tus pensamientos en lugar de ser su esclavo

Claves para hacer que las cosas pasen

Entre los métodos caseros que nos permitieron desinsectar el Arca de Noé, podemos encontrar algunos de dudosa efectividad, pero de indudables terribles consecuencias respiratorias para los humanos como el de rociar todo el lugar con vinagre…

Por eso, a la hora de recomendar, tengo que reconocer que lo que realmente nos mantuvo probando y probando, hasta que logramos cambiar la situación, fue el insecticida mental marca ¡Basta Ya! que tiene la capacidad de exterminar la queja y enfocarte en hacer lo necesario para que las cosas empiecen a pasar.

Pero ¿cómo saber si estamos necesitando una limpieza mental?
Es simple. ¿Hay algún área de tu vida en la que ayer soñabas y donde hoy te acostumbraste a pensar que no se puede lograr más o que ya no vale la pena ser más? ¿Qué ruidos mentales te acostumbraste a escuchar?

La falta de fe —o el sentirte resignado a que las cosas que una vez quisiste ya no van a ser posibles— puede estar indicando que algún *pensamiento termita* se instaló en tu mente. Cuando abandonamos nuestra mente dejando de leer, de aprender y de crecer, los *pensamientos termita* empiezan a comerse lo que hemos construido y, a su vez, debilitan nuestras ganas de formarnos para superarnos.

Ahora, si ya te acostumbraste a esos ruidos, es posible que te cueste un poco más detectarlos, aunque —como te decía antes— es fácil encontrarlos al lado de tus quejas, de tu tristeza, de tu falta de ánimo y de tu resignación.

¿Por qué?
Porque precisamente esos pensamientos son los generadores de la falta de ánimo. Lo voy a decir más claramente: los pensamientos que tenemos acerca de lo que pasa —y no lo que pasa en nuestra vida— generan nuestras emociones.

Por eso, podemos ponernos tristes si, durante el día de nuestro cumpleaños, no nos llama ninguno de nuestros amigos, para luego descubrir que todo era parte de la fiesta sorpresa que nos estaban preparando en el lugar más impensado. Nuestra manera de interpretar los hechos, y no la realidad, es lo que genera nuestras emociones. Somos responsables de lo que sentimos porque somos responsables de los pensamientos que abrazamos.

Nuestros pensamientos trabajan todo el día y pueden

ser los pilares del estilo de vida que visionamos o las termitas de nuestro fracaso. Hoy estamos en el lugar emocional, corporal y profesional al que nuestros pensamientos nos trajeron. Alimentar un sueño poderoso que nos inspire y nos ponga en acción funciona como un excelente insecticida para los pensamientos destructivos y prepara el terreno de nuestra mente y nuestro corazón para que puedan crecer ideas, proyectos, amistades, es decir, ¡mucha vida!

En estas claves quiero denunciar algunas maneras de pensar que pueden destruir tu autoestima, para que puedas adueñarte de tus pensamientos y, con ellos, de tu destino.

Porque siempre estamos a tiempo de decir: *Yo soy el Noé de mi arca y puedo decidir qué pensamientos viajan conmigo y cuáles se bajan.* Pero, cuanto antes sea, ¡mejor!

Cómo cambiar de vida sin mudarse

El problema de viajar o mudarse es que, no importa a dónde vayamos, vamos con nosotros. Por eso, la manera más barata de cambiar de vida no es mudarse, sino mudar nuestra manera de ver la vida.

¿Pero cómo cambio mi manera de ver mi vida?
Probando cambiar el lugar en el que te estás enfocando. En uno de sus libros, Dale Carnegie dice: *Mirando dos presos hacia afuera, uno vio barro y el otro, estrellas.* ¿En qué te acostumbraste a enfocarte la mayor parte del día? Lo que enfocamos con nuestro pensamiento toma el lugar central en la pantalla de nuestra mente y pasamos a sentirlo con mucha más intensidad. Puede que nos hayamos acostumbrado a vivir preocupados por todo lo que podría pasarnos, en lugar de ocuparnos de pedir la ayuda necesaria para poder tener tranquilidad frente a lo que nos da miedo. O

quizá hayamos incorporado el hábito de pasarnos el día repasando lo que perdimos, en lugar de saborear el futuro que podemos construir si aprovechamos este momento presente como una oportunidad.

Podemos habernos acostumbrado a vivir comparándonos con otros y a mirar solo lo que nos falta y lo que le falta a nuestra pareja, nuestros hijos o nuestros amigos, en lugar de preguntarnos: *¿Qué es lo que hace que mi pareja, mi trabajo, mis hijos y mi vida sean especiales para mí? ¿Cuáles son las cosas que más me gustan de mi vida? ¿Qué cosas soñé y hoy están en mi vida? ¿Qué es lo que me gustaría conservar?*

El mundo está lleno de personas que tienen dones, casas, conocimientos y mucho dinero sin aprovechar porque no los valoran. Lo único que hace una diferencia en nuestra vida es aquello que valoramos.

El que agradece lo que tiene, lo engrandece, porque agradecer es básicamente valorar.

¿Qué voy a agradecer hoy? es una de esas preguntas que nos pueden dar un bienestar inmediato. Agradecer es mirar las cosas más lindas de nuestra vida con una lupa y es lo contrario de lo que hacemos cuando nos ponemos negativos coleccionando todo lo que no funcionó, a la vez que minimizamos todo lo que tenemos e hicimos.

¿En qué microclima emocional vivo más tiempo? ¿En agradecimiento o resentimiento?

Y, además de elegir en qué nos vamos a enfocar, lo otro que cambia radicalmente nuestra manera de ver la vida es adueñarnos de nuestra manera de interpretar lo que enfocamos.

Volviendo a nuestros dos presos, si el que vio estrellas eligiera interpretar: *no tiene sentido esforzarme porque la vida que alguna vez soñé, hoy está tan lejos como esas estrellas*, con esa manera de mirar, convertiría a las estrellas en algo que, en lugar de inspirarlo mostrándole el infinito del universo y sus posibilidades, lo desanimaría.

Al mismo tiempo, el que vio barro pudo interpretar que su vida era como ese barro y que dependía de él moldearlo. Que si no quería vivir para siempre en esa cárcel, necesitaba reemplazar algunos viejos hábitos. Entonces, ese barro podría darle la fuerza para mantener un buen comportamiento y quedar mucho antes en libertad.

Cada vez que elegimos una interpretación elegimos, también, el color que tendrán nuestros días.

Los *top ten* de los *pensamientos termita* más destructivos

Todo lo que hablamos o pensamos impacta de alguna manera en nuestras emociones.

Las personas que desconocen la relación directa que existe entre las emociones y las conversaciones que mantienen con ellas mismas y con otras personas, pueden pasarse la tarde entera hablando mal del gobierno, de sí mismos, criticando a los hombres y a las mujeres, para luego sorprenderse al sentirse resentidos con su país o resignados a que no van a poder encontrar a una persona que las quiera. Se sienten abatidos sin saber por qué.

Sucede que nuestras emociones reaccionan adecuándose a nuestros pensamientos, como si ellos fueran la representación exacta de lo que está pasando. De esta manera, los vuelven 100% reales para nosotros y es por eso que solemos sentir que tenemos la *versión verdadera* de lo que está sucediendo.

Sin embargo, nuestra traducción de la realidad siempre le imprime un mayor o menor grado de distorsión a nuestra percepción de lo que está pasando. Porque vivimos interpretando todo por comparación con nuestra historia, nuestros intereses y miedos, evaluando la realidad de acuerdo a cómo creemos que puede impactar en nuestro mundo personal.

Como nuestra subjetividad nos impide saber cómo son realmente las cosas, lo máximo a lo que podemos aspirar es a tener una interpretación aproximada que nos funcione. Por eso, más constructivo que enfocarnos en tener razón, intentando que nuestros pensamientos parezcan verdaderos, es preguntarnos ¿a dónde me conduce este pensamiento? ¿Para qué me sirve hablar de esto? ¿En quién me convierte? ¿Qué me permite y qué me impide hacer?

Es decir, *¿qué posibilidades se abren o se cierran al mirar de esta manera?*

Podemos, por ejemplo, estar convencidos de que, sin nuestros logros profesionales o sin el amor de esa persona, no seríamos nada. Pero eso no es cierto. A lo sumo, seríamos alguien sin trabajo, sin padre o sin novia, pero seríamos alguien. Y eso es algo. Decir *sin ti no soy nada* es distorsionar la realidad. Puede que me sienta nada, pero, en todo caso, eso se debe a que hace mucho que vengo pensando que sin ti no soy nada. Estos pensamientos desproporcionados nos generan sentimientos, a su vez, desproporcionados que nos quitan la paz interior y pueden llevarnos incluso hasta una depresión. De hecho, cuando te encuentres en una emoción que sientas que te limita, te invito a que explores en qué momento empezaste a sentirte así y vas a descubrir una palabra que dijeron o un pensamiento que tuviste y que, quizás, te hizo verte como alguien inferior o sentir que ya no tenía sentido continuar esforzándote.

Tener maestría sobre nuestras emociones tiene mucho que ver con aprender a detectar y desactivar pensamientos distorsionados y destructivos a los que yo les llamo *pensamientos termita*. Te presento los *diez pensamientos termita* más comunes que tomé y adapté de la clasificación hecha por David Burns en su libro *Sentirse bien*:

1. **Pensamientos todo o nada:** Esta distorsión nos hace ver todo en categorías extremas de blanco o negro.

No existen los grises. Si nuestros resultados no llegan a ser exactamente como queríamos, lo consideramos un fracaso. *Se me hizo tarde otra vez; no hago nada bien. Me dejé la carpeta; no sirvo para nada. ¡No tengo qué ponerme!* (dicho por alguien ante su armario repleto de ropa).

2. **Generalizaciones excesivas:** Pasó algo que no nos gusta y profetizamos que eso se va a repetir siempre. *Me fue mal en la entrevista; nunca voy a encontrar un trabajo donde no haya que vender. No voy a aprender nunca. Los hombres son todos iguales.*

3. **La gota de tinta mental:** Como una gota de tinta que tiñe de negro el agua del vaso, encuentro un detalle negativo y me concentro solo en eso hasta que veo todo negativo. *Me olvidé de decir cuánto habíamos vendido el año pasado; la reunión fue un desastre.*

4. **Descalificación de lo positivo:** Pretendiendo ser realista, niego lo que sí funcionó insistiendo en que, por una u otra razón, *no cuenta.* De este modo, puedo mantener una creencia negativa sobre mí mismo aunque se contradiga con mis resultados positivos. *No fue nada. Eso lo hace cualquiera. Lo difícil o meritorio es… Yo no sé hablar en público…* (dicho por una ejecutiva que acaba de ser ovacionada en uno de mis seminarios).

5. **Complejo de adivino:** Imagino que algo malo va a pasar o que los demás están pensando algo malo sobre mí y lo doy como un hecho. *Seguro que están pensando que soy un inútil. Me va a ir mal en la entrevista porque me voy a poner nervioso y voy a decir alguna estupidez. No me atendió el teléfono porque, seguramente, le resulto molesto.*

6. **La trampa de los binoculares que maximizan y minimizan:** Exagero mis errores mirándolos por el lado de los largavistas que los hace parecer enormes: *Me*

equivoqué. ¡Soy horrible! Y, en cambio, minimizo mis aciertos y dones mirándolos por la parte de atrás de mis binoculares. Al compararme con otros, hago lo inverso: agrando sus aciertos y minimizo sus falencias. *Ella es perfecta. ¡Yo, en cambio, soy un desastre!*

7. **Razonamiento emocional:** Doy por hecho que, si siento algo, es porque es así. *Siento que no va a funcionar; mejor no lo intento. Siento que no se puede; no debe ser posible. Siento miedo, esto no es para mí.*

8. **Frases debería:** *Yo debería siempre tener ganas de estar con mi familia. Debería estar siempre disponible para todos. Debería hacer más ejercicio.* En vez de preguntarme qué quiero hacer, trato de motivarme a mí mismo con *frases debería,* como si la única forma de lograr que yo haga algo fuera obligándome. ¿Nunca me permito elegir lo que quiero y después me sorprende no tener constancia en mis proyectos? La consecuencia emocional de perseguirse con frases debería y obligaciones es la culpa y la rebelión.

9. **Etiquetación:** En lugar de reconocer que cometí un error puntual, me pongo una etiqueta negativa que me convierte en un eterno *cometedor de errores: Soy un inútil. Soy un perdedor. No sirvo para esto. Soy lento. Soy tímido.* Cuando la conducta de alguien no me cae bien, le pongo otra etiqueta negativa: *Es un maleducado.* En lugar de enfocarnos en hacer los cambios necesarios, las etiquetas decretan que las personas siempre van a actuar de la misma manera.

10. **Personalización:** Es una exageración distorsionada y destructiva del *ser responsable.* Ante cualquier cosa que no funciona, me veo como el culpable de lo que sucede. *Mira lo que hizo mi hijo, soy un mal padre. Mi cliente está desanimado, soy un mal coach.*

Antídotos contra *pensamientos termita*

Un pensamiento puede ponernos eufóricos o quitarnos la paz en un segundo. Pero eso solo sucede si nosotros le otorgamos a ese pensamiento una autoridad total. Con esa autoridad, el pensamiento impacta en nuestras emociones y así es como se vuelve *emocionalmente real* para nosotros.

En cambio, cuando escuchamos hablar a una persona que sabemos que está *técnicamente* loca o si pensamos que alguien se la pasa diciendo pavadas sin fundamento, es posible que no prestemos atención a sus palabras y, entonces, sin importar lo que diga, esas palabras no tendrán ningún poder o autoridad sobre nuestras emociones.

Lo mismo sucede con los *pensamientos termita* cuando los desautorizamos, los desafiamos o nos reímos de ellos repitiéndolos en voz alta con la voz del pato Donald o con cualquier otra que nos resulte graciosa. Cuando mi cabeza me quiere convencer de que todo está saliendo mal, de que no tengo lo que hay que tener para subir a un escenario o de que no voy a poder componer una nueva canción, le respondo: *¿Quién lo dice? ¿Es esa la verdad absoluta?*

Ante un *nada te sale bien*, podemos responder con un *¿nada, nada? ¿Está todo, todo mal? ¿Seguro? ¿Y si miramos el conjunto?* Ante un *nunca vas a poder hablar relajado en público* respondo: *¿Nunca, nunca? Solo estás mirando el pasado. ¿Cómo sabes que, a partir de ahora, esto será así? ¿Cuántas veces lo intentamos realmente?*

Cuando mi mente intenta descalificar mis avances diciendo: *Eso lo hace cualquiera. No fue nada. Lo difícil o meritorio es…*, le contesto: *A mí me gusta ser justo. Si cuando llueve, lloro; cuando sale el sol, celebro. Esto es un logro porque, por pequeño que te parezca, es algo que antes no podía hacer.* Ante una profecía como *me voy a bloquear cuando me toque hablar* puedo responder: *Estás suponiendo. Todavía no sabes qué va a pasar. ¿Y si, en lugar de pensar en no equivocarnos, mejor nos enfocamos en hablar con el corazón para dejar una huella en la vida de los que nos van a escuchar?*

El objetivo de fondo es recordarle a mi cabeza que, por más que se esfuerce, nunca va a poder tener la versión definitiva y verdadera de las cosas así que, más productivo que preguntar: *¿Esto que me dice mi cabeza es verdadero?*, resulta preguntar: *¿Es valioso?*

En definitiva, *¿para qué me sirve pensar de esa manera?*

Pero, a veces, cuando mi cabeza se pone muy insistente intentando venderme una supuesta verdad que me debilita, recurro a mi gran herramienta: la música. Me pongo a tararear alguna de mis canciones favoritas, pero sobre todo las que tienen una letra poderosa como el estribillo de *Depende*, la canción del grupo Jarabe de Palo: *Depende, ¿de qué depende? ¡De según como se mire todo depende!*

Pocas cosas tienen el poder de cambiarnos instantáneamente el foco y el ánimo como ciertas canciones. Algunas nos ponen automáticamente nostálgicos y nos entristecen, pero otras nos hacen sentir livianos, divertidos, jóvenes, seductores e invencibles.

Cada uno elige la música de su película. Te invito a que prestes atención al tipo de música que te acostumbraste a escuchar y que detectes qué efecto te produce. Podemos convertirnos en el DJ de nuestra vida y poner a sonar una colección renovada de música, de esa que nos hace vibrar en excelencia. Tu cerebro viene con reproductor de sonido incorporado.

¡Usa tu cabeza para alegrarte el día!

Tu Minuto de Coaching

Aunque no podamos evitar que nos aparezcan *pensamientos termita*, sí podemos impedir que hagan una colonia de vacaciones en nuestra cabeza preguntándonos:

- ¿Realmente quiero darle más vida a este pensamiento?
- ¿Estoy dispuesto a sufrir las emociones que me puede generar elegir este pensamiento?
- ¿Qué otro pensamiento más constructivo puedo tener?

Mirar solo lo que ayer no funcionó es injusto y destruye el entusiasmo que necesitas para mejorar hoy.

¿En este momento te clavarías un alfiler en el dedo?
Entonces, por favor, no te claves más esos pensamientos distorsionados que son muchísimo más nocivos para tu mente, tu cuerpo y tus sueños.
El único remedio definitivo contra la caspa, la acidez estomacal, las úlceras o las diarreas es tratarse con cariño eligiendo pensamientos que nos construyen.

Cada vez que Dios crea un alma nueva le susurra al oído:
Eres especial; pero tenerlo presente es lo que hace la diferencia en tu día.

15.

Un as no conocido

Si alguien quería reservar la Sala de Capacitación, solo tenía que anotarse en la planilla que estaba colgada en la puerta o marcar el interno 425 y hablar conmigo. Para todos en la empresa, yo era *el chico de la Sala de Capacitación.*

Mi trabajo consistía en mantener la sala ordenada y llevar el control de la planilla para evitar que se superpusieran reuniones o cursos; sin embargo, yo soñaba con poder capacitar, ayudar a las personas a desplegar todo su potencial.

Esa visión de futuro era la que me había llevado a cambiar el rumbo de mi carrera, del marketing hacia el desarrollo personal, asistiendo a cuanto entrenamiento de liderazgo encontraba y, más tarde, empezando a dar algunas capacitaciones gratuitas en fundaciones.

Además, dos veces por semana, cursaba una carrera muy extraña para ese momento: Liderazgo y Diseño Ontológico (Coaching). Anhelaba ser coach, pero sentía que, para eso, necesitaba transformarme como persona.

Y ya casi estaba terminando la carrera de Coaching cuando empecé a darme cuenta de que, hacía rato, mi puesto dentro de la empresa había empezado a tener demasiado gusto a poco. Entonces, decidí contratar yo mismo a un coach. Me puse en contacto con un profesor que había conocido durante mi formación y que me inspiraba una gran confianza. Lo admiraba por su trayectoria, pero sobre todo por su humildad. Sentí que podía contar con él para aclararme, enfocarme y para que me mostrara lo que yo no estaba pudiendo ver de mí mismo.

A grandes rasgos, le conté cuáles eran mis tareas como Analista de Capacitación y Desarrollo, lo puse al tanto de que nunca había dado una capacitación en la empresa y que, básicamente, yo lo atribuía a que solo podían ver en mí al *chico de la Sala de Capacitación*. Le expliqué que *este chico* había aprendido mucho en los últimos dos años y que, incluso, ya había dado capacitaciones en otros lugares.

—Sin embargo —me lamenté—, nadie me ve como capacitador.

Mi coach había escuchado con atención y, cuando terminé, preguntó:

—¿Te ofreciste?

Me quedé en silencio, desconcertado por la pregunta. Entonces repreguntó:

—¿En la empresa saben que sabes capacitar?

—Esteee…, bueno, no —le contesté y en seguida empecé a explicar—. Lo que pasa es que no lo van a tomar bien…

El coach seguía mirándome en silencio, sin inmutarse.

—¿Cómo voy a ofrecerme como formador si nadie me ve como formador? —dije, intentando que la sensatez de mi planteo lo ayudara a comprender mi situación.

—Pero ¿te gustaría ser formador en esta empresa? —preguntó, ignorando mis razones.

—Pero es que no se trata de si… —comencé a decir cuando me di cuenta de que estaba por repetir una vez más la sentencia por la cual yo iba a seguir siendo el chico de la sala… durante los próximos cien años—. Y, sí. Me gustaría… —contesté mientras me escuchaba decirlo por primera vez.

—¿Y qué hace falta que hagas de manera diferente para que te vean como formador? —preguntó.

Quedé mudo. Pensativo.

Entonces, tomó una hoja en blanco, escribió la palabra AS y continuó:

—Alguien puede ser muy bueno haciendo algo. Puede incluso ser un AS en ese terreno. Pero si no se ofrece, va a ser un AS —hizo una pausa y escribió— *NO CONOCIDO* para la gente que lo rodea. Rápidamente, dibujó un círculo con el lápiz englobando las palabras *AS NO CONOCIDO* y siguió diciendo—: Mientras no ofrezcas lo que hoy estás en condiciones de dar, los demás tenderán a quedarse con la vieja identidad que se han formado de tu persona. Podrán pensar que quizá seas mejor o peor cuidando salas de capacitación, pero no tienen por qué imaginarse que podrías capacitar.

Unió las dos primeras palabras con un trazo y me dijo sonriendo:

—En todo lo que no te ofrezcas, correrás el riesgo de estar siendo un *AS-NO CONOCIDO* en la mirada de los demás.

—Comprendido… —dije mientras digería la manera respetuosa con la que acababan de decirme *asno*—. Es como… dejar de esconderme —reflexioné.

—Sí. Y es convertir tu protesta en propuesta —dijo y agregó sonriendo—: Hablar para hacer que las cosas pasen, en lugar de quedarte… rebuznando.

Desafío n° 15. Cómo crecer profesionalmente cuando nadie reconoce tu valor

Claves para hacer que las cosas pasen

A partir de esa conversación de coaching y sin que nadie me lo pidiera, empecé a prepararme para dejar de ser ese *asno conocido*, estudiando el manual de calidad de la empresa a fin de estar preparado para poder dar los cursos de mejoramiento continuo de la calidad que recibían los operarios.

Un día, cuando los participantes del curso ya estaban sentados esperando, el capacitador avisó que no podría asistir porque había tenido un inconveniente. Me pareció que era el momento justo para ofrecerme como solución y así lo hice.

Mi pobre jefe, al que todavía no le había contado nada de mis capacitaciones fuera de la empresa, digirió mi propuesta con cara de estar saltando dentro de un volcán profundo; pero yo le estaba ofreciendo una salida de emergencia y acepté. Me acuerdo de que también vino al curso una compañera del área de Recursos Humanos a la que, probablemente, le habían dado instrucciones de entrar en escena cuando mi actuación llegara al terreno del desastre.

Arranqué rompiendo el hielo con un juego que había practicado en varias oportunidades y, mientras los participantes se divertían, yo miraba de reojo a mi compañera que no salía de su asombro. *¿Hay alguna otra cosa que no sabíamos que sabes hacer?*, me preguntó al terminar.

Así amplié la identidad que tenían de mí, pasando a ser el *chico de la Sala de Capacitación + que ¡sabe capacitar!*

En estas claves quiero compartir algunos secretos para que el mundo pueda contar con el valor que llevas adentro.

Pero ¿cómo hago para lograr que tengan en cuenta mis propuestas?

De tanto ofrecerme como capacitador, también cometí errores que me permitieron aprender algunos secretos para hacer propuestas más efectivas.

Lo primero para ofrecer algo y no convertirnos en insoportables moscardones que intentan encajar a todos su

—digamos— *maravilloso quitamanchas* es bajar el volumen de la propia radio mental de conversaciones con nosotros mismos y escuchar a los demás. Dejar de mirarnos el ombligo de nuestras necesidades y dedicarnos a comprender las preocupaciones de las personas que nos rodean.

Personalmente, luego de recibir varias respuestas evasivas a mis propuestas como entrenador, descubrí que, en lugar de buscar solucionar necesidades, había estado *mendigando* una oportunidad para capacitar. Y digo *mendigando*, porque —sumido en mis necesidades de crecimiento profesional— no estaba siquiera considerando en qué medida la otra parte recibiría a cambio algo que estuviese necesitando. A ese tipo de ofrecimientos enfocados en las propias necesidades, hoy les llamo *mendigofrecimientos*.

Mendigar es olvidar todo lo que puedo dar. Olvidar que el otro también tiene necesidades que yo podría satisfacer.

Es cierto también que muchas veces la gente tiene necesidades que nosotros no estamos en condiciones de satisfacer, pero si tu objetivo es venderle todo a todo el mundo, lo más recomendable es que te inscribas en un curso en el que te enseñen a hipnotizar.

Y, aun así, cuando la gente despierte del encantamiento y no pueda explicar por qué nos compró un quitamanchas, puede que decida no volver a comprarnos nada nunca más. Y es más sano para nuestra vida, y mucho más efectivo para nuestro emprendimiento, ir sumando más personas agradecidas que enfurecidas.

Para ofrecer efectivamente lo que queremos brindar, podemos poner en práctica una sincera actitud de servicio, un deseo de querer ser útiles. Y para eso necesitamos preguntar y entender, en lugar de suponer, hacia dónde va el otro. Recién cuando la otra persona se siente comprendida por nosotros, es que puede empezar a pensar que estamos en condiciones de darle una solución que se ajuste a ella.

—¿Y ahora ya puedo empezar a enumerar todas las características fabulosas de mi quitamanchas?

—¡Ni se te ocurra! Ahora que comprendiste que el otro está preocupado porque…, con el viento que hay, se le pueden volar los papeles del escritorio, solo hace falta que le muestres que tu quitamanchas tiene el peso suficiente para evitarlo.

¿Lo engañaste?

No, es cierto que puede no ser el mejor pisapapeles, pero engañarlo quizá hubiese sido ignorar su preocupación para venderle cualquier otra cosa. Lejos de haberlo engañando, le estás dando una solución que tiene en cuenta su situación particular. Esto es lo que se llama vender beneficios: en lugar de enumerar un montón de características que al otro pueden no interesarle, se trata de mostrar cómo una característica de tu producto sirve para solucionar la preocupación del otro.

En definitiva, para que los demás tomen en cuenta tus propuestas, primero, es necesario que tengas en cuenta qué es lo que les interesa.

Ofrecer algo sin haber chequeado los intereses y preocupaciones del otro es una forma de ignorar el mundo de intereses de esa persona y puede resultarte tan duro como tirarte de cabeza a una pileta sin agua.

¿Cómo construir una identidad que respalde tus propuestas?

¿De qué sirve que alguien a quien no le tenemos confianza se proponga para llevar a cabo una solución? Tus propuestas también van a ser percibidas de distinta manera según la identidad que se haya formado de tu persona el que te esté escuchando. Nuestra identidad pública vive en la mirada de los demás; sin embargo, nosotros podemos ampliarla o reconstruirla. Algunos puntos clave para tener en cuenta:

- Si, además de hacer una propuesta que resulte interesante, llegas a tiempo para brindar lo que ofreciste, estarás construyendo una identidad confiable. De lo contrario, construirás desconfianza.
- Cuanta más confianza generes, más fácilmente considerarán tus próximas propuestas.
- A veces, la gente se forma una identidad tan negativa de nosotros que, digamos lo que digamos, no nos toman en serio. Quizá sea el momento de callarse y trabajar para mostrar resultados que desafíen sus prejuicios.
- Cuando nos capacitamos, aumentamos el valor que tenemos para ofrecer y, brindando cosas valiosas, podemos construir una identidad nueva, mucho más valiosa.

Proponiendo con efectividad para evitar quedarte con un *container* de quitamanchas

Cada vez que hacemos una propuesta de manera poco específica, estamos permitiendo que el otro espere algo diferente de lo que nosotros queremos y podemos brindar. Cada acuerdo exitoso y cada malentendido impactan en la credibilidad que tendrá nuestra palabra para hacer que las cosas pasen en el futuro.

- **¿Qué respondieron a mi propuesta?** ¿Lo doy por supuesto o realmente dijeron que ese día y a esa hora van a estar esperando recibir el *container* de quitamanchas?
- **¿Qué es lo que se imaginan que van a recibir?** ¿Coincide con lo que propuse? ¿Hice un chequeo para asegurarme de que no estamos queriendo decir distintas cosas por *quitamanchas* aun cuando usemos la misma palabra?
- **Condiciones de satisfacción.** ¿Hay algo más que la otra persona necesita que mi quitamanchas sea capaz de hacer, pero que no especificó porque está dando por sentado que yo lo tengo que saber? El que no chequea a tiempo la calidad, la cantidad y el tiempo de entrega, pierde el derecho a reclamar después.
- **¿Es una propuesta o es una orden?** Si no estoy dispuesto a recibir un no o a considerar otras propuestas, entonces, no estoy proponiendo sino ordenando. ¿Estoy consciente de que, si la otra persona siente que, por alguna razón, no puede decirme no, quizá me diga sí con sus palabras y no con su falta de entusiasmo y su inacción posterior?
- **Acuerdos en la relación.** ¿He construido una relación en la que la otra persona tiene la confianza para avisarme con tiempo si le surge algún inconveniente para recibir el cargamento?

Tu Minuto de Coaching

Para que otros puedan recibir el valor que yo tengo, primero necesito valorarlo yo.

¿Qué tres cosas valiosas tengo para brindar y que mis amigos, mi pareja, mi jefe o el mundo desconocen?

¿En qué área de tu vida estarías dispuesto a dejar de ser un *asno conocido*, capacitándote y ofreciendo tu valor?

El índice de desempleo puede estar alto,
pero si estamos atentos a escuchar las necesidades
de los demás, nunca nos faltará trabajo.

Nadie nos va a llamar para que brindemos lo que no sabe que
tenemos.

¿Tus amigos saben en qué pueden contar con tu apoyo?

Muchas pinceladas nuevas hacen un cuadro nuevo.
Nos convertimos en aquello que hacemos.

16.

Coaching con Betina

El café donde solemos encontrarnos tiene vista a un Río de la Plata infinito. Mucho horizonte. Me gusta hacer los encuentros de coaching acá porque siento que mis clientes y yo podemos ver más lejos.

—No lo puedo creer —me dice Betina, encargada de una sucursal de la empresa para la que yo estaba entrenando a los mandos medios—. ¡Mi jefe me dio el menor aumento posible para mi puesto! —Y agrega con furia—: La inflación creció más que su miserable aumento.

Tan solo llevamos tres conversaciones de coaching, pero tengo la sensación de que esta puede ser definitiva en el rumbo que tome su carrera laboral.

—En lugar de crecer, estoy achicándome —continuó protestando ella.

—¿Y dio alguna razón para no darte un aumento mayor? —pregunté curioso.

—Sí, dice que no participo activamente en las reuniones de directorio y que mantengo una distancia con el resto del equipo directivo… ¡Pero si el distante es justamente él! —hizo una pausa para apagar su teléfono y continuó—. El tipo habla y habla, repite siempre las mismas cosas y nunca escucha. De hecho, le pedí tener una reunión y, hace dos meses, que estoy esperándola —mientras sostiene su capuchino, se queda mirando el río y me dice—: A lo mejor debería conseguirme otro trabajo.

Un velero pasa delante de nuestro ventanal. Parece como si estuviera navegando en círculos porque ya debe ser la tercera vez que lo veo.

—Betina —la detuve—, hasta ahora te escuché hablar de lo injusto de tu situación, de tu jefe que no escucha y de la inflación, pero no te escuché decir qué es lo que estás queriendo lograr… Si fuera posible, ¿qué quisieras que pase?

—Es que no veo posibilidades de crecer.

—Pero ¿es ese tu objetivo? —quise saber.

—Desde que entré a la empresa, estoy trabajando como una burra y nadie lo ve —se detiene y me confiesa—. Sí, alguna vez quise llegar a ser gerente regional de esta compañía…

—Ok. Eso pone las cosas en una nueva perspectiva. ¿Y qué tan importante puede ser la relación con tu jefe en ese crecimiento?

—De él dependen mis recursos y mi ascenso. Pero no hay caso. Él no registra mi esfuerzo…—y suspira—. Sí, Guillermo, la relación con mi jefe es vital. Sin su apoyo, todo es más difícil o imposible.

—¡Ajá! Entonces, te voy a presentar dos opciones para que elijas la que más te acerque a aquel viejo sueño. Porque ya está claro que ves a tu jefe como a alguien, citando tus palabras, distante. Ahora, la pregunta es ¿a qué vas a venir cada día a la empresa? ¿A confirmar que él es distante o a construir el futuro profesional que soñaste?

—Ok, sí, ya sé lo que me vas a decir. Que con criticarlo no voy a solucionar nada.

—Y no. Enfocarte en sus errores para confirmar que él es distante no cambia lo que pasa. Es más, promueve y aumenta tu distancia hacia él y, además, te distancia de tu logro… —dije jugando con las palabras— Ahora, ¿realmente vas a dejar que tu relación con él dependa de él? —la desafié.

—Mmm… —Betina se quedó callada. Su mirada navegaba a la deriva.

Conozco el poder del silencio luego de una de esas preguntas que nos dejan frente a una bifurcación donde podemos elegir el camino descendiente de la pelea con todo y con todos o el sendero ascendente hacia lo mejor de nosotros mismos. Por eso, aproveché para hacer una pausa y pedir otro capuchino mientras ella consultaba su comité interno de Betinas.

—Te lo voy a plantear de otra manera —le dije cuando el camarero se retiró—. Si ya tuvieras una excelente relación con tu jefe, ¿cómo sería?

Betina, ahora, escuchaba sosteniendo el café con ambas manos. Sus ojos se habían mimetizado con el vapor difuso que subía de la taza.

—Quiero decir —retomé buscando rescatarla de su planteo pantanoso de las circunstancias—: ¿qué cosas te nacerían con un jefe imaginario con el que tuvieras una excelente relación?

—Supongo que sería distinto —arrancó dubitativa—. Cuando hay confianza, las cosas fluyen. No sé. Pienso que… trabajaríamos como un equipo.

Hizo una pausa y observé que estaba comenzando a visualizar la nueva relación, así que decidí no interrumpirla y aprovechar para tomar mi café.

—Y… —comenzó a decir Betina mirando el horizonte—, si yo me llevara bien con un jefe, por ejemplo, lo llamaría casi diariamente para contarle cómo va la sucursal. Lo escucharía más. Sí. Estaría más atenta a detectar qué es lo que le interesa lograr en el negocio para poder llevarlo a cabo. Le mostraría mis avances… ¿Qué más haría? —se preguntó más entusiasmada —. Y…, le pediría ayuda en lugar de siempre estar intentando mostrarle que puedo sola.

—¿Y si ese jefe tuviera que marcarte un error? —la pinché para que continuara.

—Bueno, supongo que no tomaría sus comentarios como ataques. Claro, dejaría de defenderme frente a él para permitir que pudiera hacerme algún aporte porque habría confianza.

—¿Algo más? —pregunté.

—Sí. Básicamente trabajaríamos en equipo. Las cosas fluirían y hasta lo invitaría a cenar a casa con su mujer para que conozcan a mi marido…

De repente, algo cambió en su expresión y retrocedió:

—Claro…, pero, no.

—Pero no, ¿qué? —pregunté sorprendido.

—Y no. Yo vengo a la empresa a trabajar. No me sentiría bien con esos manejos políticos.

—¿Te estás refiriendo a llamarlo para contarle cómo va la sucursal, pedirle ayuda o invitarlo a cenar?

—Sí. Actitudes como esas no van conmigo.

—¿Por qué? ¿Qué te dice tu cabeza acerca de actitudes como esas? —pregunté.

—Que estaría siendo una obsecuente. Sí. Una falsa.

—¿Y podrías definirme qué significa ser falsa para vos?

—Ser alguien deshonesto, sin escrúpulos. Es que —empezó a decir Betina pausando la voz— ¿sabes qué me pasa?

—A ver…—dije alentándola a poner sus conversaciones internas sobre la mesa.

—Yo vengo de muy abajo, Guillermo. De una familia trabajadora y honesta. Y en mi casa aprendí a vivir algunos valores que no estoy dispuesta a negociar.

—¿Como por ejemplo?

—El ser verdadero, íntegro. Aprendí que no vale la pena ensuciarse por conseguir un puesto o un aumento —dijo con una pasión que no había aparecido hasta ese momento y agregó —. Aprendí que la vida se gana trabajando, haciendo y no hablando. Y, por eso, lo último que quiero es ser alguien que se la pase vendiendo sus resultados, dispuesto a hacer cualquier cosa para crecer dentro de la compañía —y en tono confidencial protestó—. Porque hay algunos que no trabajan, sino que viven para promocionarse y, en definitiva, se nota claramente que la compañía no les importa.

—Ok. Me queda claro que eso es lo que no querrías. Lo que no va con tu persona —comenté mientras digería sus palabras.

—Exacto. A mí me gusta trabajar. No venderme.

—A ver si estoy entendiendo —dije preparándome para hacer un resumen—, estás planteando dos opciones. La primera, y ya conocida, es dedicarte a trabajar en tu sucursal esforzándote al máximo, esperando que, en algún momento, los demás se den cuenta de todo lo que haces. Esta opción te trae los problemas de distancia que hoy te está marcando tu jefe, además de que, si la inflación sigue subiendo, tu sueldo puede llegar a ser bajísimo, pero, en cambio, te mantiene en un camino de integridad con tus valores.

—Algo así.

—La otra opción, que es la que no estás dispuesta a tomar, es acercarte, interesadamente y sin escrúpulos, a tu jefe y a los otros gerentes que participan de las reuniones para conseguir su simpatía y así lograr crecer dentro de la empresa cueste lo que cueste y caiga quien caiga.

—¿Te das cuenta? Es un camino sin salida.

—¿O un planteo sin salida? —repregunté.

—Sí, puede ser.

—Pero ¿qué podemos hacer cuando nos encontramos frente a dos malas opciones?

—¿Elegir la menos mala?

—Y, en lugar de resignarnos a la menos mala, ¿qué otra cosa podemos hacer?

—Ni idea.

—Podemos crear una posibilidad. Es decir, una tercera

alternativa que incluya lo mejor de cada una de nuestras opciones.

—¿Cómo sería eso?

—Simple. ¿Qué es lo mejor de cada una de tus opciones?

—Bueno, de la primera, sería ser íntegra y, de la segunda, crecer dentro de la organización.

—Exacto. ¿De qué manera podrías lograr ser íntegra y al mismo tiempo crecer dentro de la organización?

—¿Pero acaso no son cosas opuestas?

—¿Son cosas opuestas o estás oponiendo las cosas? Claro que, si las estás viendo como opuestas, es probable que tu cabeza nunca se haya animado a relacionarlas preguntándose: *¿Cómo podría hacer para promocionar mi trabajo y hacerlo con integridad?*

—Es cierto.

—Porque alguien que construye relaciones y promociona su trabajo ¿necesariamente lo hace sin escrúpulos?

—Bueno, quizá no necesariamente. Así planteado, ya no lo tengo tan claro.

—¿Crees que sería posible que alguien con excelentes resultados en su gestión construya relaciones siendo íntegro y pensando en hacer crecer la empresa?

—Sí. Es posible.

—¿Y si, lejos de ser opuestos, la excelencia de sus resultados se basara en la integridad de sus relaciones? —disparé.

—Nunca lo había visto de esa manera.

—Ahora, ¿por qué crees que existe esa creencia generalizada de que la gente que se promociona no trabaja?

Betina se quedó esperando una respuesta en silencio.

—Porque mucha gente trabajadora, que sí podría hacer una diferencia —continué—, al ver que otros solo se dedican a promocionarse, con tal de no ser como ellos, se retraen dejando otro espacio libre para que lo ocupe alguien sin escrúpulos que termina agregando una mancha más al tigre de la resignación. Pero si pudieras elegir con el corazón, ¿de qué lado te gustaría estar?

—Del lado de los que tienen éxito con integridad.

—Ok. Entonces, te voy a decir algo para que te observes con atención. Hay mucha gente que dice que no quiere negociar sus valores, que en lugar de eso, prefiere tener malos resultados cuando en realidad usan sus valores y su supuesta integridad para justificar su fracaso, argumentando que ese es el precio de ser una buena persona.

—Eso, me suena conocido…

—Pero nuestros valores son un lujo que nosotros elegimos darnos y el precio de nuestra integridad es la creatividad. Cuanto más elegimos mantener nuestros valores, más ingeniosos necesitaremos ser para poder vivirlos con éxito.

Cuando Betina se despidió y levanté la vista sobre el río, vi que el velero ya iba lejos, con las velas orgullosamente hinchadas y el timón orientado a un destino que ahora sí valía la pena construir[9].

Desafío n° 16. Cómo detectar y desactivar las creencias que te están impidiendo triunfar

Claves para hacer que las cosas pasen

- *¿Estudio algo que me apasione o algo que me permita ganar dinero?*
- *¿Me dedico a ser un empresario o me enfoco en mi familia?*
- *¿Me dedico al coaching o a la música?*

---

9 Incluí esta historia en el libro porque, muchas veces, en mi trabajo como coach individual me he encontrado con personas como Betina, de una calidad humana y una integridad impresionantes, pero que, en lugar de vivir contagiando sus valores y convirtiéndolos en el motor de su éxito, los padecían como cadenas que los ataban al fracaso. El nombre de la protagonista fue cambiado para asegurar la confidencialidad.

¿Hacemos autos baratos o autos de calidad?, se preguntaban dentro de la industria automotriz norteamericana antes de que aparecieran los económicos y súper confiables autos japoneses. Creo que todos tenemos lo que yo llamo un *Desafío Y*. Me estoy refiriendo a que, a veces, nos pasa que nos apasionan cosas que siempre hemos pensado como opuestas o incompatibles, pero que, si pudiéramos unirlas e integrarlas, nuestra vida sería maravillosa.

Sin embargo, cuando te encuentres frente a algo que parezca imposible, te invito a pensar que no estás en las fronteras de la realidad, sino en el límite de tu manera de entenderla. Cada vez que queramos integrar dos cosas aparentemente opuestas, podemos preguntarnos: *¿De qué manera se relacionan e incluso podrían potenciarse estas dos cosas que mi cabeza está presentándome como opuestas o inconexas?*

De hecho, hoy vivimos rodeados de teléfonos, aviones y otras realidades que muchas mentes del pasado consideraron imposibles, tan solo porque no pudieron darles una explicación racional en su momento. Los sueños y posibilidades son pasadizos que siempre le permitieron a la humanidad escapar de la jaula, aparentemente invencible, de lo razonable. La fe en esos sueños le dio a nuestros antepasados la fuerza para seguir apostando hasta que terminaron convirtiéndolos en cosas tan razonables como el tornillo, el destornillador, los anteojos, las lentes de contacto, la luz eléctrica o la tecnología médica que hoy todos utilizamos.

En estas claves quiero contarte algunos secretos para que puedas lograr, mucho antes, eso que estás buscando.

¿Cómo?

Revisando las creencias que te están impidiendo integrar tus diferentes pasiones y que pueden estar alejándote del éxito, por hacerte confundir tus objetivos más puros con algunas maneras poco éticas de lograrlos.

La casa de mi abuelo

¿Me dedico al coaching o a la música?

Ese era mi dilema hasta que pude convertirlo en un *Desafío Y.*

Una creencia de mi tierra dice que *el que mucho abarca, poco aprieta.* Yo no quería estar dividido, sino tener un foco claro, pero, para eso, me veía en la obligación de tomar una decisión entre dos pasiones opuestas. Tan opuestas las veía que, cuando era coach, escondía mi aspecto musical, que me parecía poco serio, y cuando hacía música, ocultaba mi aspecto empresarial que me hacía sentir demasiado estructurado.

Además, a pesar de que en mi familia la música es parte central de nuestra vida, nunca estuvo vista como una manera seria ni sana de ganarse la vida. Ni la música ni ningún tipo de arte eran vistos como profesiones *lógicas.*

A propósito de esto, recuerdo que, en Mar del Plata, frente al mar y ocupando toda la esquina, mi abuelo tenía una casa lindísima con un inmenso jardín a donde nunca pude entrar porque algunos años antes de que yo naciera habían tenido que venderla.

¿Y por qué no la compramos de vuelta?, preguntaba yo de chico. Me sonreían como respuesta y contestaban alguna evasiva o aprovechaban para contarme que la había comprado el músico de tango Mariano Mores. En unos renglones más te voy a contar cómo se conecta esto con mi *Desafío Y,* pero ahora sigamos con mi dilema *arte o coaching.*

Estar dividido, teniendo al coaching como profesión oficial y al arte —en forma de música o escritura— como *hobby,* me obligaba a hacer esfuerzos enormes para poder progresar y tener algún resultado en ambas áreas. Entonces decidí molestar un poco a mi mente probando preguntarme: *¿De qué manera la música y el coaching podrían estar relacionados?*

Pasaron algunos meses sin que encontrara ninguna respuesta que me pareciera válida hasta que, un día, mientras me estaba duchando, llegó la primera: *Porque como coach entrenas a la gente para concretar sus sueños y hacer tu música te da la integridad de estar concretando el propio.*

Como primera respuesta no estaba mal. Sin embargo, como yo quería ir más lejos, me pregunté: *¿De qué manera la música me podría potenciar como coach y el coaching me podría potenciar como músico?* (Juro que en ese momento para mí fue como animarme a preguntar de qué manera se podía potenciar el vuelo de un avestruz con la música de Michael Jackson.)

La respuesta llegó algún tiempo después: *Haciendo canciones que inspiren, motiven y dejen un mensaje positivo.*

Recuerdo que iba en taxi cuando me crucé con un afiche de Mariano Mores que anunciaba su actuación en uno de los teatros de Buenos Aires. Entonces lo vi clarísimo: no solo el arte no tiene por qué ser poco serio, sino que, si yo quiero volver a comprar algún día la casa de mi abuelo, necesito ser artista como el que la compró.

Cinco años después, buscando decirle a mi hija de dos años algo inspirador que le quedara grabado para siempre, compuse la canción *Mi Tesis Preescolar*[10] a partir de lo aprendí de ella en el arenero. Y entonces, el trabajo previo de hacerme *preguntas integradoras e insolentes* dio su fruto: se me ocurrió convertir la canción a mi hija en un video y subirlo a YouTube como mi primer video motivacional.

Y para gran sorpresa de mi vieja mentalidad, hoy no solo la música y el coaching dejaron de ser opuestos en mi vida, sino que gracias a mis videos musicales, que ya superaron el millón de vistas, me conocen y me llaman para trabajar como orador, coach personal o de equipos desde los rincones más impensados del mundo.

---

10 Escucha *Mi tesis preescolar{*, el tema que le hice a mi hija www.guillermoeche-varria.net/herramientas/canciones o mira el video www.youtube.com/Tu-MinutodeCoaching

Pero lo mejor de todo es que estoy uniendo cosas que me apasionan: música y coaching. Arte y superación personal. Creatividad y servicio a los demás.

Poder hacer esto ya representa un éxito para mí. Es lo que yo llamo tener *éxito personal.*

Preguntas incluyentes y preguntas insolentes

Nuestra cabeza nunca nos va a responder lo que no le preguntemos. A estas preguntas que nos invitan a pensar en una posibilidad que incluye lo mejor de nuestras opciones las llamo *preguntas incluyentes.* Cada vez que te encuentres decidiendo entre esto o lo otro —es decir *pensando en Modo O* (optando)—, te invito a dedicar un minuto a preguntarte: *¿Y si hiciera esto y lo otro? Es decir, ¿y si, en lugar de decidir entre A o B, eligiera A y B?*

Y siempre podemos ser un poco más insolentes y preguntarnos cómo pueden potenciarse esas dos cosas que, hasta ahora, nuestra cabeza estaba catalogando como opuestas o inconexas: *¿De qué manera el ser un empresario exitoso me permitió estar más presente en mi familia? ¿De qué forma dedicarme a lo que me apasiona me permitió ganar más dinero? ¿Cómo fue que hacer lo que me apasiona me permitió vivir mejor? ¿De qué manera dedicar menos tiempo a mi trabajo me permitió ser más productivo?*

(Te sugiero hacerte las preguntas en tiempo pasado como si ya lo hubieras logrado, para que a tu mente le resulte más fácil considerar que eso que estás planteando es factible de lograr y, en lugar de protestar, se ponga a buscar respuestas.)

¡Me olvidaba! No te conté cómo fue que el coaching potenció mi formación como músico. Cuando empecé a escribir este libro, una voz que hablaba cada vez más fuerte

preguntaba: *Si estoy todo el tiempo escribiendo el libro, ¿cuándo le voy a dedicar tiempo a seguir formándome como músico?* Pero como ya estaba más canchero con estos planteos supuestamente imposibles, me hice la pregunta insolente: *¿De qué manera escribir me ayudó a crecer como músico?*

Entonces se me ocurrió hacer una selección de la música que más me gusta y que algún día me encantaría llegar a componer y me acostumbré a escucharla mientras escribo. Hoy puedo decirte que, desde que estoy escribiendo, ya escuché, por lo menos, tres veces las horas de música que había escuchado hasta ese momento en toda mi vida. Además, descubrí que escribir con los auriculares puestos me ayuda a concentrarme. Entro rápidamente en el mundo emocional de las canciones y escribo cosas de las que yo mismo me sorprendo. Escuchar música y escribir. Otra vez, lo que aparecía en mi mente como opuesto es algo que hoy no podría concebir por separado porque me potencia como músico y como escritor. ¡Amo pensar en *Modo Y*!

De todos modos, te advierto que, aunque a veces las respuestas integradoras llegan inmediatamente, otras veces se toman un buen tiempo antes de aparecer para, además, llevarte a descubrir después que necesitas formarte y recorrer un camino para poder unir tus distintos amores. Pero ¿acaso hay algo más apasionante que vivir haciendo lo que amamos?

Mejor sano y rico que pobre y enfermo

En mi experiencia, para poder unir dos cosas que antes nos parecían opuestas, la clave no está en que se nos ocurra la idea. No hay que ser un genio para que se nos ocurra que preferimos ser sanos y ricos antes que pobres y enfermos, o que nos gustaría ganar dinero haciendo lo que nos apasiona... De hecho, eso suele ser lo primero que pensamos. El dilema y su solución están en revisar las creencias internas que nos dicen: *No se puede* o *no se debe unir eso.*

Las creencias funcionan como estrategias o recetas de la mente que nos acercan a lo que más valoramos y nos alejan de lo que más tememos o rechazamos. El problema aparece cuando confundimos un objetivo con una manera no ética de lograrlo y creemos que, lográndolo más allá del camino que utilicemos, estaremos pisoteando uno de nuestros valores más importantes o acercándonos a lo que no queremos.

Betina decía que quería crecer profesionalmente, pero a la vez creía como verdad irrefutable que, al hacer algo para mejorar las relaciones con otros —en lugar de dejar que solo su trabajo y sus resultados hablaran por ella—, estaba vendiéndose, siendo falsa y destruyendo su valor familiar de trabajar arduamente y con honestidad. Así, llegó a la conclusión de que era preferible no ser exitosa antes que negociar sus valores.

El punto es que, por más buena intención que tengan, algunas creencias son completamente disfuncionales o están desactualizadas, y nos muestran un único camino súper intrincado para vivir nuestros valores. Puedo empezar a comer un fruto exótico porque creo que me va a alimentar mejor y, al cabo de unos días, descubrir que me siento mal pero, como creo que el fruto exótico es bueno, decido seguir comiéndolo. Si continúo comiendo sin aceptar los resultados extraños que me produce, es posible que además de perder la vitalidad que buscaba, termine muriéndome. La intención de mi creencia era buena, pero el resultado no.

Cuando dejamos de evaluar nuestras creencias por los resultados que nos dan, nos convertimos en fanáticos. Y antes que ser un fanático de alguna teoría, yo prefiero ser un fanático de la vida.

A veces, es necesario cambiar algunas formas secundarias para poder mantener intacto lo prioritario. En lugar de seguir oponiendo nuestros objetivos con nuestros valores, podemos ser flexibles y encontrar maneras de maximizar esos valores, precisamente, por haber buscado y logrado esos objetivos.

Limpiando al éxito de mis sucias creencias

Como capitanes de nuestro barco, podemos gritar con fuerza los nombres de los puertos que queremos visitar, pero lo que definirá el rumbo de nuestro embarcación será la posición de nuestro timón. Nuestras creencias son el timón de nuestro barco.

Nos guste o no, nuestra vida ya tiene una dirección. Si miramos nuestros resultados, podemos sospechar qué cosas evita nuestro timonel interior y a cuáles se acerca.

Y revisando la posición de nuestro timón podemos detectar que estamos siendo direccionados por una creencia que no es nuestra, algo que hemos tomado prestado de otros. O también puede tratarse de una creencia propia, pero que no tiene un fundamento real o que ya está desactualizada.

Recuerdo que hace unos años me descubrí diciéndome a mí mismo que, en la medida en que tuviera éxito y ganara más dinero, iba a volverme cada vez más egoísta para finalmente terminar quedándome completamente solo. A esto se sumaban otras voces internas que, con total convicción, decían que todos los que tenían mucho dinero eran unos desgraciados porque habían llegado hasta ese lugar hundiendo a otros.

Aunque el dinero nunca había sido para mí un objetivo en sí mismo, *sí* quería crecer y ganar dinero para poder hacer muchísimas cosas, pero a la vez sentía que para poder seguir siendo una *buena persona* necesitaba evitar todo contacto con ese éxito. Entonces, el timón de mis creencias *me protegía* del éxito orientándome hacia el fracaso. A menos que revisara esas creencias, nunca iba a poder crecer económicamente, no sin sentirme un desgraciado que estaba arruinando su propia vida.

Sin embargo, yo intuía que egoísmo y dinero no tenían por qué ir juntos (así como ser pobre o fracasado tampoco iba a convertirme automáticamente en una excelente persona). Reflexionando, llegué a la conclusión de que el dinero es un medio de pago genial que nos evita tener que llevar una gallina o un kilo de manzanas cada vez que queremos comprar un chocolate. No es ni bueno ni malo, sino que es tan neutral como pueden serlo un tenedor o una lapicera. El uso que cada uno le dé es otra cosa completamente diferente. Así que tomé una decisión: *en la medida en que gane más dinero y tenga éxito en mi profesión, voy a hacer lo necesario para ser, en esa misma medida, una persona mejor.* Y empecé a buscar maneras de concretar esto que acababa de decretar para mi vida.

Estaba en estos planteos cuando me llamó la atención un hombre que se ganaba la vida cantando en el tren. Tocaba con una guitarra prácticamente destruida. Instantáneamente pensé: *Yo, con más dinero, podría comprarle una guitarra nueva.* Así fui encontrando miles de pequeñas y grandes cosas que el dinero me iba a permitir brindarle a mi familia, a mis amigos y al mundo.

Hoy, cada vez que al ganar dinero soy coherente con mi *decreto de generosidad* —y comparto algo de mi éxito económico contratando o ayudando a otros—, en lugar de sentirme culpable de mi crecimiento, siento que merezco triunfar y me predispongo positivamente para recibir las próximas oportunidades que el mundo tiene para darme.

Yo me daría por satisfecho si, a través de este libro, cien personas de buen corazón se animaran a hacer lo necesario para triunfar y usar su éxito para mejorar nuestro mundo.

Timón oxidado

Cuando una creencia disfuncional ha sido incorporada por nosotros como buena, verdadera y, en ocasiones, casi sagrada, algo adentro de nosotros hará hasta lo imposible por respetarla.

Cuando nos descubrimos evitando tomar las acciones que nos llevarían al éxito de un proyecto, podemos preguntarnos cuál puede ser la intención positiva de esa rebelión interna. *¿Es solo vagancia o es que al tomar ese camino siento que estoy pisoteando un valor personal?*

Podemos revisar nuestras creencias para extraer su intención positiva. Tomemos por ejemplo la creencia: *Para que yo pueda estar orgulloso de mi trabajo, lo tengo que hacer solo.* El *qué* o intención positiva puede ser *defender el valor de poder estar orgulloso de mi trabajo por haberlo hecho con responsabilidad y excelencia.* Pero hacer yo solo el trabajo es solo uno entre miles de posibles *cómos* o caminos para hacer un trabajo excelente. ¿Cuántos logros conocemos que han sido realizados por un equipo en lugar de un individuo aislado?

Cuando sientas que tu proyecto no avanza, te invito a revisar la posición de tu timón preguntándote: *¿Qué creencia disfuncional puedo estar necesitando revisar en mi interior para poder aceitar mi timón y orientarlo hacia un éxito con integridad?*

Cómo detectar la posición de mi timón y direccionarlo hacia mis logros

Lo primero es imaginar nuestro sueño realizado, vernos a nosotros mismos en esa situación soñada y experimentar lo que nos pasa preguntándonos: *¿Cómo me siento estando ahí?*

Luego, nos quedamos en silencio escuchando qué nos dicen nuestra cabeza y nuestro corazón al estar en ese lugar (y no, lo que se supone que deberían decir). *¿Esto que estoy viviendo en mi sueño es lo que quería? ¿Me falta algo? ¿Hay algo* *que necesitaría cambiar para estar en paz o con más entusiasmo? En definitiva, ¿es o no es lo que buscaba?*

A medida que vamos detectando lo que nuestra mente dice, aconsejo anotarlo en algún lugar. Escribirlo te va a permitir verlo plasmado *fuera* de tu mente, donde ya no puede cambiar, ni esconderse entre tus neuronas. Así, el trabajo de revisar y desafiar ese pensamiento será más sencillo.

Una vez que hayas descubierto qué aparece en tu interior al mirar ese logro a los ojos, te invito a que tomes las *objeciones internas* que hayas encontrado y te plantees: *Si esto es lo que no quiero, ¿qué es lo que sí quiero? ¿En qué tendría que ser diferente este proyecto o este objetivo para que se ajuste a mis valores más profundos?*

Quizá, también te des cuenta de que estás necesitando crecer para poder encarnar esos valores en tus proyectos. ¡Buen momento para formarte y empezar a practicar!

Tu Minuto de Coaching

¿Te imaginas si, al entrar a Google y escribir la palabra *creatividad,* el buscador se negara a hacer la búsqueda diciéndote que la creatividad no es lo tuyo y que mejor ni intentes ponerle ingenio a tu vida? Bueno, eso es lo que hace nuestra mente cuando nos proponemos hacer algo que nunca hicimos. No nos toma en serio y descarta las preguntas que no sabe cómo responder. Una forma de escapar a las trampas de nuestra mente es hacernos preguntas en tiempo pasado, como si ya hubiésemos logrado lo que queremos. *¿Cómo hice para unir mi talento con las necesidades de la gente? ¿De qué manera mi pasión por el arte mejoró mi trabajo y viceversa? ¿De qué forma limpiar la casa, llevar a arreglar el auto o renovar mi pasaporte se convirtieron en un momento de disfrute para mí?* Estas preguntas fuerzan a tu cabeza a que, en lugar de opinar de lo que no sabe, se ponga a buscar respuestas.

Y no descartes ninguna respuesta por loca que parezca. Así le darás tiempo a tu mente para que pueda entender las razones de tu corazón.

—◆—

No le des autoridad a tu mente para que opine de lo que nunca hiciste, porque justamente no tiene experiencia haciéndolo.
Para todo lo que soñamos realizar, es mejor escuchar a nuestro corazón o a las mentes de los que ya lo están logrando.

—◆—

No hay manera de que puedas perjudicarte solo.
El lucro cesante de tu vida nos perjudica a todos.

—◆—

17.

La canción del sembrador

Febrero de 1967. Se acercaba la fecha del cumpleaños y Guillermo no se sentía nada conforme con su vida. Estaba cansado de vivir atado a la *montaña rusa* de la Bolsa de Comercio de Buenos Aires.

Detrás del vértigo y el dinamismo de su trabajo, que se sucedía en el *código vorágine* de la city porteña, a él no le quedaba demasiado claro para qué estaba corriendo. Se agotaba *rompiéndose todo*, intentando que sus clientes tuvieran una buena rentabilidad con los bonos y acciones que él les administraba, para que una baja en la cotización echara todo por tierra e, incluso, sembrara en esos clientes la duda acerca de si él realmente había hecho todo por cerrarles un buen negocio.

¿Cuál era el sentido de esas corridas angustiantes, si después todo se esfumaba? Sentía que en esos últimos años no había construido nada y, además, con tanta tensión se estaba perdiendo de disfrutar momentos junto a su mujer, Ana, y sus hijos. *¿En qué se me está yendo la vida?*, se preguntaba.

Alguna vez, estando de novios, habían soñado algo diferente. Una vida más serena, más alegre y en todo sentido más plena. En medio de esa crisis existencial, Guillermo decidió quemar las naves: renunció a la Bolsa de Comercio y se fue a vivir al campo. Por fin encontraría un poco de paz y, sobre todas las cosas, podría ver y tocar el fruto de su esfuerzo en cada espiga de trigo y en cada ternero recién nacido.

El campo lo recibió con todo tipo de responsabilidades. Impuestos, gente a cargo, grandes gastos y el tener que enfrentarse constantemente con temas nuevos y desconocidos para él, como el *detalle* de la falta de lluvia, el precio en baja de la carne o las enfermedades de las vacas. Había elegido esa vida, pero estaba empezando a abrumarlo. Para despejarse, salió a dar una recorrida en su camioneta y, mientras esquivaba pozos y charcos, pensaba cuánto empezaban a parecerse estas preocupaciones a aquellas viejas conocidas de las que había intentado huir. Le costaba digerirlo, pero el punto estaba claro: mientras continuara llevando consigo esa manera angustiante de ver las cosas, su vida no iba a cambiar de color fuera a donde fuera.

Esa tarde, Ana y los chicos habían salido a pasear en *la volanta*, un carruaje tirado por dos caballos que había estado guardado en los galpones de la estancia durante años. Quizás a causa del entusiasmo de los chicos o la ansiedad por salir que mostraban los caballos pero, sobre todo, por esas costumbres que se pegan cuando uno vive mucho tiempo en una ciudad, automáticamente cerraron la casa con llave.

Cuando Guillermo regresó, intentó inútilmente abrir la puerta y, como no llevaba las llaves con él, decidió pedir prestado un equipo de mate a Juan, el peón. Estacionó la camioneta a la sombra de un aromo y se puso a esperarlos mientras escuchaba radio y tomaba unos matecitos. Desde aquel árbol, la casa y su día a día se veían a unos cincuenta metros de distancia y Guillermo se dio cuenta de que era la primera vez que se sentaba a disfrutar un momento desde que llegaron al campo.

Entonces ocurrió lo inesperado. Buscando alguna radio que pasara buena música dio con algo que le sonaba antiguo, pero a la vez conocido: *Cuando siembro voy cantando* —entonaba la voz de un barítono— *porque pienso que, al cantar, con el trigo voy sembrando mis amores al azar.*

Pero, ¿qué era esa música? *Sembrador, que has puesto en tierra arada tu amor* —contestaba el coro—, *la espiga de mañana será tu recompensa mejor.* Claro, era una zarzuela. Pero ¿cómo era que él se sabía la letra a la perfección? Y, sin saber cómo, se vio transportado a sus ocho años.

Jugaba con sus cinco hermanos en una gran habitación. La música lo envolvía todo. Estaban en mitad de algún juego cuando se abrió la puerta y apareció Pepa para avisarles que ya estaba lista la comida. Pepa era la española que, además de cocinarles, los cuidaba, les lavaba la ropa y, algunas veces, también los retaba.

Claro, esa era una de las zarzuelas que ella siempre canturreaba. Aquella mujer, que había sufrido la pobreza en la que quedó España luego de la Guerra Civil, que había tenido que dejarlo todo y cruzar el Atlántico buscando un trabajo para poder sobrevivir, esa mujer se la pasaba cantando. Y, aunque al principio le hacían bromas imitando las caras que ponía al cantar o cómo bailaba mientras lavaba o cocinaba, al poco tiempo se habían aprendido sus zarzuelas y la casa empezó a estar siempre llena de música.

En una punta, unos podían estar jugando al ajedrez mientras, en la cocina, otro se estaba preparando algo para comer, su madre quizá ponía en orden uno de los cuartos, pero todos cantaban una misma canción. Todos menos su padre que, aunque nunca cantaba, sí disfrutaba escuchándolos cantar.

A veces todos juntos, a veces a destiempo, cada uno le iba aportando alguna variación. Estaban los que se sabían todas las letras como Pepa, los que solo las tarareaban, los que, como Guillermo, además de cantar silbaban, y los que, simplemente, seguían el ritmo de la canción golpeando una lapicera contra la mesa mientras terminaban de hacer algún ejercicio para el colegio. Con la música también había entrado a la casa una alegría nueva.

El canto de un benteveo trajo a Guillermo de vuelta al asiento de su camioneta, al mate y a su vida presente. *Y nosotros* —se preguntó—, *¿cuándo hemos cantado todos juntos? De hecho, ¿mis hijos cantan alguna vez? Y no. Claro…, si nunca me vieron cantar a mí. No. Hace años que no canto una nota…*

Se quedó en silencio imaginando su propia casa a la distancia, hasta que se le ocurrió: *¿Y si retomara la música?* Recordó que, alguna vez, Ana le había hablado de aprender a tocar la guitarra y, al pasar por Buenos Aires, compró una en la Antigua Casa Núñez.

El día menos pensado la sorprendió con el regalo: *¿Qué te parece si empezáramos a cantar como hacíamos en la casa de mis padres?*

Ana estaba dedicada de lleno a educar, vestir y alimentar a sus tres hijos y, a pesar de sentir que no le quedaba un minuto de tiempo libre, aceptó la propuesta. Guillermo consiguió un casete con las mejores canciones de los payasos Gaby, Fofó y Miliki y, mientras manejaba, las escuchó hasta aprendérselas.

Ese domingo subieron todos a la camioneta y partieron rumbo a la playa. Apenas tomaron la ruta Guillermo puso el casete y empezó a cantar.

—Papá, ¿desde cuándo cantas…? —preguntó Dolores, la de ocho años, riéndose.

—Mamá, mamá —empezó a decir Sole, la de cuatro, sacudiéndole el brazo—: Papá está cantando.

Martín, el mayor de todos, miraba la escena incrédulo, pero Guillermo se reía con sus caras de sorpresa y seguía cantando. Después de un larguísimo día de playa, subieron a la camioneta completamente agotados. Dolores estaba callada y Soledad se dormía. Entonces, para sorpresa de

Guillermo, a Martín se le ocurrió poner el casete y, cuando llegaron a la tranquera del campo, estaban cantando y matándose de risa juntos.

—El día de playa estuvo genial —dijo Sole cuando su mamá le dio el beso de las buenas noches.

Y esa noche, por primera vez en mucho tiempo, Guillermo se dio cuenta de que se había olvidado de pasarse el día repasando sus preocupaciones.

A partir de entonces, cada vez que salían en la *Ford blanca*, como le decían a la camioneta, ponían a Gaby, Fofó y Miliki, y cantaban durante el viaje. Guillermo y Ana habían hecho todo para que los chicos se entusiasmaran con la música, pero no dejaba de sorprenderlos el entusiasmo y las condiciones que tenían para cantar.

Ana recordó que su madre solía recitar poesías y empezó a mecharlas entre las canciones. A los chicos les encantaban y, luego de algunos viajes musicales, la familia ya sonaba unida. El sueño de Guillermo empezaba a hacerse realidad. Cantar era la excusa perfecta para disfrutar momentos juntos y una costumbre que, en instantes, barría con las tensiones y llenaba la casa de alegría y buen humor. Y, aunque las vacas seguían enfermándose o, a veces, la lluvia se hacía esperar durante meses, para luego llegar de golpe y embarrar los caminos hasta inutilizarlos, Guillermo fue enamorándose de su trabajo y descubriendo la magia de encontrarse en una tarea hecha con pasión.

Cuando yo llegué a esta familia, la carpeta de guitarra ya contaba con unas doscientas canciones, mis dos hermanas cantaban juntas en recitales a beneficio y cantar en familia no solo era nuestra manera natural de estar juntos, sino que se había convertido en una especie de sello familiar.

A veces jugábamos a inventarles letras nuevas a canciones viejas para hacernos bromas o uno cantaba una parte de la letra y, desde algún lugar de la casa, otro completaba lo que faltaba. La música era incluso un código para decirnos cosas. Podíamos estar en el fondo de la casa, pero sabíamos si el que había llegado era papá porque siempre saludaba con un silbido particular.

Con los años, me contaron mil veces la historia de cómo habíamos empezado a cantar y, poco a poco, yo también fui agregando algunas hojas nuevas a la carpeta. Después de las que habían sumado mis hermanas, después de las canciones de Gaby, Fofó y Miliki, y después de una hoja que, de tanto uso, tiene los ojalillos cien veces reparados, viejita y arrugada como el tronco de un árbol anciano.

En el principio de todo, vive *La canción del sembrador.*

Desafío n° 17. Cómo crear el microclima que tus sueños necesitan

Claves para hacer que las cosas pasen

Yo tenía 21 años cuando mi padre se acercó a hablarme:

—Guillermo —dijo—, con tu madre queremos que sepas que hagas lo que hagas y pienses lo que pienses te vamos a querer igual.

—Gracias…, papá —dije sin entender demasiado a qué venían sus palabras.

Sin embargo, con el correr de los días y en unos pocos meses, dejé a mi novia, encontré un nuevo trabajo, me puse de novio pero con una persona que yo sentía que elegía plenamente, me compré un auto, cambié mi vestuario por uno más a la medida de mis gustos y, como si fuera poco, también interrumpí momentáneamente mi carrera de Marketing para empezar a estudiar Coaching, pagándolo de mi bolsillo.

Hasta ese momento, había vivido el amor de mis padres como un intercambio con ciertas condiciones que solo me permitían una *media vida* condicionada. Parecía que, después de todo lo que habían hecho por mí, no podía defraudarlos teniendo el descaro de ser yo mismo.

Tanto me impactó la declaración de libertad incondicional de mi padre, que quise agradecérselo a través de una canción que bauticé *De hombre a hombre*, y que recuerda esa conversación que marcó un antes y un después en mi vida.

Estaba escribiendo la letra cuando me di cuenta de que, además de agradecerle, podía pasar su antorcha de amor incondicional hablando de la misma manera con mi hija cuando yo sintiera que había llegado el momento. Quizá, un día, ella también quiera hacer lo mismo con sus hijos y así continuar un *ritual* que recién empieza en nuestra familia.

Algunas culturas antiguas creían que lo que hacemos en vida se transmite por siete generaciones. Siempre me inspiró pensar que así como Pepa sembró música en la vida de mi padre y así como él se animó a hablar conmigo, yo también puedo dejar una huella positiva en otras personas. Entonces se me ocurrió que si compartía mi historia quizás podía inspirar a otros padres a hacer algo similar con sus hijos y decidí convertir la canción a mi padre en un video y subirlo a Youtube[11].

Todo el tiempo estamos siendo una influencia en los que nos rodean. Y, si estamos vivos, todavía estamos a tiempo de sembrar una palabra, una idea o un nuevo ritual que sume alegría, mayor comprensión o disfrute a nuestra familia, a nuestras amistades y a nuestra estadía en el trabajo. El solo hecho de crecer como personas y mejorar ya enriquece la herencia espiritual que otros reciben y recibirán de nosotros.

En estas claves, voy a darte herramientas para que, en lugar de obedecer en automático a tus hábitos y costumbres,

---

11 Escucha *De hombre a hombre*, la canción que le compuse a mi padre www.guillermoechevarria.net/herramientas/canciones o mira el video www.youtube.com/TuMinutodeCoaching

a los de tu familia o tu comunidad, puedas revisarlos y mejorarlos a fin de que te den la vida que estás buscando vivir.

Revisando nuestros rituales, hábitos y costumbres

Nuestra vida está llena de rituales, aunque quizá no seamos conscientes de algunos de ellos. Desde la manera que tenemos de saludarnos, la costumbre de encontrarnos a tomar un café o unos mates, o el hábito de agradecer los alimentos antes de comerlos, hasta la forma de celebrar los cumpleaños soplando una vela, reunirnos por el día de la madre, Navidad o Año Nuevo, o cantar el himno de nuestro país en las fechas patrias (y apasionadamente durante el mundial de fútbol).

En las sociedades más primitivas, los rituales se practicaban para organizar la vida social y para reforzar el significado de los símbolos y valores de la tribu. Funcionaban como un instrumento para que los jóvenes o integrantes nuevos aprendieran rápidamente los valores y las reglas de juego, e incorporaran conocimientos y habilidades fundamentales para la vida en grupo.

En mi familia, cantar juntos ya es parte de nuestra manera habitual de compartir y compartirnos, parte de nuestra cultura familiar; es nuestra manera *normal* de hacer las cosas y un truco que nos pone rápidamente de buen humor y despierta lo mejor de nosotros. Sin embargo, eso no fue siempre así, sino gracias a que mi padre se animó a *ser un antes y un después* al enriquecer nuestras costumbres familiares.

¿Por qué celebramos el principio del año el primero de enero y no lo hacemos al comenzar cada una de las cuatro estaciones? Así podríamos hacer balances intermedios de nuestra vida en lugar de desesperarnos por querer lograr todo en diciembre.

¿Por qué celebramos los cumpleaños soplando una vela o llevando regalos y no escribiéndole una carta al homenajeado?

Nosotros podemos revisar nuestros rituales para asegurarnos de que nos estén dando lo que queremos o, de lo contrario, modificarlos. De esta manera, pensaron los que dieron origen a los deportes, celebraciones y costumbres que hoy vivimos como la manera correcta y única de hacer las cosas.

¿Siempre estamos discutiendo? ¿Y si nos acostumbráramos a leer o conversar sobre temas que nos diviertan mientras estamos reunidos a la mesa y eligiéramos otro momento para resolver los conflictos familiares?

¿Siempre un berrinche de nuestros hijos o una lista de quejas de nuestra pareja cuando llegamos del trabajo? ¿Y si bailáramos un rato o saliéramos a caminar juntos al llegar a casa?

¿Nos aburren las reuniones familiares? ¿Y si probáramos incorporar un juego que las convirtiera en una oportunidad de diversión y reunión familiar?

¿Por qué no dedicar todas las semanas unas horas exclusivas y sin interrupciones para compartir un rato con nuestra pareja, nuestros hijos o nuestros mejores amigos?

¿Siempre diciendo que quiero hacer esto o aquello que vengo postergando? ¿Y si leyéramos 15 o 30 minutos todas las noches, si dedicáramos media hora a tocar un instrumento o si escribiéramos todas las mañanas una página de algo que un día pueda convertirse en un libro?

¿Siempre diciendo que tendríamos que estar más en contacto con la gente que queremos? ¿Y si incorporáramos el hábito de llamar a una de esas personas mientras vamos o venimos del trabajo? ¿Y si nos hiciéramos una lista de gente linda y cada semana eligiéramos a tres de esas personas y les enviáramos un mail saludándolos o aportándoles algo valioso?

Nuestros rituales, hábitos y costumbres, conscientes o en automático, generan el microclima de nuestra vida.

El poder de un microclima

En un rincón oscuro del lavadero de mi casa tenía una maceta abandonada en la que había ido juntando la tierra que sobraba de otras plantas. Con la idea de plantar algo, le removí la tierra, la mezclé con un poco de arena para que no se endureciera tanto al secarse, la humedecí y la dejé en el balcón. A los pocos días, fui a buscarla para ponerle unos gajos de potus y me encontré con un brote de roble.

¿Dónde había estado el roble hasta ese momento? Quién sabe cuánto tiempo habría dormido dentro de su bellota, pero recién apareció cuando encontró el microclima adecuado: las condiciones necesarias de tierra, humedad y sol. Entonces, averigüé qué cuidados necesitaba para que no me pasara como esa vez que, de tanto regar una planta, se me llenó de hongos y terminó muriéndose.

¿Qué es un microclima? Es una situación que favorece la aparición de ciertas cosas e impide el crecimiento de otras. En cualquier rincón de nuestro mundo en el que haya un poco de humedad, vas a encontrar algún tipo de vida. No hace falta que hagas ningún esfuerzo extra, ni que te dediques a abrir la bellota con una pinza buscando sacar el roble que se esconde en su interior. De hecho, ese esfuerzo extra va a impedir que el roble pueda nacer.

Más fácil es dejar que el microclima trabaje por nosotros y confiar en que la vida va a aparecer naturalmente. Esta ley se cumple en todas las áreas de nuestra vida: para que aparezcan los resultados que buscamos solo hace falta asegurar las condiciones necesarias.

Según los microclimas que generemos, pueden aparecernos amigos, entusiasmo, riqueza y grandes ideas en nuestra cabeza o soledad, cucarachas, deudas y algunos hongos en los pies.

¿Te gustaría que hubiera más apasionamiento, seguridad, alegría, dinero, viajes, paz o reconocimiento en tu vida?

Todo eso que anhelamos es como una paloma blanca. Si la perseguimos, se va a escapar; pero si, en cambio, esparcimos algunas semillas de maíz o de arroz va a venir donde sea que nosotros estemos.

Lo que puede resultar sumamente revelador es tomar conciencia de que en nuestra vida ya existe un microclima predominante. Simplemente mirando lo que hay y lo que falta podemos empezar a sospechar el impacto que ese microclima está teniendo en nuestra vida.

¿Están creciendo hongos o robles? ¿Están apareciendo cucarachas o palomas blancas?

Más allá de si nos gusta o no lo que encontramos en nuestra vida, es evidente que tenemos una receta de pensamientos, actitudes y costumbres que lo están generando. La clave es detectar cuál es esa receta, para poder desactivarla o potenciarla, en el caso de que nos esté dando lo que buscamos. Para esto podemos preguntarnos: *¿Qué pensamientos, qué actitudes y qué costumbres están favoreciendo que aparezca esto en mi vida? ¿Cuál es el microclima necesario para que se despierte la semilla de mi potencial y de todo lo que yo quiero?*

O con un poco más de humor: *¿Cuál es mi secreto para generar deudas y contracturas en la espalda? ¿Cuáles son mis trucos preferidos para poder protestar por todo, para no estar en pareja, para no llegar a fin de mes, para que la gente me vea de esa manera que no me gusta o para no tener éxito?* Es sorprendente cuánto podemos descubrir con este tipo de preguntas.

Y aquí sí que puede ser útil observar cómo piensan y cómo miran la vida otras personas que ya están logrando lo que yo quiero. ¿Cómo se convirtieron en lo que hoy son? ¿Qué condiciones crearon en su mente, en su familia, en sus amistades, en sus conversaciones con otras personas, en su alimentación, en su formación, en su manera de relacionarse con ellos mismos, con sus maestros y con todo lo que los rodea?

¡Cuidado con los *espantasueños*!

Nuestras palomas blancas no van a acercarse demasiado si tenemos nuestra vida llena de espantapájaros. Si no nos gustan los resultados que estamos obteniendo, en lugar de enojarnos con esos resultados, podemos preguntarnos en qué medida estamos espantando lo que buscamos. Es decir, ¿en qué medida estamos generando un microclima para el fracaso, la soledad, la desconfianza y el bloqueo creativo?

¡Revisemos nuestro microclima y quitemos todos los *espantasueños* que encontremos!

Por ejemplo, algunas de las actitudes que espantan la paloma de la creatividad son exigirnos producir una obra de arte en el primer intento en lugar de permitirnos probar y jugar; enojarnos cada vez que nos equivocamos, en lugar de alentarnos a continuar intentándolo, o empujarnos a crear o saber usar algo sin escuchar si estamos necesitando formarnos o contar con la ayuda de un amigo o un maestro para lograrlo.

Un espantapájaros efectivo para la confianza que los demás puedan depositar en nosotros es no honrar nuestra palabra y ser incoherentes con lo que prometimos, o dejar nuestros proyectos por la mitad sin respetar lo que una vez nos prometimos a nosotros mismos.

Para ahuyentar socios, novias y amigos, funciona muy bien el espantapájaros mental de pensar solo en nosotros mismos o creer que vemos las cosas como son y solo escuchar a los demás como un gesto de cortesía, pero desconfiando de que puedan llegar a aportar algo valioso.

No hagas fuerza para que aparezcan ideas, alegría o dinero. Más productivo es invertir esa energía en crear y mantener el microclima donde crezcan y se desarrollen naturalmente tus sueños.

Adueñándote de tu microclima emocional

Esto que te voy a explicar quizá te suene a *trabalenguas chino*, pero si te animas a probarlo vas a ver que es súper simple, efectivo y es lo más sabio que encontré para transformar instantáneamente nuestras emociones, en lugar de pelear con ellas.

¿Alguna vez te sucedió que te pusiste nervioso en una situación y que, inmediatamente, te enojaste por estar nervioso en lugar de sereno?

Los humanos tenemos la capacidad de mirarnos desde *afuera* y, desde ese lugar, podemos pensar acerca de lo que pensamos y sentir acerca de lo que sentimos. Podemos estar, por ejemplo, *molestos acerca de nuestros nervios frente a un examen* o *serenos en relación a nuestra inexperiencia en un tema* porque nos decimos que recién estamos aprendiendo.

Cuando sientas miedo, enojo, culpa, vergüenza, envidia o cualquier otra emoción que te perturbe, en lugar de pensar *no debería sentirme así* te invito a detenerte un minuto para verte como si te estuvieras mirando desde el techo y decirte *acepto que tengo miedo —enojo, culpa o vergüenza— y me doy permiso para sentir esto que estoy sintiendo.*

Esta aceptación de lo que sentimos genera una calma interior que nos permite escuchar cuál puede ser el mensaje positivo de esa emoción. La aceptación, o cualquier otro pensamiento que tenemos acerca de un pensamiento o sentimiento, funciona como un microclima que tiene el poder de transformar ese pensamiento o sentimiento.

No es lo mismo decir: *Me enoja estar nervioso en este momento* que decir: *Estoy sereno con esto de estar nervioso para hablar frente a este público.*

En el primer caso, además de estar nerviosos, pasamos a estar enojados. Lo que deriva en un *enojo nervioso*. En cambio, con la segunda frase empezamos a sentirnos *serenamente nerviosos.* Y, desde esta nueva *emoción o estado,* podremos usar mejor nuestras ideas y palabras en el escenario.

Al elegir cómo nos relacionamos con nuestros nervios o nuestro enojo, los transformamos.

Si me digo, por ejemplo: *Me doy permiso para estar sereno con respecto a esto de estar nervioso para hablar en público,* es posible que empiece a sentirme con *permiso para estar nerviosamente sereno.* Sí, es cierto que siento nervios, pero estoy acá para acompañarme. No me va a ayudar a hablar mejor en público subir al escenario aplicándome el microclima: *No debería sentir nervios o es estúpido sentirse así; Nunca vas a poder superarlo,* etc.

Como si se tratara de mezclar témperas de colores, capa tras capa, podemos ir agregando pensamientos acerca de nuestros pensamientos a fin de que vayan transformando nuestro estado emocional en dirección al color que queremos.

Y para que este ejercicio tenga mayor impacto en nuestras emociones, en lugar de solo aplicar pensamientos sobre nuestros pensamientos y emociones, también podemos aplicarles emociones. Solo hace falta que, en algún momento de tu vida, hayas experimentado paz, sensación de permiso para ser y hacer, diversión, curiosidad o cualquier otra emoción agradable.

Un ejemplo acerca de cómo aplicarlo:

1. Siento nervios.
2. Me conecto con ese momento de mi vida en el que sentí paz.
3. Cuando ya siento una lluvia de paz que cae sobre mí, me digo *estoy en paz con mis nervios.*
4. Chequeo el efecto que tuvo ese microclima de paz sobre mis nervios.

Luego puedo aplicar sobre lo anterior otra capa de microclima: sentir permiso.

5. Me conecto con ese momento de mi vida en el que sentí permiso para ser yo mismo.
6. Cuando ya siento que la sensación de tener permiso me invade, me digo *me doy permiso para estar en paz con mis nervios.*
7. Chequeo cómo se siente tener permiso para estar en paz con mis nervios. (Yo te avisé del trabalenguas.)

Dependiendo de la emoción que necesites, podrás usar tus *emociones recurso* para llevar serenidad, diversión o curiosidad a donde más lo estés necesitando.

Darnos permiso para sentir enojo, en lugar de juzgarlo automáticamente como algo malo, nos posibilita revisar si estamos sintiendo que algo está violando nuestros valores. Sentir curiosidad por la ternura que siento me permite explorar cómo es ser un hombre tierno. Estar en actitud de aprendiz con respecto a sentir miedo, me permite identificar qué herramientas, conocimientos o recursos estoy necesitando para estar más confiado.

Gran parte de la efectividad de *aplicarnos capas de microclimas* se basa en algo muy simple: mientras hacemos el ejercicio, nos distraemos de lo que nos angustiaba y nos enfocamos en ir siguiendo los pasos para sentir paz, diversión o curiosidad. Y si todo esto que te cuento te pusiera un poco confuso, te invito a *estar en paz con permitirte estar un poco confundido hasta que lo pruebes y te dé resultados efectivos.*

Tu Minuto de Coaching

Te desafío a cambiar alguna costumbre que no te esté dando la satisfacción que buscas. Quizá sea incorporar algo rico o más alimenticio a tu desayuno, quizá decidas ir leyendo a tu trabajo, quizá quieras renovar la música que escuchas, tu ropa o tu peinado, quizás se trate de empezar a escuchar música mientras te bañas o cocinas, o por ahí quieras hacer la prueba de comentar con tu pareja tres cosas que hayas logrado o aprendido durante el día.

Las emociones que ahora estamos sintiendo son plantas que crecieron en el microclima de lo que últimamente estuvimos pensando y de lo que estuvimos haciendo con nuestro cuerpo. ¿Qué tal si renovamos nuestra tierra oxigenando nuestras células con una caminata?

No es posible forzar la inspiración, pero sí podemos seducirla cantándole una canción en medio de la que le encante aparecer.

Y hemos llegado al final de este libro.
Al fin y al cabo, un libro es un montón de manchitas negras organizadas con algo de estrategia, dedicación
y mucho cariño.
Espero que las manchitas de este libro hayan dejado alguna marca indeleble en el corazón de tu inspiración.

Epílogo
(o una última historia inédita para acordarse de celebrar la vida)

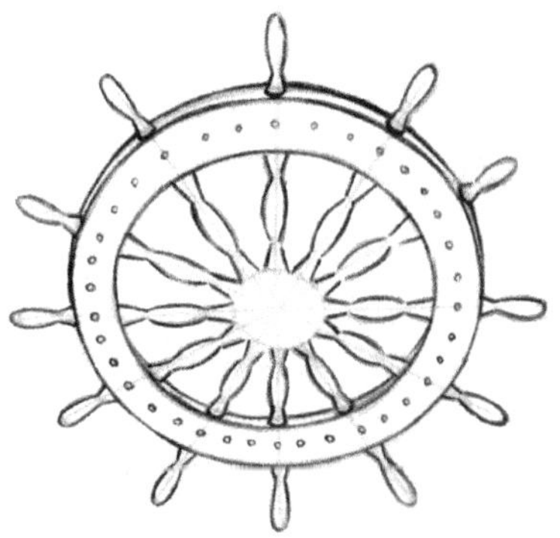

Ya pasaron cinco años desde que publiqué *Cómo hacer que las cosas pasen (en lugar de vivir hablando de lo que pasa)*. En estos años, Jiao Lian —el ombú que una vez fue bonsái— formó un tronco base de medio metro de ancho del que brotaron varios troncos más angostos, de casi seis metros de alto. Y no solo no necesita los "cuidados" de un bonsái, sino que hace ya dos inviernos que se las arregla solo, sin ningún tipo de protección ante las heladas. Mi querida yegua, la *Gitana*, pasó a ser el caballo amado de Rosario, mi hija, que ya galopa a pelo como si hubiera nacido en una tribu de la Patagonia. Y, como no hace falta que todo sea perfecto para que podamos ser felices, les cuento que —todavía hoy— dos de mis amigos, que valientemente habían leído varios manuscritos —o *malescritos*— previos del libro, siguen sin leer la versión publicada. Más allá de las bromas que les hago por semejante pecado, ellos son, en parte, responsables de que hayas conocido una versión mucho más divertida y ágil que las anteriores.

A través de estas páginas siento que pude conversar con más de treinta mil personas de países como Argentina, Ecuador, España, Chile, Colombia, Brasil, Guatemala, México, Panamá, Paraguay, Perú, Uruguay, Venezuela y Estados Unidos, entre muchos otros.

El hecho de haber sido traducido al inglés y al portugués me abrió puertas de todos los tamaños y colores. Gracias al libro conocí muchísimas personas que me contactaron para dar charlas, hacer coaching individual, entrenar a sus equipos y ayudarlas a transmitir mensajes a través de artículos, libros y canciones.

En estos cinco años también murió don Guillermo, mi padre, y a pesar de que me hubiese gustado disfrutarlo algún tiempo más, siempre voy a estar agradecido de que haya vivido para poder ver y tocar el fruto de tantos años de dedicación.

Una de las cosas más lindas que atesoro es la imagen de papá caminando orgulloso con el libro bajo el brazo el día que vino a casa a pedirme que le autografiara el ejemplar que él mismo quiso ir a comprar. Qué divertido estaba con eso de haber ido a la librería a pedir el libro de "un tal Guillermo Echevarría", que se llamaba igual que él.

Lo cierto es que de él aprendí a atesorar y disfrutar las historias como a esa tecnología humana capaz de conservar las cosas más valiosas en un código que puede atravesar siglos de generaciones. Pero, sobre todo lo demás, mi padre tuvo el coraje de alentarme a escribir mi propia historia: animándome a ser yo mismo, aún a riesgo de que me convirtiera en alguien distinto de lo que alguna vez él había soñado para mí.

Así que es bastante justo que "compartamos la autoría", porque este libro tiene mucho de él.

Y, precisamente por eso, pensé en aprovechar este epílogo para regalarte una especie de último capítulo, basado en una de esas historias que papá me contó mil veces.

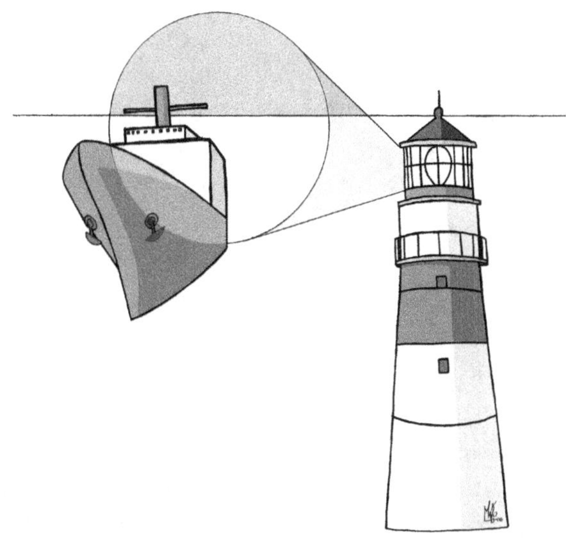

Al sur de América, más precisamente en el lejano sur del sur de la Argentina, entre la isla Grande de Tierra del Fuego y la isla de los Estados —justo ahí donde se encuentra el faro del fin del mundo sobre el que basó su libro Julio Verne—, existe un pasaje marítimo llamado Le Maire. Antes de que el canal de Panamá se inaugurara, el estrecho de Le Maire era frecuentado por gran cantidad de veleros y buques comerciales que buscaban pasar del océano Atlántico al Pacífico.

Cientos de naufragios se produjeron en esas aguas como consecuencia de islas de escasa altura, difícilmente perceptibles en medio de la neblina, fuertes vientos de la Patagonia, corrientes cruzadas y la presencia del kelp, bosques de algas submarinas de hasta ochenta metros de longitud.

Con el objetivo de decidir si era conveniente realizar inversiones en la zona, planificadores del gobierno argentino, instalados en Buenos Aires, pensaron que sería útil tener información acerca de cuántos barcos pasaban anualmente por el estrecho de Le Maire y, a tal fin, designaron una comisión del ejército formada por cuatro técnicos que desembarcó en la isla de los Estados en octubre de 1884.

Al llegar descubrieron que solo había un refugio en muy mal estado y, dado que ninguno de ellos era especialista en construcción, elevaron un informe solicitando que enviaran a la isla varios albañiles, un carpintero, un plomero y un electricista.

Con tantos navíos accidentados, lo siguiente fue construir una estación de salvamento con su correspondiente muelle. Y, como ahora contaban con varios profesionales de la construcción, aprovecharon para edificar varios depósitos destinados a almacenar maderas y herramientas.

A pedido del gobierno, se construyeron edificaciones para presos militares y hubo que ocuparse de levantar casas decentes para los operarios y sus familias que, debido al aumento sostenido de las construcciones, ya residían en la isla de forma permanente.

A fin de facilitar las comunicaciones con el continente, se decidió la construcción de una estación radiotelegráfica que —además del servicio oficial— comenzó a prestar servicio público al personal destacado, al perteneciente a los buques de la Armada y a viajeros ocasionales que desembarcaban allí.

Corría el año 1914 —en que se inauguró el canal de Panamá—, tres décadas después de aquella primera expedición, cuando un funcionario del gobierno argentino decidió enviar un telegrama a la isla para saber si el número de barcos que pasaban por el estrecho justificaba o no hacer nuevas inversiones.

Algunas semanas más tarde, llegó la respuesta:

Sr. Coordinador del Departamento de Planificación Nacional:

Recientemente hemos recibido su comunicado solicitando un reporte del número de barcos que atraviesan anualmente el estrecho de Le Maire. No lo culpo por hacernos este requerimiento, ya que entiendo que es posible que usted no esté al tanto de la situación en la isla, por lo que creo que es importante que pase a explicarle:

En los últimos años, la isla de los Estados ha sufrido grandes cambios. Se llevaron a cabo obras de infraestructura tales como el nuevo faro, la Estación Meteorológica Geofísica y Magnética, la Estación Radiotelegráfica, la prisión militar (con más de cien presidiarios), el cementerio y varios depósitos.

Y, para poder llevar a cabo esta proeza, tuvimos que destinar gran cantidad de recursos a hacer ampliaciones en materia de nuevas viviendas que permitieran alojar a los efectivos militares afectados a la prisión, al personal de cocina y a los especialistas en herrería, carpintería y albañilería que siempre van en aumento.

Como usted podrá entender, tanto las doscientas personas que habitan en la isla como cada una de las instalaciones anteriormente mencionadas requieren de una adecuada administración y un mantenimiento permanentes que han hecho que la organización del tiempo y el recurso humano se hayan convertido en un verdadero desafío logístico.

Espero sepa comprender que, a menos que asignen nuevo personal, no estamos en condiciones de dedicarles tiempo a cuestiones tales como contar cuántos barcos pasan por el estrecho.
Atte.

CABO BAIGORRIA

Tres años después, todas las instalaciones de la isla de los Estados fueron desmanteladas, salvo el faro, que fue nombrado monumento histórico nacional. Desde el 4 de octubre de 1978, los únicos habitantes de la isla son los cuatro militares instalados en el Puesto de Vigilancia y Control de Tránsito Marítimo, cuya función, además de custodiar, es llevar la cuenta de los barcos.

Algunos pensamientos clave para mantenerte haciendo que las cosas pasen

Al terminar de escribir esta historia me di cuenta de cuánta coherencia guarda con la filosofía de vida de mi padre. Él decía que, cuando se sentía mal —o simplemente raro—, en lugar de hacerse un mundo con eso miraba cómo estaba lo que él llamaba "el marco de mi vida". Para evaluar cómo iba su rumbo, papá miraba cómo estaban los cuatro lados de su cuadro, como si su vida se tratara de esa pintura que va tomando forma de acuerdo con los cuatro lados en los que él había elegido invertir últimamente.

Nunca le pregunté cuáles eran sus cuatro lados —esas cuatro cosas valiosas que él decía que, si estaban bien, no era tan grave que alguna otra cosa anduviera mal—, pero sé que uno de ellos era la familia. Si la familia estaba bien, para él eso era un indicador de que su barco iba bien rumbeado.

Él me explicaba que eso lo ayudaba a poner las cosas en perspectiva, para evitar que bajo el efecto de una emoción momentánea cualquier cosa cobrara una importancia desmedida.

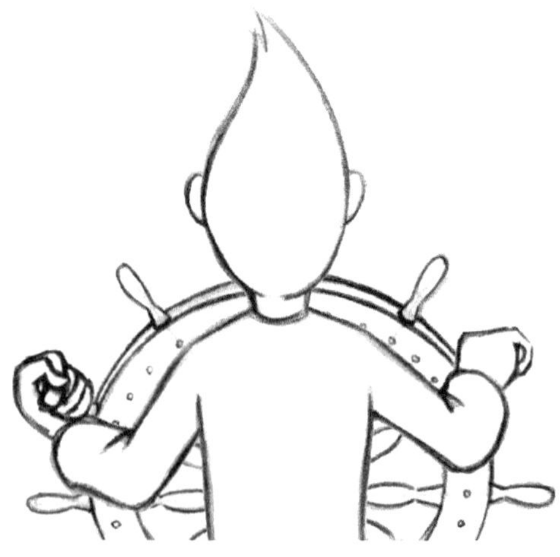

Hoy quiero combinar la historia de los barcos y la metáfora del marco de la vida para preguntarme: ¿Cuáles son los cuatro barcos más importantes en los que quiero mantenerme enfocado? Es decir, esas cuatro áreas que, si están funcionando, lo demás puede esperar.

¿Cuáles son esas cuatro cosas que, si están bien en mi vida, puedo estar en paz conmigo?

Hoy nuestra vida raramente es un mar en calma, y aunque en el fondo todos sepamos lo importante que es mantenernos enfocados en las prioridades, no siempre tomamos decisiones honrando esas prioridades. Por eso, mantenernos enfocados en los barcos de nuestra vida no es un saber sino un "saber hacer": un músculo que necesitamos ejercitar. Se trata del músculo de conectarnos con lo prioritario y usarlo como consejero a la hora de tomar una decisión.

Te invito a que te reúnas con vos mismo y te preguntes:

¿Cuáles son los barcos que necesito mantenerme contando para saber que voy por buen camino? ¿Cómo voy a ayudarme para recordarlo y volver al rumbo cada vez más rápido?

También te invito a hacer el mismo ejercicio con tu pareja o tu equipo de trabajo para asegurarte de que estén contando los mismos barcos.

Y, hablando de prioridades, quizá nunca llegue a saber la verdadera razón por la cual tuvo tan buena recepción entre tantos lectores, pero lo que sí sé es que siempre busqué mantener mi foco en una prioridad: dar cosas valiosas que yo mismo he testeado, en lugar de repetir teorías, mostrar cuánto sé o cuánto he logrado.

En ese sentido, me gusta pensar que el secreto para dar en el blanco está escondido en el dar. Porque practicar el dar de corazón cosas valiosas me vuelve bueno dando. Y cuando además doy buscando que le sirva a otro, naturalmente me enfoco en escuchar cuánto sirvió lo que estoy dando. Y el premio de tanto dar y escuchar es que cada vez resulta más sencillo dar en el blanco.

No sé dentro de cuántos años alguien va a encontrar este libro y va a leer estas últimas palabras. Algunos las leerán durante 2020, otros en 2028, 2048, 2068 o, incluso, después de 2218. No conozco cuáles son tus prioridades, pero mi deseo es que en esta época en que te tocó vivir hagas lo necesario para poder asegurarte de ser a tu manera y, aunque sea durante un minuto por día, alguien que celebra la vida.

Un abrazo,
GUILLERMO
Buenos Aires, enero de 2018

Te invito a sumarte a comoacerquelascosaspasen, la página del libro en facebook donde comparto pensamientos y donde voy a avisarte apenas esté por publicar el libro que estamos escribiendo con Diego Rejtman sobre cómo combinar pasión y trabajo.

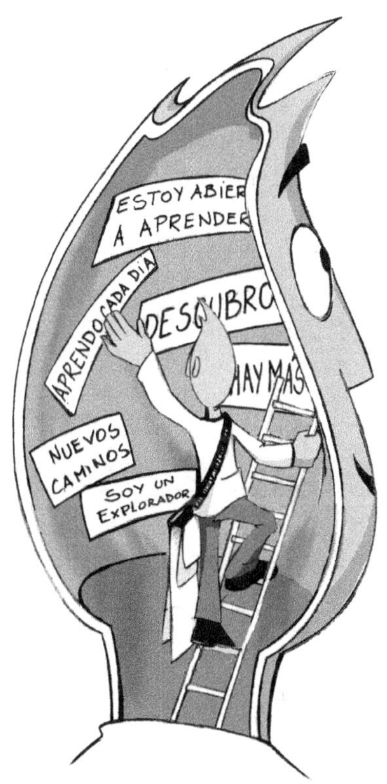

¿Qué dicen los lectores?

El campeón se construye, pero para llegar a ser campeón es necesario primero convertirse en campeón de la vida. El camino es la transformación. Transformarse todos los días. Superarse. Desafiarse a llegar a la meta y romper con todos tus límites. Gracias, Guillermo, por tu valentía conceptual y tu generosidad para compartir el grito sagrado de tu latir interior.

Sergio Cachito Vigil | Ex-entrenador del seleccionado de hockey femenino *Las Leonas*

Con un estilo que atrapa y de grandes verdades produjo un verdadero cambio en mi vida personal y laboral.

Antonio Oblak | Gerente General en Oblak | Argentina

Querido Guillermo: con un abrazo para Rosario, y otro más para tu ombú, te felicito por tu narración.
Solo tiene derecho a podar el que quiere al árbol y cree en la primavera… sobre todo si el árbol es frutal.
Deseándote la alegría de ver crecer a tu hija, va mi saludo fraterno y afectuoso.
¡A seguir echando hacia afuera todo lo lindo que llevas en tu corazón!

Mamerto Menapace

Hace más de veinte años que me dedico a formar coaches y confieso que estoy fascinada con la claridad y la simpleza de éste libro. A través de anécdotas de vida, Guillermo te habla como si estuvieras conversando con él: animándote, desafiándote y mostrándote maneras diferentes de mirar lo que pasa para poder hacer que las cosas pasen.

**Elena Espinal | Fundadora del ICP,
primera escuela de coaching de Argentina**

Hay libros que se escriben para obtener dinero o fama. Hay otros que se escriben desde el alma, buscando beneficiar a otros. Con impecabilidad conceptual y, por sobre todas las cosas, con una humildad y calidad humana que sólo poseen aquellos que dejan una huella en los demás, Guillermo Echevarría comparte con nosotros la sabiduría del líder coach que abre nuevas posibilidades al lector y lo invita con confianza y respeto a tener el compromiso de hacerlas realidad.

Santiago Guerrero | Coach y Ex Gerente de RRHH en Cencosud

*Parece un libro, pero es un cofre.
Cada capítulo está lleno de tesoros que te transforman en una persona más grande, madura, empática y sobre todo más humana.
Preparate para vivir la riqueza de tus nuevos pensamientos, vínculos y proyectos.
En el capítulo 2 hay una joya invaluable que dice: "¿Vas a dejar que la velocidad de tu crecimiento dependa de la calidad de tus profesores, del presidente de turno o del humor de tu jefe?"
Esta frase iluminó mis ojos cuando mi presente laboral se ponía oscuro, y me dio la fuerza necesaria para dejar de quejarme de mi suerte y pasar a ser el protagonista de mi destino.
Te invito a que descubras la joya que tu vida necesita para pasar a la acción y crecer de verdad.*

**Matías Duek | Senior Coach | Ex Director Creativo de National
Geographic Channel Latinoamérica
Director de IAD, Primera Escuela de Coaching de la Colectividad
Judía en Argentina**

¡Tu libro es excelente! Gracias por donarlo a Tiflolibros.com.ar para que los ciegos podamos leerlo. Ya lo han convertido a formato Braille, pero yo prefiero escucharlo mediante el programa TLO que me lo lee.

Juan Antonio Gavilán Moreno | Cádiz, España

Este libro es un significativo aporte para quienes tienen vocación de navegar la vida en el mar del sentido existencial: para tomar con entusiasmo y alegría creativa el enorme desafío de ser protagonistas de nuestro proyecto de vida; para que los sueños sean traducidos en un plan de acción orientado en ideales; para transitar oportunidades y trascender dificultades de forma tal que seamos constructores activos de nuestra identidad.

Rabino Sergio Bergman

Cómo hacer que las cosas pasen es una herramienta poderosa para destrabar proyectos, un manual de coaching práctico y un libro entretenido ¡que no te deja parar de leer hasta el final!

Hugo Fuentes Berbel | Project Director en Little Buddha Brand Design | Barcelona

Puedo decir que es de lo mejor que he leído desde hace mucho tiempo como libro de desarrollo personal. Si tuviese que puntuarlo le daría un 9 sobre 10. Lo que he encontrado en su contenido y la forma en la que está escrito cada capítulo te hacen reaccionar y encontrarte a ti mismo. Luego te da una serie de claves que te llevan a ver mucho más claro el camino hacia el logro y el crecimiento. Realmente magnifico, coherente y profundo. Lo recomiendo fuertemente.

Miguel Aguado | Ex Gerente Comercial General Motors | Embajador Corona en Amway | Madrid

Durante los últimos 25 años tuve la oportunidad de ser mentor de cientos de estudiantes universitarios y este libro me resultó sumamente empoderador.

En lugar de decirte qué tienes que hacer, te atrapa, te inspira y te invita a crecer ejercitando el músculo de pensar por ti mismo.

Roger Gonzalez, Ph.D., P.E., F.ASME, F. AIMBE UTEP
Chair and Professor Engineering Education and Leadership
Specialty in Mechanical & Biomedical Engineering
Universidad de Texas, El Paso, EE.UU.

Es un libro maravilloso que por su estilo puede ayudar tanto en la vida personal como en la carrera profesional. Más allá del saber, lo que hace la diferencia es el hacer. Porque hacer nos da la posibilidad de aprender y mejorar. Cómo hacer que las cosas *pasen invita a hacer y a rediseñar constantemente nuestras estrategias ante situaciones cambiantes. Este libro puede potenciar tanto el desarrollo de un adolescente, como así también el de cualquier integrante del top management de una compañía.*

Tomás Aberastury | Gerente General en Covedisa
(Grupo La Nación)

Guillermo es un coach con una característica que destaca: pone en palabras simples y poéticas las claves del proceso transformacional que nos lleva a ser mejores personas, haciéndonos responsables de que nuestro accionar genere una diferencia en el mundo. Gracias Guillermo por tu iniciativa, tu creatividad y optimismo constante.

Daniel Rosales | Presidente de la Asociación Argentina de
Profesionales del Coaching (AAPC) 2010 -2014

El encuentro que hoy como lector has tenido con este libro, es como una cita a ciegas: osada, atrevida y maravillosa. Pasarán cosas, ¡¡¡claro que sí!!! Y no hay vuelta atrás! Este encuentro mágico convertirá esos espacios ciegos dentro de tu ser en algo encendido, algo vivo, como si de ser una montaña inmóvil y silenciosa, pasaras a ser un volcán humeante y despierto.

Estrella Mizrahi | Coach ontológica profesional | Despertadora de
Talentos Dormidos

O meu parágrafo preferido: "Todo gran cambio comienza con una decisión seguida de una acción. Una sola gota de autenticidad, valor o arrojo puede teñir de éxito el color de tu día porque así como muchas pinceladas nuevas hacen un cuadro nuevo, hacer nos hace.." Adorei ler o livro!

Rita Vieira Martins | Portugal

Mediante relatos que llegan al alma, Guillermo nos ayuda a tomar conciencia de la energía que gastamos en "hablar de lo que nos pasa". Luego nos hace un guiño cómplice y nos regala una herramienta, una frase o un ejemplo inspirador que nos invita a invertir la energía en "hacer que las cosas que anhelamos y que nos merecemos pasen". Este libro te abraza y te arrulla, mientras te pone en marcha hacia tus sueños, no te lo pierdas!

Hector Infer | Socio Director de Transform Action España

¡Qué bueno leer "aire fresco" entre tanta literatura de Coaching! Un libro que he leído con facilidad y que me ha despertado el deseo de releer por su profundidad.
Guillermo Echevarría me sorprende compartiendo con simpleza asuntos complejos. Su pluma directa me invita a la acción porque me toca, sin golpes bajos, en la fibra de mi emoción. Me alegra de corazón la edición en España de este libro, que recomiendo a todos los que quieran comprometerse con ser los genuinos responsables de construir una vida más feliz.

Luis Carchak | Ex Presidente de la International Coach Federation de España

No es un libro más de coaching lleno de aburridas definiciones. Hoy empecé a hacerme preguntas insolentes como ¿de dónde saqué que yo no puedo hacer ciertas cosas? Gracias Guillermo, es alucinante lo que estoy descubriendo. ¡Es para recomendar su lectura a todos los "afiebrados" que trabajamos 1.000 horas por día en multinacionales!

Inés Barletta | Philip Morris International | Argentina

Para ser erudito no hace falta hablar enredado sino poner el conocimiento elevado al alcance de todos. ¿Cuántos en este mundo del coaching tienen la capacidad de hacerlo? Guillermo definitivamente es uno de ellos. Sus historias de la vida real, además de entretenidas, son píldoras de sabiduría para el diario vivir.

Ana Sarmiento | Experta en Nuevas Generaciones | Barcelona